実務担当者のための
景表法 ガイドマップ

弁護士法人大江橋法律事務所
古 川 昌 平 著

商事法務

は し が き

　本書は、「景表法をざっくり学ぶためのガイド」として執筆したものである。

　2018年に、「景表法をざっくり学ぶための書籍」として『エッセンス景品表示法』（旧版）を発刊したが、それ以降、景表法に関して様々な動きが生じた。特に、2018年度（2018年4月〜2019年3月）から2022年度（2022年4月〜2023年3月）の間、消費者庁は、様々な事例に関して合計200件超の措置命令を行っており、積極的な執行が続いている。当該措置命令に対する取消訴訟等がいくつか提起され裁判所による判断が積み重なるなどもしており、実に多様な動きが生じている。

　また、近時、デジタル化の進展などを受け、消費者庁は、有識者を委員として2021年に「アフィリエイト広告等に関する検討会」を開催するほか、2022年に「景品表示法検討会」および「ステルスマーケティングに関する検討会」を開催し、各検討会において報告書が公表された。これらを受け、2022年に管理措置指針が改正され、2023（令和5）年5月に景表法改正法が成立し（2024年秋ごろまでに施行予定）、2023年10月にステルスマーケティング規制が導入された。

　マーケティング実務に関与する際、上記の動きへの対応は重要である。そこで、旧版を基にしつつ、構成・内容について大幅な見直しを行うとともに、紹介事例を追加・更新した。また、「序論」でも述べるが、様々な読者の使い勝手を想定し、ガイドラインや運用基準の記載箇所を示すなどした。本書の刊行は2023年改正法の施行前ではあるがそれに近いので、景表法の条文は改正法施行後のものを用いている（景表法の条文番号変更に伴い景表法施行令も改正されると思われるが、現時点では改正内容を確認できておらず反映未了である）。

　記載事項や事例の追加に伴い分量が相応に増えたが、コンセプト自体は旧版から変更なく、基本的には読みやすさを重視し、本文では細部に立ち入りすぎないようにしている。また、旧版同様、マーケティング活動を行う「平時」における実務上のガイドとして必要なものに絞って記載してい

る。課徴金制度や、2023 年改正法により導入される確約手続の詳細等には立ち入っていない。

　これらのように、基本的な想定は変更ないものの、構成や内容を変更し分量が増えたこともあり、出版社からアドバイスを受け、書名を『エッセンス景品表示法』から『実務担当者のための景表法ガイドマップ』へと変更した。「実務担当者」としては、マーケティング担当者や法務担当者などを想定している。景表法をざっくり学ぶための「ガイドマップ」として、様々な読者の方々のお役に立てることがあれば望外の喜びである。

　本書について、株式会社商事法務の皆さまに様々お世話になった。その他関係者の皆さまに感謝申し上げたい。

　最後に、私事ながら、今回も無事執筆を終えることができたのは、妻の理解と支えがあってこそである。ともに刊行を喜びたい。

　　2024 年 4 月

古 川 昌 平

目　　次

第2部　景表法による表示規制

第 3 部　景表法による景品規制

第4部　事業者が講ずべき管理上の措置

　少し深掘り　Column

■　著者紹介　■

古川　昌平（ふるかわ　しょうへい）

　弁護士（弁護士法人大江橋法律事務所）

2003 年	立命館大学法学部卒業
2006 年	同志社大学法科大学院修了
2007 年 12 月	弁護士登録（60 期） 弁護士法人大江橋法律事務所（大阪事務所）

2014 年 4 月　　　　任期付職員として消費者庁にて勤務
　〜2016 年 3 月　　・2014 年 4 月〜同年 12 月
　　　　　　　　　　消費者庁課徴金制度検討室政策企画専門官として景表法改
　　　　　　　　　　正法の立案を担当。
　　　　　　　　　・2015 年 1 月〜2016 年 3 月
　　　　　　　　　　消費者庁制度課・表示対策課政策企画専門官として景表法
　　　　　　　　　　改正法の施行準備および消費者契約法改正業務を担当
2016 年 4 月〜　　　弁護士法人大江橋法律事務所（東京事務所）
2022 年 3 月　　　　消費者庁開催「景品表示法検討会」委員
　　　〜12 月

〈主な著書・論文〉

『エッセンス景品表示法』（商事法務、2018 年）

『BtoC E コマース実務対応』（共著、商事法務、2022 年）

「ステマ規制への対応を考える――仮想事例を通じて」（共著）NBL1246 号 72
頁（2023 年）

「デジタル化と景品表示法の問題――デジタル広告と打消し表示、デジタル広
告の調査困難性に関する問題・対応」法律のひろば Vol.76 No.6・44 頁
（2023 年）

「景表法コンプライアンスと令和 5 年景表法改正のポイント」月間監査役 756
号 10 頁（2023 年）

「今さら聞けない景品表示法（No.1〜No.60）」REPORT JARO（2019 年 4 月〜
2024 年 3 月）

序論──本書の利用方法、法令ガイド、参考文献ガイド

1 本書の利用方法

　本書は、「景表法をざっくり学ぶためのガイド」として執筆したものである。主な読者として、消費者向けのマーケティング実務に関与する際にまずは景表法のエッセンスを会得したい、という方を想定している。

　旧版（『エッセンス景品表示法』）では、上記コンセプトの下、想定読者の読みやすさの観点から、①法律等の文言をかぎかっこで引用する記述は多用しない、②ガイドラインや運用基準を逐一引用したり条数を適示したりすることは控える、③文献を個別に引用することは控え脚注は一切使用しない、といった方針の下で執筆を行った。本書も基本コンセプト自体は変わっていないものの、旧版発刊以降、法務部所属で景表法の実務対応をする必要のある方、実務対応経験はあるが考え方を改めて整理したい方など、様々な読者がおられることを認識した。そのような幅広い実務担当者の方々の使い勝手も意識し、構成を見直し記述対象を増やした上で①必要な範囲でかぎかっこを用い、②「ここに書いてある」と提示できることは重要との考えからガイドラインや運用基準に記載がある場合は基本的に指摘し、③それと同様の観点で緑本の記述も基本的に指摘する、という方針に変更した。それでも、読みやすさは重視したいと考え、脚注は使用せず、文献の引用も最小限に控えている。

　本書を初めて読む際には、本書のみを、Column は飛ばしてざっとお読みいただければと思う。本書を一読した上で実務対応を行う際には、後記２の「法令等ガイド」を参照しつつ、法令や運用基準・ガイドラインの文言をご確認いただきたい。また、個別の文献を逐次引用することは控えたが、本書を経てさらに学習・検討を行いたい方向けに、後記３「文献ガイド」にて若干のコメントを付して文献等を紹介したので、必要に応じご確認いただきたい。

　景表法の執行事例を商品・役務の類型別にみると、新型コロナウイルス

1

感染症拡大時には保健衛生品のものが増えたが、それ以外は健康食品を含む食品に関するものが最も多い（景品表示法検討会第１回の資料４〔34頁〕は参考になる）。特に食品摂取に伴う効果を示す表示に対する執行が多いが、食品の効果・機能を示す表示については、医薬品、医療機器等の品質、有効性及び安全性の確保等に関する法律（薬機法）、健康増進法、食品表示法等の規制が存在し、特定保健用食品（いわゆるトクホ）や機能性表示食品の制度なども睨みながら検討する必要があり、その内容は複雑である。高齢化が進み、健康や美容に強い関心を有する一般消費者が増えている中で、一般消費者に対し強い訴求が行われがちであり注意が必要な分野ではあるが、上記規制に焦点を当てて論じると、「ざっくり学ぶのによい書籍」としての分量を超えてしまう。そのため、本書では、思い切って、食品の効果や機能に関する表示は基本的に取り扱っていない。それらに関しては、まずは、消費者庁の示している、健康食品留意事項や「機能性表示食品に対する食品表示等関係法令に基づく事後的規制（事後チェック）の透明性の確保等に関する指針」をご参考いただきたい。

2　法令等ガイド

　まず、景表法の条文は、令和５年景表法改正法施行後のものを示しているのでご注意いただきたい。

　景表法による表示規制や景品規制は、基本的に景表法という「法律」で定められているが、「景品類」や「表示」は、景表法２条３項および４項の規定を受け「告示」により指定されており、景表法５条３号を受けて、おとり広告などの不当表示も「告示」により指定されている。また、手続や技術的な内容等については、「政令」（施行令）や「内閣府令」（施行規則）で定められている。

　また、景表法は、主として事業者による特定の違反行為の禁止やそれに違反した場合の行政処分等の行政ルールを定めるものである。当該行政ルールの運用の透明性や事業者の予測可能性を確保する観点等から、行政の解釈を示すものとして、「運用基準」、「ガイドライン」、「指針」などが定められている。また、実態を調査するなどした上で行政庁として考えを

示す「実態調査報告書」や、消費者庁が有識者を集め開催した委員会の
「報告書」が公表されることもある。

　景表法による表示規制や景品規制を理解するには、それらを確認し、立
体的に把握することが必要である。本書を一読した後、必要に応じて法令
等の原文をご参照いただきたい。いずれもウェブサイト上で検索すれば確
認可能であるため、基本的に URL は記載していない。古いページは確認
できない場合があるが、その場合は、国立国会図書館インターネット資料
収集保存事業（WARP）のサイト上で検索して確認可能なことがある。

　本書では、法令、告示、運用基準等について、次の略語を用いる。

①　法令

景表法	不当景品類及び不当表示防止法（昭和 37 年法律第 134 号）（「不当景品類及び不当表示防止法の一部を改正する法律（令和 5 年法律第 29 号）」施行後のもの）
令和 5 年景表法改正法	不当景品類及び不当表示防止法の一部を改正する法律（令和 5 年法律第 29 号）
景表法施行令	不当景品類及び不当表示防止法施行令（平成 21 年政令第 218 号）
景表法施行規則	不当景品類及び不当表示防止法施行規則（平成 28 年内閣府令第 6 号）
消費者契約法	消費者契約法（平成 12 年法律第 61 号）
特商法	特定商取引に関する法律（昭和 51 年法律第 57 号）
独禁法	私的独占の禁止及び公正取引の確保に関する法律（昭和 22 年法律第 54 号）
消費者裁判手続特例法	消費者の財産的被害等の集団的な回復のための民事の裁判手続の特例に関する法律（平成 25 年法律第 96 号）

② 告示

定義告示	不当景品類及び不当表示防止法第2条の規定により景品類及び表示を指定する件（昭和37年公正取引委員会告示第3号）
原産国告示	商品の原産国に関する不当な表示（昭和48年公正取引委員会告示第34号）
おとり広告告示	おとり広告に関する表示（平成5年公正取引委員会告示第17号）
管理措置指針	事業者が講ずべき景品類の提供及び表示の管理上の措置についての指針（平成26年内閣府告示第276号）
ステマ告示	一般消費者が事業者の表示であることを判別することが困難である表示（令和5年内閣府告示第19号）
懸賞制限告示	懸賞による景品類の提供に関する事項の制限（昭和52年公正取引委員会告示第3号）
総付制限告示	一般消費者に対する景品類の提供に関する事項の制限（昭和52年公正取引委員会告示第5号）
一般指定告示	不公正な取引方法（昭和57年公正取引委員会告示第15号）

③ 運用基準

定義告示運用基準	景品類等の指定の告示の運用基準について（昭和52年公正取引委員会事務局長通達第7号）
原産国告示運用基準	「商品の原産国に関する不当な表示」の運用基準について（昭和48年公正取引委員会事務局長通達第12号）
おとり広告告示運用基準	「おとり広告に関する表示」等の運用基準（平成5年公正取引委員会事務局長通達第6号）
ステマ運用基準	「一般消費者が事業者の表示であることを判別することが困難である表示」の運用基準（令和5年消費者庁長官決定）
懸賞運用基準	「懸賞による景品類の提供に関する事項の制限」の運用基準（平成24年消費者庁長官通達第1号）

4

総付運用基準	「一般消費者に対する景品類の提供に関する事項の制限」の運用基準について（昭和52年公正取引委員会事務局長通達第6号）
景品類価額算定基準	景品類の価額の算定基準について（昭和53年公正取引委員会事務局長通達第9号）
確約手続運用基準	確約手続に関する運用基準（令和6年消費者庁長官決定）

④　ガイドライン、報告書等

比較広告ガイドライン	比較広告に関する景品表示法上の考え方（昭和62年公正取引委員会事務局）
価格表示ガイドライン	不当な価格表示についての景品表示法上の考え方（平成12年公正取引委員会）
電子商取引表示留意事項	消費者向け電子商取引における表示についての景品表示法上の問題点と留意事項（平成14年公正取引委員会）
7条2項運用指針	不当景品類及び不当表示防止法第7条第2項の運用指針――不実証広告規制に関する指針（平成15年公正取引委員会）
No.1表示報告書	No.1表示に関する実態調査報告書（平成20年公正取引委員会事務総局）
インターネット表示留意事項	インターネット消費者取引に係る広告表示に関する景品表示法上の問題点及び留意事項（平成23年消費者庁）
健康食品留意事項	健康食品に関する景品表示法及び健康増進法上の留意事項について（平成25年消費者庁〔最終改定令和4年〕）
メニュー表示ガイドライン	メニュー・料理等の食品表示に係る景品表示法上の考え方について（平成26年消費者庁）
課徴金ガイドライン	不当景品類及び不当表示防止法第8条（課徴金納付命令の基本的要件）に関する考え方（平成28年消費者庁）
打消し表示報告書	打消し表示に関する実態調査報告書（平成29年消費者庁）

将来価格執行方針	将来の販売価格を比較対照価格とする二重価格表示に対する執行方針（令和2年消費者庁）
アフィリエイト広告報告書	アフィリエイト広告等に関する検討会「アフィリエイト広告等に関する検討会 報告書」（令和4年2月15日）
ステマ検討会報告書	ステルスマーケティングに関する検討会「ステルスマーケティングに関する検討会 報告書」（令和4年12月28日）
景表法検討会報告書	景品表示法検討会「報告書」（令和5年1月13日）
将来価格執行方針パブコメ回答	「将来の販売価格を比較対照価格とする二重価格表示に対する執行方針（案）」に関する御意見の概要及び御意見に対する考え方」における消費者庁の回答
ステマパブコメ回答	「『一般消費者が事業者の表示であることを判別することが困難である表示』告示案及び『一般消費者が事業者の表示であることを判別することが困難である表示』運用基準案に関する御意見の概要及び当該御意見に対する考え方」における消費者庁の回答
表示Q&A	消費者庁ウェブサイト「表示に関するQ&A」
景品Q&A	消費者庁ウェブサイト「景品に関するQ&A」
指針Q&A	消費者庁ウェブサイト「指針に関するQ&A」

3 ▶ 文献ガイド

「文献ガイド」では、年号について西暦で記載する。

(1) 本書を読んで景表法をもう少し学びたい方は……

緑本	消費者庁表示対策課長が編著者となって発刊される景表法の解説書。版を通じてブックカバーが鮮やかな緑のため「緑本」と呼ばれることが多く、本書でも「緑本」の総称を用いる。
緑本5版	大元慎二編著『景品表示法〔第5版〕』（商事法務、2017年）
緑本6版	西川康一編著『景品表示法〔第6版〕』（商事法務、2021年）

　現在景表法を所管する消費者庁職員作成の書籍であり、結論への信頼度は高い。「景品表示法務検定」（一般社団法人全国公正取引協議会連合会主催）の参考書としても示されている。ただ、特に表示規制について、措置命令等の掲載に当たり具体的な表示が掲載されておらずイメージを有しにくい、最新の措置命令があまり多くは掲載されていない、重要な項目について説明が十分でない部分がある、といった難点はある。本書とセットで読んでいただければ1つ目と2つ目の問題は大部分解決し得るが、最後の問題については、該当部分を深く論じた論文を探して確認したり専門家に確認したりすることが必要となることもあるだろう。

　また、消費者庁による措置命令や課徴金納付命令の一部に関し、調査担当官の解説が雑誌「公正取引」に掲載されることがある。筆者の個人的見解という位置づけではあるが、具体的に解説されることがあり、参考になる。本書で引用する際には、原則として、公正取引の号数および頁数のみを用いる。

⑵　消費者庁の考え方を具体的に確認したい方は……

消費者庁ウェブサイト上で公表されている①表示 Q&A、②景品 Q&A、③指針 Q&A

　消費者庁がウェブサイトにて公表しているもの。具体的な質問を前提とするのでイメージしやすいし、何より無料なので、本書および緑本とセットで確認いただきたい。

　特に、景品 Q&A は、2023 年 6 月末に大幅にリニューアルされ、実務上参考となる回答が多い。

⑶　表示規制についてもう一歩進んで学習したい方は……

白石忠志「景品表示法の構造と要点（第 1〜11 回）」（NBL1043 号〜1063 号のうち奇数号）

　白石忠志教授により、表示規制を中心に景表法について理論的に緻密な検討が行われた、信頼できる論稿。内容が深いのに読みやすい記述で理解

しやすい。本書を経てもう一歩進みたい方にお薦めしたい。今後白石教授が景表法に関する基本書を上梓される場合、それは必読書となる。

(4)　景表法に関するほかの解説本を読んでみたい方は……

①南雅晴編著、水上啓著『はじめて学ぶ　景品表示法』(商事法務、2023年)
②波光巌・鈴木恭蔵著『実務解説　景品表示法〔第2版〕』(青林書院、2016年)
③波光巌・横田直和・小畑徳彦・高橋省三著『Q&A　広告宣伝・景品表示に関する法律と実務』(日本加除出版、2020年)
④加藤公司・伊藤憲二・内田清人・石井崇・籔内俊輔編『景品表示法の法律相談〔改訂版〕』(青林書院、2018年)
⑤渡辺大祐『法律要件から導く論点整理　景品表示法』(第一法規、2024年)

　上記①は、2021年7月～2023年6月に消費者庁表示対策課長を務めた南氏と同課長補佐であった水上氏によるものである。初めて景表法に触れる方を対象に据え、「法律を理解するに当たっての基本的な視点」などが示されている(はしがきⅱ頁)。
　上記②および③は、元公正取引委員会職員による景表法の解説書である。
　また、上記④は、公正取引委員会での勤務経験を有する弁護士等によるQ&A構成の書籍(共同執筆)である。景品規制や価格表示等、緑本だけでは具体的に把握することが難しい部分について特に参考になる。⑤は、消費者庁での勤務経験を有する弁護士による、網羅的な解説書である。様々な事項が丁寧に解説されており、参考になるだろう。

(5)　消費者庁の考え方だけでなく多面的に深く検討したい方は……

植村幸也弁護士のブログサイト
　「弁護士植村幸也公式ブログ：みんなの独禁法。」
　http://kyu-go-go.cocolog-nifty.com/

　植村幸也弁護士のブログサイトは、タイトルの示すとおり独禁法に関す

る記述が多いが、景表法に関する記述も相応にある。景表法に関する運用基準や緑本について批判的な検討がなされることがあり、説得的なものもある。とても読みやすい表現・構成とされており、更新の頻度も高いので、関心がある方はチェックするのがよい。

(6)　景表法の課徴金制度や確約手続について学びたい方は……

①黒田岳士・加納克利・松本博明編著『逐条解説　平成 26 年 11 月改正景品表示法　課徴金制度の解説』（商事法務、2015 年）
②原山康彦・古川昌平・染谷隆明編著『詳説　景品表示法の課徴金制度』（商事法務、2016 年）
③南雅晴・片岡克俊編著、小田典靖・渡辺大祐・山本竜大著『逐条解説　令和 5 年改正景品表示法　確約手続の導入など』（商事法務、2023 年）

　上記①および②は、景表法への課徴金制度の導入に関する法改正や政令・内閣府令・ガイドライン制定関与者によるものである。消費者庁等の調査を受けるなどの「有事」に遭遇した方や「有事」に備えておきたい方はご確認いただきたい。
　上記③は、2023 年の景表法改正法に関する逐条解説である。

(7)　マーケティング活動にかかわる法規制全般を概観したい方は……

①伊従寛・矢部丈太郎編『広告表示規制法』（青林書院、2009 年）
②株式会社電通 法務マネジメント局編『広告法』（商事法務、2017 年）

　上記①は、広告表示に関する法規制を相当程度広く解説する書籍である（合計 792 頁）。マーケティング活動を行うに当たりどのような法規制が問題になるのか・ならないのかをざっと把握するのに有益である。ただし、少し古いので、法改正等はチェックする必要がある。
　上記②は、広告ビジネスに関する法規制を横断的に解説した実務書である。景表法に限らず、知的財産権保護法など広告にかかわる法令を幅広く取り上げ言及されており、実務対応を行う際の勘所をつかむことができ、参考になる。ただし、在庫がなく、新品での購入は難しい模様である。

第 **1** 部

概　説

消費者保護法による表示規制と景品規制

景表法の目的と本書の大きな構成

第**1**章

1 景表法の目的

　消費者であれば、誰もがよりよい商品・役務を求める。

　仮に、事業者が実際の商品・役務よりも良くみせる表示を行うと、消費者がそれにつられて表示よりも質の良くないものを購入する等、消費者の自主的かつ合理的な商品・役務の選択が阻害されるおそれがある。また、例えば事業者が商品・役務の取引に関し高額の懸賞景品を企画すると、消費者が過度に射幸心を刺激され当該商品・役務を特に欲しくないにもかかわらず購入する等、自主的かつ合理的な商品・役務の選択が阻害されるおそれがある。

　そこで、不当表示や不当な景品類による顧客の誘引を防止するため、一般消費者による自主的かつ合理的な選択を阻害するおそれのある行為の制限および禁止について定め、一般消費者の利益を保護することを目的として、景表法が制定されている（景表法1条）。

　景表法は、昭和37年に、独禁法が規制する不当な顧客誘引行為のうち、不当表示行為に関連する「ぎまん的顧客誘引」（現在の一般指定告示8項）と不当景品類提供に関連する「不当な利益による顧客誘引」（同9項）について、消費者との関係で**独禁法**の**特例法として制定**され、それ以降平成21年までの間、公正取引委員会が所管していた。

　その後、平成21年の消費者庁創設に伴い、消費者法体系に属するものとしてその目的規定（景表法1条）が改正され、消費者庁に移管された。具体的には、次のとおり、「一般消費者の利益を保護すること」が間接的な目的から直接の目的へと変更され、消費者保護法としての位置づけが明確化された。

図表 1-1-1　改正前後における景表法の目的規定

平成 21 年改正前（抜粋）	平成 21 年改正後（抜粋）
商品及び役務の取引に関連する不当な景品類及び表示による顧客の誘引を防止するため、<u>独占禁止法の特例を定めること</u>により、公正な競争を確保し、もって一般消費者の利益を保護すること	商品及び役務の取引に関連する不当な景品類及び表示による顧客の誘引を防止するため、<u>一般消費者による自主的かつ合理的な選択を阻害するおそれのある行為の制限及び禁止について定めることにより、一般消費者の利益を保護すること</u>

　景表法の解釈・運用に当たっては、上記のような景表法の目的に照らし、**一般消費者による自主的かつ合理的な選択を阻害するおそれのある行為か否か**、一般消費者の利益を保護するために規制すべきものか否か、という視点が重要である。

　事業者の表示を制限・禁止する業法は相応に存在するが、景表法は、商品・役務の限定なしに、一般消費者の自主的かつ合理的な選択を阻害するような不当表示行為について、業種を横断して規制するものであり、消費者行政による表示規制の基本法（一般法）といえる。また、景品に関しては、景表法以外に具体的に規制する法令は見当たらない。

　そのため、事業者が表示や景品を用い消費者向けマーケティング活動を行う際には、景表法の理解が不可欠である。

2　本書の大きな構成

　景表法の規制対象である「表示」（行為）と「景品類」（提供行為）は根本的に異なるものであり、一般消費者による自主的かつ合理的な選択を阻害するおそれの意味合い等も異なるため、規制の具体的内容も異なっている。したがって、景表法は、1つの法律ではあるが、実質的には表示規制と景品規制という2つの規制を内容とするものといえる。

　そこで、本書では、景表法における表示規制と景品規制について、それぞれ分けて説明する（第2部および第3部）。その後に、表示行為や景品類提供行為をしようとする事業者が講ずべき管理上の措置（第4部）、公正

競争規約（第 5 部）についてそれぞれ簡潔に説明する。

　第 2 部の表示規制の説明に先立ち、第 1 部では、景表法を含む消費者保護法による表示規制（第 2 章）と景品規制（第 3 章）について概観する。

第2章 消費者保護法による一般的な表示規制・ルール

消費者保護を目的とする法律は、大きくは、消費者の安全を保護しようとするものと（例：消費生活用製品安全法、消費者安全法）、取引関係における消費者を保護しようとするものの2つに分かれる。表示規制は、基本的にはそのうち後者に属する。

消費者保護を目的として表示規制を定める法律は多数存在するが、食品表示に関するものやいわゆる業法（例：旅行業法、宅地建物取引業法、金融商品取引法等）を除くと、主なものとして、景表法と特商法が挙げられる。また、直接的に表示規制を内容とするものではないが、事業者の消費者に対する勧誘に関して民事ルールを定める消費者契約法も重要である。

本章では、特商法による表示規制および消費者契約法による勧誘ルールについて、景表法と比較しながら概観する。概略は**図表1-2-1**のとおりである。

ただし、景表法は消費者保護を目的とする表示に関する基本法ではあるが、実際に一般消費者向け表示の作成等を行う際には、そのほか、知的財産権保護法（著作権法、商標法、意匠法、不正競争防止法等）など様々な規制・ルールを検討する必要があるので留意が必要である。

図表1-2-1　景表法、特商法および消費者契約法による表示に関する定め概観

法律	行為主体	対象行為	概要	法の定める効果
景表法	一般消費者に商品・役務を供給する事業者（<u>消費者と契約を締結する者に限られ</u>	一般消費者向け表示行為	不当表示行為を禁止（法5条） （表示の義務付けなし）	●行政処分 不当表示行為をした場合、措置命令・課徴金納付命令を受ける可能性あり（課徴金納付命令は、優良誤認表示また

				は有利誤認表示をし、所定の要件を満たす場合）
				●刑罰 以下の定めあり ・故意に優良誤認表示または有利誤認表示をした場合：100万円以下の罰金 ・措置命令に違反した場合：2年以下の懲役または300万円以下の罰金
特商法	①通信販売・連鎖販売取引・業務提供誘引販売取引事業者 ②上記①＋特定継続的役務提供事業者 ③通信販売	①②顧客向け広告表示行為 ③特定申込みを受ける際の表示行為 （通信販売以外の類型〔訪問販売、電話勧誘販売、連鎖販売取引、特定継続的役務提供、業務提携誘引販売取引及び訪問購入〕については、別途、勧誘をする際の不実告知等が禁止されている）	①必要的表示事項の表示義務付け ②虚偽・誇大広告を禁止 ③「特定申込み」に関する書面または手続が表示される映像面での必要的表示事項の表示義務付け、誤認させるような表示の禁止	●①に違反：行政処分（指示・業務停止命令）を受ける可能性あり ●②に違反：100万円以下の罰金の定めあり　また、行政処分を受ける可能性あり ●③に違反：行政処分を受ける可能性あり　また、3年以下の懲役または300万円以下の罰金の定めあり　さらに、消費者に申込みの意思表示が取り消される可能性あり

消費者契約法	事業者	消費者向け勧誘行為（不特定多数の者への表示も含まれ得る）	事業者の不当勧誘行為について<u>民事ルール</u>を規定（表示の義務付けなし）	●消費者が不当勧誘行為により誤認して契約の申込み等をした場合、消費者に申込み等の意思表示が取り消される可能性あり

1　特商法

(1)　目的・規定内容・適用対象の異同

　特商法は、昭和51年に制定された（制定当初の名称は「訪問販売等に関する法律」）。昭和40年代ころ、訪問販売や連鎖販売取引等においてトラブルが多発していたため、当該取引を規制し、消費者の保護を図ることを目的として、制定された。

　特商法は、消費者保護を目的とする点では、景表法と共通する。適格消費者団体が事業者の違反行為等の差止めを求めることができるという点でも、景表法と共通する。

　また、特商法は、行政ルールと民事ルール、さらには刑事ルールを複合的に定めている。このため、後述する消費者契約法と景表法のように、民事ルールか行政ルールかで切り分けることは難しいが、特商法の表示規制は、基本的には行政ルールを定めるものであり、その点では景表法に近い。

　他方で、特商法は、訪問販売や通信販売等の特定の商取引を対象としており、まず、消費者と直接契約関係に立たないメーカー・卸売業者には基本的に適用されない。また、消費者と契約関係がある場合であっても当該特定の商取引に該当しない限り特商法は適用されない。この点で、特商法は、景表法と異なり、また消費者契約法とも異なる。

(2)　特商法における表示規制概観

ア　表示規制に関する景表法と特商法の共通点

　詳細は割愛するが、特商法が禁止する虚偽・誇大広告（**図表 1-2-1** の②）は、景表法の定める優良誤認表示や有利誤認表示を包含しており、共通点

17

が多い。

　景表法では、従前、不当表示をしただけで直ちに刑罰を科すとは定められていなかった（直罰規定はなかった）。これに対し、特商法では、虚偽・誇大広告をした者に対し、行政処分のほか、100万円以下の罰金を科す旨が定められており（直罰規定がある）、この点に違いがあった。もっとも、令和5年景表法改正法により、故意に優良誤認表示または有利誤認表示を行った場合に100万円以下の罰金を科すこととされ、特商法と共通する内容となった。

　イ　表示規制に関する景表法と特商法の相違点

　特商法は、①通信販売・連鎖販売取引・業務提供誘引販売取引を行う事業者が広告をする場合に、所定事項の表示を義務付けている（必要的表示事項）。また、②上記①の事業者および特定継続的役務提供事業者に対し、景表法とは別に（併存的に）、虚偽・誇大広告を禁止している。

　上記①必要的表示事項の規定は、景表法とは異なる発想による。景表法は、基本的に事業者が自由に表示できることを前提に、ただ、同法の定める不当表示をすることのみを禁止している。これに対し、特商法は、特定取引の特殊性を考慮し、後日のトラブル発生を防止するため、事前に必要的表示事項を定め、当該事項の表示を強制している。このような必要的表示事項の規定は、ほかにも、食品表示に関する規制法や特別の事業に関する規制法（業法）に多い。

　また、特商法は、通信販売を行う事業者が「特定申込み」（通信販売事業者の定める様式の書面またはインターネット通販により顧客が行う売買契約や役務提供契約の申込みを指す）を受ける場合について、最終確認画面等における必要的表示事項の表示を義務付け、誤認させるような表示を禁止している（同法12条の6。令和3年特商法改正により導入）。広告表示を見るなどした一般消費者が「特定申込み」を行う場合の必要的表示事項等であり、景表法の規制対象場面とは異なるが、消費者が誤認したまま取引する場面を減らすという趣旨は共通する。景表法との関係でも、ネット上で完結する取引に関しては、ネット上の広告表示と最終確認画面を一体的に評価する余地があり、強調表示を掲載する画面以外に申込みを行うために必ず通る画面や最終確認画面の記載が広告表示の打消し表示として機能する場面

があり得る（適格消費者団体である特定非営利活動法人消費者被害防止ネットワーク東海のファビウス㈱に対する定期購入表示差止請求事件〔請求棄却、控訴棄却、上告棄却・上告不受理〕に関する名古屋高判令和3年9月29日〔令和2年㈱第74号〕が参考になる。拙著「デジタル化と景品表示法の問題——デジタル広告と打消し表示、デジタル広告の調査困難性に関する問題・対応」法律のひろば Vol.76 No.6・46頁以下で言及した）。

2　消費者契約法

(1)　目的・規定内容・適用対象の異同

　消費者契約法は、事業者と消費者との間での情報・交渉力の構造的格差を踏まえ、消費者の利益の擁護を図ることを目的として、平成12年に制定された。

　消費者保護を目的とする点では、消費者契約法と景表法は共通する。また、事業者が現に不当勧誘行為をしているか当該行為をするおそれがある場合に、適格消費者団体が当該行為の差止めを求めることができるという点でも景表法に近い。

　他方、景表法は、（差止請求等の規定はあるが）主として事業者による特定の不当表示行為の禁止やそれに違反した場合の行政処分等の行政ルールを定めるものであり、例えば不当表示をした事業者が対象商品の代金を返還しなければならない義務を負うといった民事ルール（民事的な効果に関するルール）を定めるものではない。これに対し、消費者契約法は、主に(i)事業者が消費者に対し不当勧誘行為を行った場合における消費者契約の申込み・承諾の意思表示の取消しや、(ii)消費者契約の不当条項の無効といった民事ルールを規定するものであり（消費者契約法第2章）、景表法とは規定内容が異なる。

　「消費者契約」とは、「消費者と事業者との間で締結される契約」をいい（消費者契約法2条3項）、「消費者」は、「個人（事業として又は事業のために契約の当事者となる場合におけるものを除く。）」とされている（同1項。「事業として」や「事業のために」の意義や該当性は、消費者庁ウェブサイトの消費者契約法逐条解説を参照いただきたい）。

　上記のうち、表示規制と関連するのは(i)不当勧誘行為に関するルールであり、後記(2)で概観する。

　また、消費者契約法の定める上記(i)および(ii)は、消費者契約に関するものであり、消費者と直接契約関係に立たないメーカー・卸売業者には適用されない。後述のとおり、景表法は、一般消費者に対し商品・役務を供給し、かつ一般消費者向け表示をした事業者に対し適用され、消費者との間で直接契約関係があるか否かは問わないので、この点でも消費者契約法と景表法は異なる。

　お気付きのように、消費者契約法では「消費者」（差止請求に関しては「不特定又は多数の消費者」）、景表法では「一般消費者」というように使い分けられている。細かい議論はあり得るが、ただ、実務対応上は、基本的には両者は同じという理解で問題ないと考える。

(2)　消費者契約法における不当勧誘規制概観

　消費者契約法は、**図表 1-2-2** のとおり、①事業者が「勧誘をするに際し」、②不当勧誘行為をしたことにより消費者が誤認し、③それによって消費者契約の申込み・承諾をしたとき、当該消費者はそれを取り消すことができると定めている（同法４条１項および２項。同条３項および４項は、不退去・退去妨害や過量販売による取消しを定めているが、広告表示との関連性は低いので、検討対象から外す）。

ア　表示規制に関する景表法と消費者契約法の共通点

　上記のように共通する要件である「勧誘をするに際し」の「勧誘」について、基本的には特定の消費者に対する個別の勧誘が想定されるが、<u>新聞広告等の不特定多数に向けた表示行為が一律に含まれないわけではない</u>（最判平成 29 年 1 月 24 日・平成 28 年(受)第 1050 号〔クロレラチラシ配布差止等請求事件上告審〕）。

図表 1-2-2　消費者契約法の規定する不当勧誘行為による取消し

	①場面	②事業者の行為	③消費者の行為
不実告知による取消し	「勧誘をするに際し」	重要事項について事実と異なることを告げた	左記行為により当該告げられた内容が事実であると誤認した結果、契約の申込み・承諾をした
断定的判断の提供による取消し		当該消費者契約の目的となるものに関し、将来における変動が不確実な事項につき断定的判断を提供した	左記行為により当該提供された断定的判断の内容が確実であると誤認した結果、契約の申込み・承諾をした
不利益事実の不告知による取消し		重要事項または当該重要事項に関連する事項について消費者にとって利益になることを告げるとともに不利益な事実を故意に告げなかった	左記行為により当該事実が存在しないと誤認した結果、契約の申込み・承諾をした

　当該最高裁判決を踏まえると、新聞広告等の不特定多数に向けた表示行為も消費者契約法の対象となる可能性がある。そのため、消費者契約法も表示に関するルールを定めている側面があるといえ、景表法の表示規制と共通する点がある。

　消費者契約法の定める上表類型の取消しのうち、不実告知は、「重要事項」について事実と異なることを告げたことを要件とする。当該「重要事項」は、基本的に、商品・役務の内容または取引条件であって消費者の当該消費者契約を締結するか否かについての判断に通常影響を及ぼすものを指す（消費者契約法4条5項）。

　後述のように、景表法の禁止する優良誤認表示や有利誤認表示は、商品・役務に関する内容・取引条件の誇張の程度が一般消費者による商品・役務の選択に影響を与えることを前提とする。そのため、優良誤認表示等に該当する表示は、「重要事項」について事実と異なる表示である場合が相応にあるだろう（特商法の禁止する虚偽・誇大広告に該当する場合も同様）。

　上記のような整理の下、景表法に基づく措置命令の対象表示により誤認したことを理由に、消費者契約法の不実告知による取消しが主張される事

案が登場している。例えば、消費者庁は、平成29年1月27日、三菱自動車工業㈱に対し、自動車の燃費に関する表示が優良誤認表示であると認定し、措置命令を行った。当該事案に関し、不当表示の対象商品を購入していた一部消費者が、(A)三菱自動車工業㈱に対し不法行為に基づく損害賠償請求を行うとともに、(B)ディーラーに対し製品カタログによる不実告知による取消しを主張して代金につき不当利得返還請求を行い、(B)ディーラーに対する請求については一部認容された（大阪地判令和3年1月29日・平成28年(ワ)第12269号。令和6年4月時点控訴審係属中）。当該事案の下では、①カタログの交付のみでも「勧誘」要件を満たす、②「車両の燃費値は、軽自動車を購入しようとする消費者にとって、経済的な観点のみならず、環境問題への配慮がされた車両か否かという売買において購入の一つの重要な要素」であり「重要事項」に当たる、③当該重要事項が契約締結に与えた影響が大きく、「燃費値以外の考慮要素があったことをもって因果関係が否定されることにはならない」旨判断された。実務上、④ディーラーが返還すべき金額から使用利益を控除したことなども参考になるが、当該訴訟は控訴されており、今後の動きに注意が必要である。今後も、景表法に基づく措置命令が行われた事案に関して、消費者契約法による取消しを通じた代金返還請求（不当利得返還請求）が行われる可能性がある。

イ　表示規制に関する景表法と消費者契約法の相違点

　景表法上は、一度景表法の禁止する不当表示行為をすれば、その時点で違反行為が成立すると考えられている。例えば新聞広告にて不当表示をした後に店頭で真実を伝えても、新聞広告が適法な表示となるわけではない（緑本6版109頁）。

　他方で、消費者契約法では、**図表1-2-2**の③のとおり、いずれも、消費者が事業者の行為により「誤認をした結果、契約の申込み・承諾をした」ことが要件とされている。そのため、例えば、消費者と直接交渉して商品・役務を販売する事業者が、新聞折込チラシにおいて、重要事項について事実と異なる記載をした（不実告知）等の場合に、その後店頭で直接交渉する際に消費者に対し真実を伝えることで、自らの不実告知等と消費者の申込み・承諾との間の因果関係を断ち切り、申込み・承諾の取消しを防ぐということはあり得る。

　このように、景表法の表示規制と消費者契約法の表示規制には、事業者の表示行為（勧誘行為）により個々の消費者が誤認したという個別の因果関係を要件とするか否かという点で、大きな違いがある。

第3章 消費者保護法による景品規制

　消費者保護を目的とする法律において、景品規制を定めるものは景表法以外に存在しない。

　なお、独禁法は、不公正な取引方法を行うことを禁止しており、その1つとして「不当な利益による顧客誘引」を定めている（一般指定告示9項）。もっとも、第1章で述べたとおり、景表法の景品規制は、もともと、「不当な利益による顧客誘引」の消費者との関係での独禁法の特例を定めるものであった。現在、景表法は独禁法の特例ではないものの、当該経緯を踏まえると、景表法の景品規制の適用対象行為については景表法で対応すれば足り、あえて公正取引委員会が独禁法違反であると取り上げることは考え難い。

第 2 部

景表法による表示規制

表示規制の概要

第 1 章

1　違反行為の３要件（(A)供給要件、(B)不当表示要件、(C)表示行為要件）

　景表法の表示規制の趣旨は、表示対象商品・役務に関する情報や知識を十分に有さない一般消費者が適正な商品選択を行えるようにし、一般消費者の利益を保護するという点にある。

　当該趣旨を踏まえ、景表法は、事業者が、(A)自己の供給する商品・役務の取引について、(B)優良誤認表示、有利誤認表示、指定告示に基づく不当表示（**図表 2-1-1** の①～③の表示）のいずれかに当たる表示を(C)「してはならない」と定めている（法５条）。この(A)～(C)の３要件をすべて満たす場合に、景表法５条に違反すると判断される。

　まず、(A)「自己の供給する商品又は役務の取引」について表示を行うことが要件とされている（**供給要件**。供給主体性とも呼ばれる）。自己の「供給」する商品・役務であるかに関し、景表法は、「供給」の定義を行っていないが、少なくとも、小売業者のほか、メーカーや卸売業者等、製品流通過程にある者は、商品を「供給」していると判断される（緑本６版45頁）。同じ商品について、メーカーや小売業者など複数の事業者に供給要件が認められることがある。詳細は第５章１で取り扱う。

　次に、不当表示が存在するだけでは足りず、(C)不当表示を「し」たことが要件とされている（**表示行為要件**。表示行為主体性とも呼ばれる）。自ら表示を作成する場合は当然にこの要件を満たすが、表示作成に複数人がかかわる場合や、第三者に表示作成を委託するような場合には表示行為要件を満たすかが問題となり得る。結論として、**表示内容の決定に関与する場合**には表示行為要件を満たすと判断される。

　また、景表法が禁止する(B)不当表示の概要は**図表 2-1-1** のとおりである。

図表 2-1-1　不当表示の概要

自己の商品・役務を供給し(A)、表示をしている場合に(C)、その表示がいずれかに当たる表示をする(B)→景表法5条違反

①優良誤認表示（景表法5条1号）※1

商品・役務の内容について

実際のものよりも著しく優良であると一般消費者に誤認される表示 ※1

例：実際には撥水加工を施していないソファーカバーについて、撥水加工を施したと表示する場合

競争事業者に係るものよりも著しく優良であると誤認される表示

例：「当社だけがこの技術を用いています」と表示したものの、実際は競争事業者も同じ技術を使用していた場合

②有利誤認表示（景表法5条2号）※1

商品・役務の取引条件について

実際のものよりも一般消費者に著しく有利であると誤認される表示

例：「今日は半額」と表示したものの、実際は昨日も明日も同じ価格である場合

競争事業者に係るものよりも取引の相手方に著しく有利であると一般消費者に誤認される表示

例：競争事業者と自己の取引条件が同じなのに、競争事業者に係る取引条件の欠点のみを示す場合

③指定告示に基づく不当表示（景表法5条3号）

①②のほか、「商品又は役務の取引に関する事項について一般消費者に誤認されるおそれがある表示であって、不当に顧客を誘引し、一般消費者による自主的かつ合理的な選択を阻害するおそれがあると認めて内閣総理大臣が指定するもの」※3

いわゆるおとり広告表示など7つの告示 ※4

※1 景表法5条1号および2号は、「不当に顧客を誘引し、一般消費者による自主的かつ合理的な選択を阻害するおそれがあると認められる」表示であることも要件としている。もっとも、上記「概観」で示すいずれかに当たる場合は、通常その要件は認められると考えられている（第2章2(2)で検討する）。
※2 景表法5条1号は、「著しく優良であると示す表示」と定めているが、実質的には、「著しく優良であると一般消費者に誤認される表示」を禁止するものと考えられる（緑本6版61頁）。
※3 誤認される「おそれ」があり、不当に顧客を誘引する「おそれ」があるとして指定されており、告示により指定された表示に該当するか否かを判断する際、個別の表示について誤認されるものであったかは問われない。
※4 ①「無果汁の清涼飲料水等についての表示」（昭和48年公正取引委員会告示第4号）、②「商品の原産国に関する不当な表示」（昭和48年公正取引委員会告示第34号）（原産国告示）、③「消費者信用の融資費用に関する不当な表示」（昭和55年公正取引委員会告示第13号）、④「不動産のおとり広告に関する不当な表示」（昭和55年公正取引委員会告示第14号）、⑤「おとり広告に関する表示」（平成5年公正取引委員会告示第17号）（おとり広告告示）⑥「有料老人ホームに関する不当な表示」（平成16年公正取引委員会告示第3号）、⑦一般消費者が事業者の表示であることを判別することが困難である表示（令和5年内閣府告示第19号）

2　景表法上の「表示」とは

　景表法上の「表示」は、事業者が、(a)「顧客を誘引するための手段として」、(b)自己の「供給」する(c)商品又は役務の取引に関する事項について行う(d)広告その他の表示であり、定義告示に列挙されたもの、と定義されている（法2条4項）。

　まず、(a)「顧客を誘引するための手段」として行うものか否かは、事業者の主観的意図によらず、客観的に、一般消費者に対する顧客誘引の効果を有するか否かで判断される（定義告示運用基準1(1)）。景表法の「顧客」は、細かい議論を捨象すると、基本的には、「一般消費者」と同じ意味である。事業者が、商品・役務について宣伝したいと考え、費用を拠出して広告表示を制作等する場合には、顧客誘引の効果を最大限に引き出すために詳細な検討を行うはずである。そのため、商品・役務について示す表示は、通常、「顧客を誘引するための手段として」行われたものであると判断されるだろう（例えば、不良商品に対する謝罪広告のようなものであっても、その内容によっては顧客誘引の効果をもつと判断される）。

　今まで取引関係のない一般消費者を新たに取引するよう誘引する場合だ

けでなく、すでに取引関係がある一般消費者に対し、取引の増大・継続や再度の取引を誘引する場合も、顧客を誘引するものとされる。また、（議論はあり得るが）商品の包装に隠されて購入前には一般消費者の目に触れることがないような広告表示であっても、購入後一般消費者の目に触れ、それ以降の取引を誘引し得る内容のものであれば、顧客を誘引するための手段として行われたものに当たる、と考えられている（例えば、㈱秋田書店に対する措置命令〔平成 25 年 8 月 20 日〕）。

　次に、要件(b)は、景表法 5 条違反の要件(A)（供給要件）と重複する。要件(c)は、要件(B)（不当表示要件）の内容である、（自己の供給する）①商品・役務の内容、②商品・役務の取引条件、③商品・役務の取引に関する事項と重複する。

　さらに、要件(d)について、定義告示では、容器・包装、チラシ・パンフレット・説明書面や口頭での表示、新聞広告・テレビ CM、ウェブサイト等のあらゆる広告が含まれるとされている（定義告示 2 ）。そのため、一般消費者向けの表示を行う場合、基本的に要件(d)は満たす。

　これらを踏まえ、景表法 5 条に違反しないか否かを検討する際には、前述の景表法 5 条の定める 3 要件（(A)～(C)）を満たすか否かを検討すれば足り、例外的に顧客誘引性を欠くような場合を除き、独立して「表示」該当性を検討する必要のある場面は基本的にはないと考えられる。これは白石忠志「景品表示法の構造と要点（第 7 回）」（NBL1055 号 73 頁）にてすでに指摘されている。本書でも、同様の観点から、従前「表示」に当たるかという観点で論じられていた問題について、同法 5 条の定める要件(A)～(C)のいずれかに位置付けて記述する。

（定義告示の掲げる表示）

(1)商品・容器・包装による広告その他の表示およびこれらに添付した物による広告その他の表示

(2)見本、チラシ、パンフレット、説明書面等による広告その他の表示（ダイレクトメール、ファクシミリ等によるものを含む）および口頭による広告その他の表示（電話によるものを含む）

(3)ポスター、看板（プラカードおよび建物または電車、自動車等に記載されたものを含む）、ネオン・サイン、アドバルーン等による広告および陳列物または実演による広告

(4)新聞紙、雑誌その他の出版物、放送（有線電気通信設備または拡声機による放送を含む）、映写、演劇または電光による広告

(5)情報処理の用に供する機器による広告その他の表示（インターネット、パソコン通信等によるものを含む）

少し深掘り
Column2-1-1　プレスリリースと表示規制

　「表示」の定義は上記のとおりであり、また、景表法は、自己の供給する商品・役務の内容や取引条件について、実際のものよりも著しく優良または著しく有利であると「一般消費者に誤認される表示」を禁止している（法5条2号。同1号も同様に考えられる。）。

　消費者庁の㈱山田養蜂場に対する措置命令（令和4年9月9日）では、同社がプレスリリース配信代行サービス事業者の運営するウェブサイトに掲載した表示につき、優良誤認表示と判断された。通常、「プレスリリース」は報道関係者向けの公式発表を意味し、また、対象表示には「報道関係者各位」との記載があったが、ウェブサイト上で公開され、一般消費者はアクセス可能である。そのため、直接的に一般消費者に誤認される可能性があり、客観的に顧客を誘引する手段として「表示」に当たり、「一般消費者に誤認される表示」であると判断されたと考えられる。

　理論的には、「プレスリリース」であっても、一般消費者に供給する商品・役務を対象とし、一般消費者がアクセス可能であれば景表法は適用される。そのため、上記措置命令は、特別な判断を行ったものではないが、プレスリリースについては主に広報部門が担当することが多いと思われ、広告表示としての審査も経るよう体制を整備することが重要だろう。

3　表示規制に関するエッセンス

　第2章以下で、景表法の表示規制について概説する。先にエッセンスを
示すと、次のとおりである。

Essence

1　どのような表示が不当表示となるのか（要件(B)関連）
 (1)　優良誤認表示や有利誤認表示に該当する表示（第2章）
　①「優良誤認表示」＝実際よりもよいと誤認される表示
　②「有利誤認表示」＝実際よりもお得と誤認される表示
　③表示内容は、表示全体から一般消費者が受ける印象・認識を基礎と
　　して判断される
　④事業者の故意・過失の有無は考慮されない
　⑤商品・役務を明示しなくても、商品・役務の取引に関する表示に当
　　たる可能性がある
　⑥小さな打消し表示の大きな問題に注意
 (2)　優良誤認表示に関する特別な手続（第3章）
　　効能・性能を含め、優良と示す表示には（すぐに提出できる）合理
　的な根拠資料が必要
 (3)　指定告示に基づく不当表示（第4章）
　　原産国を表示する場合のルールやおとり広告を禁止するルール等に
　注意（ステマ規制は第6章）

2　表示規制は誰に適用されるのか（要件(A)および(C)関連）（第5章）
 (1)　供給要件（要件(A)）
　・小売業者だけでなく、メーカーや卸売業者等、製品流通過程にある
　　者は、すべて、供給要件を満たす
　・供給要件はさらに実質的に判断され得る
 (2)　表示行為要件（要件(C)）
　・表示行為をしたか否かは、表示内容の決定に関与したかで判断され
　　る
　・その判断に当たり、事業者の故意・過失は考慮されない
　・（アフィリエイターやインフルエンサーを含む）第三者に表示作成を

> 委託する場合、基本的に「そんなつもりはなかった」や「知らなかった」は通用しない
>
> 3　ステマ規制（→第6章）
> ・禁止されるステマに該当する要件は2つ（①事業者が自己の供給する商品・役務の取引について行う表示であること〔供給要件および表示行為要件を満たすこと〕、②一般消費者が当該表示〔事業者が自己の供給する商品・役務の取引について行う表示〕であることの判別が困難であると認められること）

4　表示規制に違反した場合のリスク概観

前記1の違反行為の要件(A)〜(C)を満たし、景表法5条に違反する場合、景表法上は、**図表 2-1-2** 記載のリスクがある。景表法は、調査や行政処分（措置命令や課徴金納付命令）の主体として「内閣総理大臣は」と定めているが、当該権限は基本的に消費者庁長官に委任されている（景表法38条1項、景表法施行令14条）。都道府県知事も措置命令は行える（景表法施行令23条1項）。図表では、読みやすさの観点から、消費者庁長官を「消費者庁」、都道府県知事を「都道府県」と示しており、以下も同様とする。

図表 2-1-2　表示規制に違反した場合にあり得る景表法上のリスク概観

リスク	主体	要件
措置命令（法7条1項）	消費者庁・都道府県	以下①〜③いずれかの表示をする行為をすること ①優良誤認表示 ②有利誤認表示 ③指定告示に基づく不当表示
課徴金納付命令（法8条1項）	消費者庁	以下①②いずれかの表示をする行為（課徴金対象行為）をすること ①優良誤認表示 ②有利誤認表示

100万円以下の罰金（法48条）	検察庁、裁判所	以下①②いずれかの表示をする行為をすること ①優良誤認表示に相当する表示 ②有利誤認表示に相当する表示 （「……著しく優良であると一般消費者を誤認させるような表示をしたとき」と定められている）
差止請求（法34条1項）	適格消費者団体	以下①②いずれかの表示をする行為をすること ①優良誤認表示に相当する表示 ②有利誤認表示に相当する表示

　前記3の Essence で示したとおり、不当表示であるか否かや表示行為をしたか否かの判断に当たり、事業者の故意・過失は考慮されず、「そんなつもりはなかった」や「知らなかった」は通用しない。一生懸命事業活動をしていても、景表法の理解が不足している場合には、表示規制に違反するおそれがある。また、措置命令等を受け、公表されると、不当表示の対象となった商品・役務や当該表示をした事業者自身について信用を失う。普段から適切な表示を行おうとしている事業者にとっては、こういった点が、表示規制に違反した場合の最大のリスクだろう。

(1)　行政処分（措置命令および課徴金納付命令）やそれに関連するもの
ア　措置命令

　消費者庁や都道府県は、事業者が優良誤認表示等の景表法5条に違反する行為をした場合には、必要があると認めるときに、措置命令を行うことができる（景表法7条1項。命令するか否かについて消費者庁等に裁量があり、東京地判平成28年11月10日〔平成27年（行ウ）第161号〕でも確認されている）。平成21年に景表法が消費者庁に移管される前には、同様の要件の下、公正取引委員会が排除命令を行うことができた。

　条文上具体的に定められているわけではないが、実務上、一般的に、措置命令では、(i)違反行為（不当表示行為）の差止め、(ii)一般消費者の誤認の排除（周知）、(iii)再発防止策の策定、(iv)将来の不作為（今後同様の違反行為を行わないこと）の4つの措置が命じられる。措置命令は、当該事業者

がすでに違反行為（不当表示行為）をやめている場合でも行えるため（同法7条1項2文）、例えば消費者庁の調査を受けた後に不当表示をやめたとしても、上記(ii)〜(iv)の内容の措置命令を受けることがある（(i)は命じられない）。

　景表法上、1度措置命令を受けた事業者がこれに違反した場合について、2年以下の懲役または300万円以下の罰金が定められている（併科あり、同法46条）。また、法人の代表者や従業員等が措置命令に違反した場合、法人には3億円以下の罰金（同法49条1項1号、同条2項）、違反計画を知るなどの要件を満たす法人の代表者について300万円以下の罰金が定められている（同法50条）。ただし、消費者庁に景表法が移管されて以降、令和6年4月までの間に、これらの罰則が適用された事例は見当たらない。

　イ　課徴金納付命令

　事業者が優良誤認表示や有利誤認表示をする行為（課徴金対象行為）をした場合、所定の除外事由を満たす場合を除き、消費者庁は、課徴金納付命令を行わなければならない（景表法8条1項本文。命令するか否かについて消費者庁に裁量はない）。指定告示に基づく不当表示をする行為は、課徴金納付命令の対象ではない。

　課徴金額は、「課徴金対象期間」に取引をした、「課徴金対象行為に係る商品又は役務」の「政令で定める方法により算定した売上額」に、3％を乗じて得て算定される（同法8条1項本文）。平成28年4月1日の課徴金制度導入以降、令和6年4月までに行われた課徴金納付命令のうち最高額は、12億3,097万円（メルセデス・ベンツ日本㈱に対する課徴金納付命令〔令和6年3月12日〕）である（脱稿後、中国電力㈱に対する16億5,594万円の課徴金納付命令〔令和6年5月28日〕に触れた）。

　課徴金に関する除外事由の主なものとしては、事業者が相当の注意を怠った者でないと認められる場合や、上記課徴金額が150万円未満の場合が挙げられる（同法8条1項ただし書）。

　事業者が、課徴金対象行為に該当する事実を景表法施行規則で定めるところにより報告したときは、景表法8条1項により計算した課徴金額から50％相当額が減額される（同法9条本文）。また、事業者が所定の手続に沿って「返金措置」（景表法10条1項）を実施した場合は、基本的に返金

33

相当額が減額される（同法 11 条 2 項）。

　課徴金の算定や除外事由等については様々な検討事項があり、実際に調査を受け課徴金納付命令を受ける可能性がある場合には重要ではあるものの、「平時」を検討対象とする本書では立ち入らない。

　ウ　措置命令や課徴金納付命令に伴い生じるリスク・負担

　消費者庁等から措置命令や課徴金納付命令を受けた場合、消費者庁等のウェブサイト上にその命令が公表され、その際社名・商品名も明示される。

　近年では、これを受け、一般消費者を含む様々な関係者が、SNS などを通じ、措置命令対象商品や企業の姿勢自体について指摘・言及を行う場面が増えている。それに伴い、不当表示の対象となった商品・役務や当該表示をした事業者自身について信用を失い、一般消費者が当該商品・役務の購入を控えるおそれがある。場合によっては、その事業者商品すべてについて不買運動にまで発展する等し、ときに甚大な損害が生じる可能性もある。

　また、事業者としては、措置命令を受けるまでの間、消費者庁から調査を受け、報告書や質問に対する回答書の検討・作成や資料の整理等のために相当の時間と労力を要することとなる。

　これに対し、消費者庁等の調査を受ける場合であっても、違反行為のおそれがあるとの認定にとどまる、措置命令の必要が認められないなどの理由で措置命令に至らず行政指導を受けることもある。行政指導を受けた場合、通常、具体的な事案は公表されないものの、消費者庁が毎年公表する「景品表示法の運用状況及び表示等の適正化への取組」において事案を抽象化して周知されることがある。

　エ　措置命令や課徴金納付命令の件数

　直近 10 年間における、消費者庁による調査の端緒（きっかけ）や調査件数、措置命令や行政指導の件数は **図表 2-1-3** のとおりである。

　平成 29 年度（平成 29 年 4 月～平成 30 年 3 月）には、消費者庁設置以降最高の 50 件の措置命令が行われ、その後も措置命令自体は年間 40 件前後で推移している（令和 2 年度は、新型コロナウイルス感染症拡大の影響を受けたものと思われる）。もっとも、平成 28 年から課徴金制度が導入され、これに呼応して事業者による措置命令や課徴金納付命令に対する不服申立件

数が増えるなどしたため、現状、消費者庁において、措置命令・課徴金納付命令いずれに際しても、従前に増して厳格な事実認定が必要となり、調査に要する労力が増大している。その影響も受け、近時、**図表 2-1-3** のように、調査の端緒（契機）の中心である「情報提供」件数（かっこ内の数字）は増加し続けているにもかかわらず、新規調査件数や処理件数が減少している。

図表 2-1-3　調査の端緒、調査件数、措置命令件数等の推移（表示規制）

年　度		平成25年度	平成26年度	平成27年度	平成28年度	平成29年度	平成30年度	令和元年度	令和2年度	令和3年度	令和4年度
前年度からの繰越		180	202	138	188	228	227	212	151	169	85
新規件数	職権探知	128	151	129	45	93	45	44	95	65	48
	情報提供※1	560 (5858)	289 (6336)	301 (9667)	299 (7906)	323 (11053)	309 (9146)	225 (10645)	191 (11650)	138 (12503)	137 (14410※4)
	自主報告※2	-	-	-	11	9	10	11	3	1	4
	小計	688	440	430	355	425	364	280	289	205	189
調査件数		868	642	568	543	653	591	492	440	374	274
処理件数	措置命令	45	30	13	27	50	46	40	33	41	41
	指導	373	294	178※3	138※3	179※3	216※3	205※3	176※3	172※3	112※3
	都道府県移送	15	38	78	80	130	76	29	21	19	8
	協議会処理	33	18	21	6	15	9	27	21	18	14
	打切り等	200	124	90	64	52	32	40	20	39	25
	小計	666	504	380	315	426	379	341	271	289	200

※1　外部から提供された情報のうち、行政庁において景品表示法違反被疑事案として処理することが適当と判断された事案数。
　　　括弧内の数字は外部から提供された情報の総数。
※2　景表法9条の規定に基づく自主報告のうち、景品表示法違反被疑事案として処理することが適当と判断された事案数。
※3　別途、事業者が講ずべき措置に関する指導・助言が行われている（2015年度から順に84件、100件、86件、90件、96件、109件、102件、60件）。
※4　このうち食品表示に関係する内容（外食等）被疑に分類されるものは548件。

消費者庁が毎年公表する「景品表示法の運用状況及び表示等の適正化への取組」を基に作成

オ　確約手続の導入（令和6年秋ごろまでに導入）

前記エの状況下、景表法検討会報告書を受け、令和5年景表法改正法が成立した。同改正法の主な内容として、不当表示の疑いのある表示をした事業者が是正措置計画や影響是正措置計画を作成して申請し、認定を受けた場合には、措置命令および課徴金納付命令が行われないという「確約手続」が導入される。基本的に、公布日（令和5年5月17日）から起算して1年6月を超えない範囲内において政令で定める日までに施行される（令和5年景表法改正法附則1条）。

これに伴い、事案に応じて、措置命令や課徴金納付命令の必要性がある場合には厳格に行政処分を課す一方で、自主的な取組みを期待できる被疑事業者について確約手続の対象とすることにより効率化が進み、今後、消

費者庁の調査件数自体は（令和5年現在に比べ）増加する可能性がある。今後の動向に注意したい。

　本書では、その目的を踏まえ、消費者庁の調査手続やその対応に関する具体的な内容は記載しないが、確約手続のイメージとしては次のようなものである。

図表 2-1-4　　景表法に基づく確約手続のイメージ

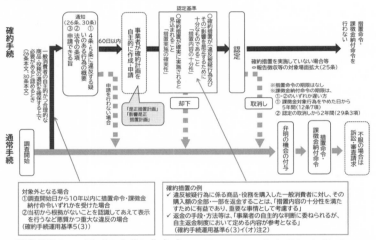

消費者庁ウェブサイトを基に作成（https://www.caa.go.jp/policies/policy/representation/meeting_materials/assets/representation_cms212_221108_02.pdf）

　法律上は、上記イメージのように、消費者庁からの「通知」を受けて認定申請を行うと定められている。もっとも、現実には、確約通知の内容を確認してから60日以内に方針および計画の内容を検討し、消費者庁が認定する内容の計画をもって申請を行う、ということは困難なことが多いだろう。現実的には、調査開始の連絡を受けた事業者は、確約手続の申請を行いたい場合には、消費者庁からの「通知」を待たずに相談を行い、計画の方針等について消費者庁との間で協議を行い、消費者庁はおおむね方針がみえた中で「通知」を行うという流れが想定される。

　確約手続を選択し、「認定」された場合、措置命令や課徴金納付命令は受けないものの、認定を受けた旨は公表され（確約手続運用基準9）、それ

に伴い一定のレピュテーションリスクが生じるおそれはある。その場合、各消費者からのクレームや、適格消費者団体からの連絡を受ける可能性は否定できない。これに対し、調査を受けて行政指導に至る場合、公表はなされない。

　万一調査を受けた場合には、上記を踏まえ、確約手続の認定申請について先行して相談するかを含め、速やかに方針を検討する必要がある。少なくとも、平時においては、調査開始の連絡を受けた際に確約手続の利用を選択できるよう、ステマ告示への対応含め、景表法22条に基づき必要な措置を改めて講じておくことが重要である。

(2)　差止請求等

「適格消費者団体」は、事業者が、不特定かつ多数の一般消費者に対して、商品・役務の内容や取引条件について、実際のものや競争事業者に係るものよりも著しく優良・有利であると誤認される表示を<u>現に行い</u>または<u>行うおそれがある</u>ときは、当該事業者に対し、当該行為の停止・予防、当該表示をした旨の周知その他の必要な措置をとることを請求できる（景表法34条1項）。指定告示に基づく不当表示は、差止請求の対象とならない。

適格消費者団体とは、不特定多数の消費者の利益のために差止請求権を行使するのに必要な適格性を有するものとして、内閣総理大臣の認定を受けた消費者団体をいい（消費者契約法2条4項）、令和6年4月時点で26団体存在する。

　適格消費者団体は、差止請求の訴えを提起しようとする場合には、あらかじめ、差止対象者に対し、請求の要旨および紛争の要点その他の事項を記載した書面により差止事前請求をする必要がある（消費者契約法41条1項）。実際には、各適格消費者団体は、書面による差止事前請求に先立って、事実上、「問合せ」や「申入れ」を行っている。当該申入れやそれに対する事業者の対応については、適格消費者団体のウェブサイト上で公表されることがある。

　これまで景表法に基づく差止請求訴訟が提起された事例は相応にあるが、例えば、①クロレラチラシ配布差止等請求事件（京都地判平成27年1月21日・平成26年(ワ)第116号、大阪高判平成28年2月25日・平成27年(ネ)第503

号、最判平成 29 年 1 月 24 日・平成 28 年（受）第 1050 号）、②㈱ファビウスに対する定期購入表示差止請求事件（名古屋地判令和元年 12 月 26 日・平成 30 年(ワ)第 171 号、名古屋高判令和 3 年 9 月 29 日・令和 2 年(ネ)第 74 号、最決令和 4 年 3 月 31 日・令和 4 年(オ)第 125 号・同年（受）第162 号）がある。

　また、適格消費者団体は、事業者が現にする表示が差止請求対象のうち著しく優良であると誤認される表示に「該当すると疑うに足りる相当な理由があるとき」、事業者に対し、表示の裏付けとなる合理的根拠資料の開示を要請できる（景表法 35 条 1 項。令和 5 年景表法改正法により追加された）。事業者は、不正競争防止法 2 条 6 項に規定する「営業秘密」が含まれる場合その他の「正当な理由」がある場合を除き、当該要請に応じる努力義務を負う（景表法 35 条 2 項）。「営業秘密」該当要件は厳格であるし、営業秘密を除いて提出することもあり得ることからすると、少なくとも必要性が認められる場合に、資料を提出しないときには、裁判所に、合理的根拠資料がないのではないかとの心証を持たれる可能性がある。事業者としては必要性の有無を争いたいところではあるが、直接の争点となる場合には必要性がないとはいえないことも想定される。立証責任は原告である適格消費者団体が負担し、事業者が負うのは努力義務ではあるものの、影響が小さいとは言い切れず、事業者としては、一般消費者向けに表示を行うに際し、改めて、当該表示に対応する合理的根拠資料の有無を確認することが求められる。

(3)　刑罰（直罰）

　故意に優良誤認表示または有利誤認表示を行った場合について、特商法と同様、100 万円以下の罰金を科すと定められている（景表法 48 条 1 号および 2 号。令和 5 年景表法改正法により追加された）。条文は以下のとおりである。

（景表法 48 条）

　次の各号のいずれかに該当する場合には、当該違反行為をした者は、100 万円以下の罰金に処する。

1　自己の供給する商品又は役務の取引における当該商品又は役務の品質、規格その他の内容について、実際のもの又は当該事業者と同種若しくは類似の商品若しくは役務を供給している他の事業者に係るものよりも著しく優良であると一般消費者を誤認させるような表示をしたとき。

2　自己の供給する商品又は役務の取引における当該商品又は役務の価格その他の取引条件について、実際のもの又は当該事業者と同種若しくは類似の商品若しくは役務を供給している他の事業者に係るものよりも取引の相手方に著しく有利であると一般消費者を誤認させるような表示をしたとき。

　景表法 5 条のように「誤認される表示」ではなく、「誤認させるような表示」とすることで、行為者の故意を要件とすることが表されている（『逐条解説 令和 5 年改正景品表示法』〔商事法務、2023 年〕105 頁）。

　「自己の供給する商品又は役務の取引における」と定められており、景表法 5 条と同様、供給要件を満たすことが要件とされている。身分のない者も共犯になり得ることから（刑法 65 条 1 項）、供給要件を満たすことを「身分」と捉え、優良誤認表示や有利誤認表示を故意で行う者に供給要件のない者（アフィリエイター、インフルエンサー、仲介業者や調査会社等）が共同する場合に共犯が成立するという考えがあり得る（「座談会 最近の景品表示法違反事件をめぐって」公正取引 877 号 4 頁における真渕博消費者庁審議官の発言〔14 頁〕）。

(4)　民事上の法律関係に関連するもの

ア　不実告知に基づく取消しおよび不当利得返還請求

　景表法では、基本的には行政ルールが定められており、不当表示を見た消費者が商品・役務を購入した場合の損害回復手段については定められていない。

　他方、前記最判平成 29 年 1 月 24 日（クロレラチラシ配布差止請求事件）を踏まえると、新聞広告等の不特定多数に向けた表示行為は、消費者契約法の不当勧誘行為規制の適用対象となり得る。また、事業者が景表法の優良誤認表示や有利誤認表示を行った場合には、消費者契約法の不実告知に

該当する余地がある（前記第1部第2章2(2)）。そのため、事業者が景表法の優良誤認表示や有利誤認表示をした場合には、個々の消費者から、当該表示行為によって誤認をして消費者契約の申込み・承諾をしたことを理由に、不実告知による取消し等を主張され、不当利得として既払代金の返還請求を受ける可能性がある。

　実際の例として、大阪地判令和3年1月29日（平成28年(ワ)第12269号）がある（前記第1部第2章2(2)ア）。仮に多数の消費者が当該取消しをすれば、「消費者裁判手続特例法」に基づき、「特定適格消費者団体」から、当該返還請求権の存否についての共通義務確認の訴え提起を受けるおそれもある（特定適格消費者団体は、令和6年4月時点で4団体存在する）。

　イ　不法行為に基づく損害賠償請求（慰謝料請求）

　不実告知による取消しが認められる場合、取り消される意思表示に基づく契約は存在しないことになる。ただ、当該取消しに基づく不当利得返還請求を受けるとともに、不法行為による慰謝料支払い請求を受ける可能性はある（東京高判平成30年4月18日〔平成29年(ネ)第3234号〕は、モバイルデータ通信サービスの通信速度制限に関する販売員による説明について、消費者契約法上の不実告知にあたるとして取消しを認めて既払利用料の返還を認めつつ、慰謝料として1万円の支払請求を認めた）。

　ウ　役員責任

　消費者庁等から措置命令を受けた場合、それにより直ちに事業者自身が債務を負担するものではないが、前記のとおり報道されたり消費者問題が生じたりして対象商品を含めた売上が減少し、また損害賠償等の支払いを行ったときには、株主が役員責任を追及することはあり得る。また、事業者が消費者庁から課徴金納付命令を受けて課徴金を納付した場合には、当該事業者に当該課徴金相当額の損害が生じたことを理由に役員責任が追及される可能性がある。

> **少し深掘り**
> **Column2-1-2**　事業者による返金対応について
>
> 　実務的には、不当表示をした事業者自らが自主的に当該商品・役務の代金を返還したり、代替品・代替サービスを提供したりするということはあり得るだろう。

　景表法の課徴金制度には、被害回復を目的とする返金措置制度が導入されている。具体的には、事業者が、実施しようとする「返金措置」の実施に関する計画を作成し、消費者庁の認定を受ける等、所定の手続に従って消費者に対して返金措置を実施した場合は、基本的に返金相当額が課徴金から減額される（景表法11条2項、景表法施行規則16条）。この制度が活用されれば、事業者による自主的な商品・役務の代金返還が促進される。もっとも、「返金措置」に該当するには相当厳格な要件を満たす必要がある。また、そもそも「返金措置」を行うか否かを含め、代金を返還するか否かは事業者が自由に決められ、事業者の義務ではない。

　「返金措置」をとる際に、金銭以外に電子マネーを用いることも許容されているが（同法10条1項）、あくまで事業者が任意に行い得るという点では変わりはない。

　ただ、確約手続運用基準では、確約措置の典型例として、対象商品・役務を購入した一般消費者に対し、返金をすることは「重要な事情として考慮」されるとされている（確約手続運用基準6(3)イ(オ)）。この影響を受けて、事業者による自主的な返金等が促進される可能性はあるだろう。

　なお、景表法は、消費者庁に移管される平成21年以前には、独禁法の手続規定を適用すると定め（当時の景表法6条2項）、独禁法25条も適用することとしていた。独禁法は、特定の違反類型に違反する行為をした事業者が（行政処分確定後）損害賠償責任を負うこと（独禁法25条1項）、被告事業者は故意・過失がなかった旨を証明して責任を免れることができないことを定めている（同条2項。事業者の無過失責任）。しかし、消費者庁に移管され、景表法が独禁法の特例法でなくなることに伴い、景表法は独禁法の手続規定を適用しないこととなり、また、その際、景表法に、独禁法25条と同等の規定は設けられなかった。

どのような表示が優良誤認表示・有利誤認表示に該当するか
第**2**章　（違反行為の要件(B)関連）

Essence

① 「優良誤認表示」＝実際よりもよいと誤認され、一般消費者の選択に影響を与える表示

② 「有利誤認表示」＝実際よりもお得と誤認され、一般消費者の選択に影響を与える表示

③ 表示内容は、表示全体から一般消費者が受ける印象・認識を基礎として判断される

④ 事業者の故意・過失の有無は考慮されない

⑤ 小さな打消し表示の大きな問題に注意

⑥ 商品・役務を明示しなくても、商品・役務の取引に関する表示にあたる可能性がある

1　第2章の全体像

　景表法は、事業者が、(A)自己の供給する商品・役務の取引について、(B)優良誤認表示、有利誤認表示、指定告示に基づく不当表示（**図表 2-1-1** の①～③の表示）のいずれかに当たる表示を(C)「してはならない」と定めている（法5条）。この(A)～(C)をすべて満たす場合に、景品表示法の表示規制（法5条）に違反すると判断される。

　本章では、上記要件(B)のうち、基本的な不当表示類型である優良誤認表示および有利誤認表示に焦点を当てる。これらは、内容について著しく優良であると誤認されるか、取引条件について著しく有利であると誤認されるかの違いはあるものの、その他の要件は基本的に共通する。以下では、優良誤認表示および有利誤認表示に関する基本的な考え方を整理し（後記2）、優良誤認表示に関する基本的な措置命令事例を概観する（後記3）。その上で、優良誤認表示・有利誤認表示に共通するものをまとめて説明し

（後記4～6）、有利誤認表示に関し、価格表示に関する考え方と措置命令を個別に説明した上で（後記7・8）、期間限定表示について概説する（後記9）。

　優良誤認表示に関する特別な手続規定（不実証広告規制）については第3章において別途説明する。

2　優良誤認表示・有利誤認表示該当性に関する基本的な考え方

(1)　優良誤認表示や有利誤認表示とは何か

ア　一般消費者に誤認される表示

　景表法5条は、「著しく優良であると示す表示」（1号、優良誤認表示）や「著しく有利であると一般消費者に誤認される表示」（2号、有利誤認表示）をすることを禁止している。「示す表示」と「誤認される表示」というように文言が異なるが、結論として、禁止される表示は、実際の商品・役務の内容・取引条件よりも著しく優良または著しく有利であると一般消費者に誤認される表示である（緑本6版61頁）。

　景表法の表示規制の趣旨は、表示事業者と一般消費者との間に商品・役務の内容・取引条件についての情報や知識に大きな格差がある蓋然性が高く、表示対象商品・役務を選択する際に事業者による表示を主な手がかりとすると考えられる一般消費者が適正な選択を行えるよう、適正な表示を確保するという点にある。そのため、景表法は、一般消費者に誤認される表示を行うことを禁止している。事業者が一般消費者に向けて商品・役務について示す表示は、広く、景表法の表示規制の対象となる。

（景表法5条1号および2号）

1　商品又は役務の品質、規格その他の内容について、一般消費者に対し、実際のものよりも著しく優良であると示し、又は事実に相違して当該事業者と同種若しくは類似の商品若しくは役務を供給している他の事業者に係るものよりも著しく優良であると示す表示であつて、不当に顧客を誘引し、一般消費者による自主的かつ合理的な選択を阻害するおそれがあると認められるもの

> 2　商品又は役務の価格その他の取引条件について、実際のもの又は当該事業者と同種若しくは類似の商品若しくは役務を供給している他の事業者に係るものよりも取引の相手方に著しく有利であると一般消費者に誤認される表示であつて、不当に顧客を誘引し、一般消費者による自主的かつ合理的な選択を阻害するおそれがあると認められるもの

イ　2つの類型の存在と区別の意味

優良誤認表示および有利誤認表示は、おおむね**図表 2-2-1** のように整理できる。

図表 2-2-1　優良誤認表示および有利誤認表示の類型

優良誤認表示
パターンA：実際の商品・役務の内容よりも著しく優良であると一般消費者に誤認される表示
パターンB：競争事業者の商品・役務の内容よりも著しく優良であると一般消費者に誤認される表示

有利誤認表示
パターンA：実際の商品・役務の取引条件よりも著しく有利であると一般消費者に誤認される表示
パターンB：競争事業者の商品・役務の取引条件よりも著しく有利であると一般消費者に誤認される表示

パターンBとしては、（B-1）比較を行いつつ自己の商品・役務の優良性・有利性を直接示す場合と、（B-2）（自己の商品・役務については実際の内容・取引条件を示しつつ）競争事業者の供給する商品・役務の内容・取引条件を実際よりも悪く示す場合がある。（B-2）の例として、自社および他社が提供する特定の WiMAX サービスプランの料金等を記載した一覧表で、他社が提供するプランには電子メールサービスが付属していない旨を表示したものの、実際には提供されていた、という事例がある（ニフティ㈱に対する措置命令〔平成 24 年 6 月 7 日〕）。

ただ、（B-1）はパターンAと異ならず、パターンBの措置命令は多くはない。究極的には、表示事業者の供給する商品・役務の内容が「よい」・

取引条件が「お得」との印象を与える表示が事実に反するか否かという問題であり、表示の作成・検討に際しパターンＡ・Ｂの区別はそれほど重要ではないと考えられるので、以下では厳密な区別は行わない。

(2)　優良誤認表示や有利誤認表示に関する基本的な考え方

ア　優良または有利と誤認されるか否か

まず、一般消費者に優良または有利と「誤認される」表示であると判断されるのは、まとめると以下の場合である（メニュー表示ガイドライン第4の1〔Q-1〕や、課徴金ガイドライン第2の2(2)、緑本6版58〜62頁の記述を基に整理している）。

> 自己の供給する商品・役務の内容や取引条件について、
> 優良・有利と示す表示内容と実際との間に違いがある場合

上記のうち、「自己の供給する」（供給要件）については、第5章で解説する。「内容」や「取引条件」について後記(3)で整理し、当該「内容」や「取引条件」についての表示といえるかを(4)で整理する。また、「優良」性や「有利」性について、後記(5)で整理する。「表示内容」は、（表示上の特定の文章、図表および写真等からではなく）表示全体から一般消費者が受ける印象・認識を基に判断される（後記(6)）。「優良」か否かや「有利」か否かに関しても、一般消費者が受ける印象・認識を基に判断される。

イ　「著しく」優良または有利と誤認されるか否か

次に、「著しく」優良または有利であると誤認されることについては、後記(7)で整理する。誇張・誇大の程度（表示内容と実際の違いの程度）が、社会一般に許容される程度を超えて一般消費者による商品の選択に影響を与える場合に認められる。

ウ　整理

これらを整理すると、以下の①および②を満たす場合、優良誤認表示または有利誤認表示に該当する。ただ、表示上示される商品・役務の内容や取引条件は、通常、商品の選択上重要な要素であり、誤認した状態で自主的かつ合理的な選択を行うことは困難なことが多い。したがって、表示上示す内容や取引条件について「誤認される」表示である場合（①を満たす

表示内容と実際に相違がある場合）には、「著しく」の要件（②）を満たすと判断される可能性が高い。

> ①商品・役務の内容や取引条件について、(a)表示内容（＝表示全体から一般消費者が通常受ける印象・認識）と、(b)実際との間に相違がある
>
> 　　かつ
>
> ②当該相違が、社会一般に許容される程度を超えて一般消費者による商品・役務の選択に影響を与える

エ　「不当に顧客を誘引し……」の要件

　景表法5条1号および2号は、優良誤認表示および有利誤認表示について、文言上、それぞれ「不当に顧客を誘引し、一般消費者による自主的かつ合理的な選択を阻害するおそれがあると認められる」表示であることも要件としている。この点について、消費者庁では、一般消費者に著しく優良または著しく有利であると誤認される表示であれば、通常、当該要件は満たすと考えられている（緑本6版65頁、平成30年12月21日裁決・消総総第710号）。ただしColumn2-2-1）。㈱村田園が提起した措置命令取消請求事件では、著しく優良であると示す表示であることを認定した上で、それにより「実際の原産地を認識していた場合よりも当該商品を購入する方向に不当に誘引される可能性が高いものというべきであり、このような誤認が生じた場合には一般消費者は商品の購入に係る自主的かつ合理的な選択を妨げられるものといえるから、「本件各表示は……『不当に顧客を誘引し、一般消費者による自主的かつ合理的な選択を阻害するおそれ』がある」と判断されている（東京地判平成29年6月27日・平成28年（行ウ）第135号）。

> **少し深掘り**
> **Column2-2-1**　　「不当に顧客を誘引し……」の要件の意義
>
> 　日産自動車㈱は、平成29年6月14日付で課徴金納付命令を受け、同命令について審査請求の申立てを行った。これに対する行政不服審査会答申（平成30年10月31日）では、(1)課徴金対象行為をした期間を通じて当該課徴金対象行為に係る表示が景表法8条1項ただし書1号に該当することを「知らないことにつき相当の注意を怠った」と認めることは困難であり、

除外事由にあたり、課徴金納付命令は取り消されるべき、と判断された。また、争点とはなっていなかったものの、(2)法令に基づく義務の履行として表示した場合には「不当に顧客を誘引し……」の要件を満たさず、当該事例では優良誤認表示性が認められないと指摘された。

　消費者庁は、上記(1)を受け、課徴金納付命令を取り消した。他方、上記(2)の指摘に関しては、当該事例の表示はそもそも義務の履行として行われたものでなく、また「不当に」は表示内容の不当性を指すことなどから、優良誤認表示であることは変わらないとして、措置命令を維持した（平成30年12月21日裁決）。「不当に顧客を誘引し……」の要件について一定の判断がなされたが、訴訟で争点となり裁判所が判断したものではなく、議論としては残っている。

(3)　商品・役務の内容や取引条件とは

ア　商品・役務の内容

　優良誤認表示の対象となる商品・役務の「内容」は、品質や規格以外に、原産地、製造方法、新旧の別、検査・特許の有無、知名度、安全性、受賞の有無、考案者等を含む広範な概念である（緑本6版78頁）。

　そのため商品・役務の「内容」に関する表示としては種々のものがあり得る。例えば、対象商品の販売数量に関する具体的な予想を立て、当該予想販売数量を上回るほどの相当程度多数の注文を受けているかのように示す表示をしていたものの、実際には、具体的な数値予想を立てておらず、表示期間中における注文数は僅少であった事例につき、優良誤認表示と判断されたことがある（㈱CDグローバルに対する措置命令〔平成29年11月7日〕）。その他、「現在○○名がカートに入れています」と示すものの、実際にカートに入れているユーザーが○○名未満である場合にも、事案次第で優良誤認表示と判断されるおそれはある。

　優良誤認表示に関する措置命令事例について、後記3で確認する。

イ　商品・役務の取引条件

　有利誤認表示の対象となる商品・役務の「取引条件」も、価格以外に、数量、支払条件、取引に付随して提供される景品類、アフターサービスや、商品・役務本体に付属する各種の経済上の利益等、種々のものを幅広く含む概念である（緑本6版104〜105頁）。

　主な対象は価格であり、消費者庁が有利誤認表示であると判断して措置命令を行った事案の多くは価格表示に関するものである。「価格」に関する表示については、価格表示ガイドラインに具体的な考え方が示されているので、後記7および8で別途概説する。

　また、近時、期間を示し、その期間に一定の経済的利益提供（割引適用、ポイントや景品類等の提供）を行うと表示する一方で、当該期間経過後も同様に利益を提供したという事例に関し、上記表示が有利誤認表示と判断される措置命令が多数登場している。「**期間限定表示**」に関する問題として、緑本では6版で初めて紹介された（緑本6版157頁）。措置命令では、取引条件であるキャンペーン期間に関する表示と実際の相違を捉えて、有利誤認表示と判断されていると考えられる。後記9で確認する。

　価格やキャンペーン期間以外に、例えば、数量の表示が有利誤認表示に該当すると判断された事例として、①㈱丸井今井に対する排除命令（平成18年6月19日・平成18年（排）第21号）および②東レ㈱に対する措置命令（平成30年2月1日）がある（次頁参照）。

　その他、事業者が懸賞企画を実施する際に、表示した当選者数を下回る数しか景品類の提供を行わなかったという事案に関し、消費者庁は、当該当選者数の表示が有利誤認表示であると判断し、措置命令を行っている（㈱秋田書店に対する措置命令〔平成25年8月20日〕、㈱竹書房に対する措置命令〔平成27年3月13日〕、アイア㈱に対する措置命令〔平成27年12月8日〕、グリー㈱に対する措置命令〔平成29年7月19日〕）。また、同様に、雑誌商品取引に付随して景品類を提供する懸賞企画について、景品類を提供したのが応募締切日から262日〜1,217日経過後であったという事例でも、有利誤認表示と判断されて措置命令が行われた（㈱晋遊舎に対する措置命令〔令和3年3月24日〕）。

　ウ　内容か取引条件か

　大きな整理としては以上のとおりであるが、商品・役務の内容・取引条件のいずれかについて表示する場合には景表法の禁止する不当表示に該当しないようにする必要がある。

　優良誤認表示が問題になる場合、景表法7条2項に基づき合理的根拠資料の提出要求を受ける可能性が生じ、法的には違いが大きい。ただ、マー

① ㈱丸井今井に対する排除命令概要

表示	6品目の牛肉を詰め合わせた歳暮商品について、梱包される牛肉の重量を明示せずに、商品見本等に添付された「ご注文カード」の「梱包重量」欄に一定の重量を記載することにより、<u>あたかも、当該歳暮商品が「『梱包重量』欄記載重量−容器の重量」の牛肉が詰められた商品であるかのように</u>表示していた。
実際	実際には、当該歳暮商品には、牛肉のほかに、当該商品見本からは認識することができないソースまたは割り下および蓄冷剤が詰められており、<u>それぞれの牛肉の重量は、「ご注文カード」の「梱包重量」欄記載の重量の40％〜60％相当にすぎないもの</u>であった。

② 東レ㈱に対する措置命令概要

表示	ポット型浄水器（本体）および交換用カートリッジのセット商品について、以下のように表示した。 　(1)　商品パッケージの天面 ・本体箱に「カートリッジ1個付」と記載 ・カートリッジ箱に「カートリッジ4個入」と記載 　(2)　商品パッケージの前面 ・本体箱にカートリッジ1個が装着されたポット型浄水器（本体）の写真を掲載 ・カートリッジ箱に「カートリッジ4個入」と記載 　上記表示により、<u>あたかも、対象商品は、カートリッジが合計5個入りであるかのように</u>表示していた。 　（本件商品のカートリッジ箱のフタフラップにある蓋の部分に「●こちらのパッケージはカートリッジ3個です。残りのカートリッジは本体パッケージに1個同梱しています。」との記載があったが、一般消費者の認識を打ち消すものではないと判断された。蓋の部分は外からは見えない点が考慮されたと考えられる）
実際	実際には、<u>対象商品は、カートリッジが本体箱に1個、カートリッジに3個の合計4個入り</u>であった。

ケティング実務においては、内容・取引条件のいずれであるかを問わず、適切な表示を検討したい。いずれかを表示する場合には、実際のものとの相違の有無や程度を確認することが重要である。

⑷　商品・役務の内容や取引条件についての表示なのか

　商品・役務の広告表示を行う際には、通常、訴求したい商品・役務の名前、内容や取引条件を記載する。

　他方、広告表示には多様なものがあり、直接的には商品・役務の名前やその内容について一切記載しないものや、イメージ向上のために行われるものなどもある。それらが商品・役務の内容や取引条件についての表示なのかについて、以下ア～ウにおいて検討する。重要な事項ではあるが少し発展的な内容であるので、本書を初めて読む方は、まず⑸に進んでいただきたい。

　ア　基本的な考え方

　商品・役務の内容や取引条件についての表示であるか否かは、景表法の表示規制を及ぼすべき場合か否かという問題であるので、その判断は、景表法の目的に照らし、一般消費者を誘引するものか否かという観点から行われる。当該広告表示に商品・役務が明示されているか否かによって直ちに決まるものではない。

　したがって、商品・役務を明示しない表示であっても、一般消費者を特定の商品・役務の取引に誘引し得る場合には、商品・役務の内容や取引条件についての表示に当たる。

　例えば、特定の商品自体ではなく当該商品の原材料の説明を内容とする広告が展開されることがある。このような（原材料の）説明の付近に、当該商品の販売者の連絡先や当該販売者が一般消費者に直接当該商品を販売しているウェブサイトの URL が記載され、それを一般消費者が容易に認識できる場合、当該広告は、一般消費者を当該商品の取引に誘引し得るものであり、当該商品の内容についての表示であると判断される（健康食品留意事項第3の2）。

　この問題については、景表法上の「表示」に当たるか、という捉え方をされることがある。

　クロレラチラシ配布差止等請求事件では、(1)サン・クロレラ販売㈱が、「サン・クロレラＡ粒」や「サン・クロレラＡ顆粒」等の健康食品を製造し、一般消費者に対し販売している中、(2)法人格を有しない団体である「日本クロレラ療法研究会」が、一般消費者に対し、サン・クロレラ販売㈱の販売する商品名を記載せずに、「病気と闘う免疫力を整える」、「神経衰弱・自律神経失調症改善作用」等の効用があることを記載した新聞折込チラシを配布したという事案において、（Ⅰ）サン・クロレラ販売㈱が表示行為要件を満たすか、（Ⅱ）チラシは商品の内容に関する表示なのか、という点が問題となった。京都地判平成27年1月21日（平成26年㈡第116号。最判平成29年1月24日〔平成28年（受）第1050号〕の第1審判決）は、（Ⅰ）当該チラシの配布主体はサン・クロレラ販売㈱である（表示行為要件を満たす）と判断した上で、（Ⅱ）（商品の取引に関する）景表法上の「表示」に当たると判断した。このうち（Ⅱ）の理由としては、①営利法人による新聞折込チラシの配布は、通常、その商品の販売促進を目的とする点、②クロレラ研究会が購入を推奨するのはサン・クロレラ販売㈱の商品だけである点、③研究会チラシに記載された効用に関心を抱いた顧客は必然的にサン・クロレラ販売㈱の商品の購入に勧誘されるという仕組みがとられている点が挙げられている。控訴審判決ではこの点は争点にならなかったが、上記京都地判の考え方は、商品の内容についての表示であるかという観点からみても、合理的と考えられる。

　その後、消費者庁のイマジン・グローバル・ケア㈱に対する措置命令（令和元年11月1日）にて同様の判断が行われており、健康食品留意事項にも同様の記述がある（第3の2）。例えば、電車広告やテレビCMで、（商品名を記載せず）特定商品の特徴的な原材料等について具体的な説明を行うとともに「『○○（特徴的な原材料名）』を検索」等のように特定の検索文言を示し、一般消費者がインターネット上で検索エンジンを用いて当該単語を入力して検索すると検索結果画面の上部に当該原材料を含む特定商品の販売ページへのリンクが表示されるといった場合にも、当該電車広告やテレビCMは、同様に、商品・役務の内容や取引条件についての表示であると判断される可能性がある。また、健康食品留意事項では、「特定の食品や成分の名称を商品名やブランド名とすることなどにより、特定

の食品や成分の健康保持増進効果等に関する広告等に接した一般消費者に特定の商品を想起させるような事情が認められるとき」には、特定の食品や成分に関する記載が、商品の内容に関する「表示」に当たり得ると指摘されている（第3の2）。

イ　商品紹介ページと原料の効能説明を分けたウェブサイト

参考事例として、ココナッツジャパン㈱に対する措置命令（平成28年3月31日）を取り上げる。

ココナッツジャパン㈱は、自社ウェブサイトにおいて、それぞれ次のページを公表していた。

①ココナッツオイルを原料とした商品紹介ページ（**図表 2-2-2** 左部分）

②上記①のページとリンクさせた「Health　ココナッツオイルと健康」と題するページ（**図表 2-2-2** 右部分）

（当該ページには次の記載があった）

・「ココナッツオイルには整腸作用がある！？」
・「ココナッツオイルで認知症の予防・改善」
・「ココナッツオイルでガン予防」
・「ココナッツオイルでウイルス感染を防ぐ」
・「ココナッツオイルが心臓病を予防する理由」
・「ココナッツオイルがアルツハイマー病に効果がある理由」等

---

③上記②のページに記載された文字列にリンクさせた各ウェブページ

（例えば、「ココナッツオイルには整腸作用がある！？」と題するウェブページでは次の記載があった）

・「ココナッツオイルが便秘解消に効果的な秘密」
・「ココナッツオイルが便秘解消に効果的なのは、優れた整腸作用があるからです。体内に溜まってしまった便を除去し、弱っている腸の動きを活発にしてくれます。オイルを摂取すると太るのではないかと不安になりますが、ココナッツオイルに含まれるのは中鎖脂肪酸ですから、すぐにエネルギーとなってくれるため体内に溜まることはありません。むしろ体内に溜まっている脂肪をエネルギーに換えてくれるので、便秘だけでなく、ダイエットにも効果を期待することができます。」

図表 2-2-2　　ココナッツジャパン㈱による表示

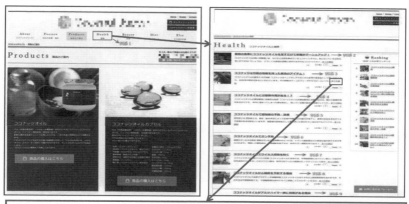

別添3の記載抜粋…ココナッツオイルはインスリンの働きを正常化させる効能があり、エネルギーの吸収消化が早いため体内脂肪を即燃焼してくれます。そのため肥満や糖尿病の予防にもなり、ダイエット効果もあります。

インターネット資料収集保存事業（WARP）を通じ確認できる消費者庁ウェブサイト（https://warp.da.ndl.go.jp/info:ndljp/pid/11678804/www.caa.go.jp/policies/policy/representation/fair_labeling/pdf/160331premiums_1.pdf）を基に加工

　上記②および③のページは、形式的には、商品の原料であるココナッツオイル（ヤシ油）が有する一般的な効果効能について記載されたものである。しかし、当該ページは、ココナッツオイルを含有する商品紹介ページ（①のページ）とリンクされており、①のページを見た一般消費者は、通常②や③のページも見ると考えられる。そのため、消費者庁は、①～③のページを一体的に捉え、商品の内容についての表示であると判断した（リリース文で、「商品紹介ページ、これにリンクさせたページ及び更にそれにリンクさせたページ全体を商品の広告として認定した」とされた）。

　その上で消費者庁は、当該商品の内容に関する表示について、あたかも当該商品を摂取することにより各種疾病を予防する効果等が期待できると示す表示であると判断し、当該効果を基礎付ける合理的な根拠資料の提出を求めた。しかし、資料は提出されたものの合理的な根拠資料とは認められなかったため、優良誤認表示であるとみなされ措置命令が行われた。

　このように、形式的に商品紹介ページと原料の効能説明ページを分けたとしても、各ページをハイパーリンクで接続し、当該ハイパーリンクを一般消費者が容易に認識できる場合には当該ページを一体的に捉えて全体的

に表示規制が適用される。この手法は、㈱ミーロードに対する措置命令（平成29年3月30日）でも採用されており、実務上定着しているといえる。

　ウ　イメージ広告について

　商品・役務の内容や取引条件について具体的に示さず、企業や商品・役務の知名度、好感度といった抽象的なイメージを向上させることのみを目的とした、いわゆる「イメージ広告」が行われることがある。例えば、①企業イメージの向上のために、自己の供給する商品・役務と全く関係のない社会問題、環境問題、文化振興等に関する取組を行っていることをアピールする広告や、②有名俳優が缶コーヒーを美味しそうに飲み干しているシーンを内容とする缶コーヒーメーカーのテレビCM、有名女優が金融機関から顧客サービスを受けているシーンを内容とする金融機関のテレビCMが挙げられる。

　このような「イメージ広告」のうち上記①の類型は、自己の供給する商品の内容や取引条件についての表示ではないため、不当表示の問題は生じない。

　上記②の類型についても、商品・役務の内容や取引条件について具体的に示しているものでないため、通常は不当表示の問題は生じない。ただし、単なるイメージを越えて、具体的な内容や取引条件を訴求するような場合は、当該訴求内容と実際に相違が無いかが問題となり得る。

　緑本6版65頁では、その俳優がそのコーヒーは品質がよいから愛飲している等と自己の体験として述べる場合には、商品の内容（品質）について具体的に示すこととなり、当該俳優がその缶コーヒーの愛飲家ではないなどの場合に不当表示の問題が生じ得ると指摘されている。一般消費者がCMを見た際の印象・認識次第ではあるが、留意は必要である。

⑸　「優良」、「有利」性

　ア　「優良」性

　「優良」性は、科学的・客観的な判断だけでなく、一般消費者を基準に考える必要がある。

　実際のものよりも「優良」か否かは、商品・役務の内容について、科学的・客観的にみて表示されたものよりも実際のものが上回っているか否か

ではなく、一般消費者が、実際と異なる当該表示によって、実際のものよりも「優良」であると認識し、取引に誘引されるか否かによって判断される（メニュー表示ガイドライン第2の5⑵）。基本的には、一般消費者が商品価値を高く評価するものの取引価格は高くなる傾向にあるため、科学的には同じものであっても、価格の安いものを高いものと誤認されるような表示をする場合には、一般消費者は、当該表示によって、実際のものよりも「優良」であると誤認するだろう。

　参考事例として、公正取引委員会が優良誤認表示と認定して行った2つの排除命令を概観する。

①　アサヒフードアンドヘルスケア㈱に対する排除命令（平成16年7月
　　29日・平成16年（排）第14号）

> 　アサヒフードアンドヘルスケア㈱は、健康食品について、実際には化学合成により製造されたビタミンCを使用しているにもかかわらず、あたかも当該食品に含まれているビタミンCのすべてがアセロラ果実から得られたビタミンCであるかのように表示した。
>
> 　アセロラ果実から得られたビタミンCと化学合成により製造されたものについての栄養学的な評価とは無関係に、一般消費者としては、前者（アセロラ果実から得られたビタミンC）がよりよいものであると認識すると考えられる。
>
> 　そのため、上記表示は実際のものよりも優良と示す表示であると判断された。

②　製紙会社8社に対する排除命令（平成20年4月25日・平成20年
　　（排）第28号ないし第35号、王子製紙㈱、丸住製紙㈱、三菱製紙㈱、北越
　　製紙㈱、中越パルプ工業㈱、大王製紙㈱、日本製紙㈱、紀州製紙㈱）

> 　製紙会社8社は、コピー用紙について、実際には古紙パルプの利用率が100％等を大きく下回るにもかかわらず、古紙100％使用等と示し、あたかも実際のものを大幅に上回るかのように表示した。
>
> 　コピー用紙そのものとしての品質（白さ、インクの乗り、強度等）の優劣とは別の次元で、一般消費者としては環境に配慮した商品をよりよいものであると認識すると考えられる。
>
> 　そのため、上記表示は実際のものよりも優良と示す表示であると判断された。

イ　「有利」性
「有利」性も「優良」性（前記ア）と同様であり、実際のものよりも

「有利」か否かについても、<u>一般消費者が、実際と異なる表示によって、実際の取引条件よりも「有利」であると認識し、取引に誘引されるか否か</u>によって判断される。

　一般消費者が実際よりも「有利」であると認識し取引に誘引される表示の例としては、価格等を事実よりも得であるかのように示す表示のほか、価格等そのものは事実と整合するものの（実際には誰でも適用されるのに）当該価格等が特別な期間や特別の者だけに適用されるかのように示す表示も挙げられる。

　後者の例として、実際には誰にでも同じ景品類を提供しているにもかかわらず「このメールを受けてご購入いただいたお客様だけに、特別プレゼント！」と示す表示や、特定の役務の提供に当たり実際には常に入会金の支払いを求めていないにもかかわらず「入会金３万円　ただし本日から１か月以内に入会した方だけ入会金無料！」と示す表示が挙げられる。

(6)　優良・有利であると一般消費者に誤認されるか否かの判断方法および判断基準

ア　判断方法

　特定の表示が商品・役務の内容・取引条件について優良・有利であると一般消費者に「誤認される」表示であるか否かは、**優良・有利と示す表示内容と、実際の内容・取引条件との間に違いがあるか否か**という観点から判断される。この「表示内容」は、（表示上の特定の文章、図表および写真等からではなく）**表示全体から一般消費者が受ける印象・認識を基に判断される**。その際には、事業者の故意または過失の有無は問題とされず、「社会常識や、用語等の一般的意味、社会的に定着していると認められる他法令等における定義・基準・規格など」が考慮される（メニュー表示ガイドライン第4の1〔Q-1〕）。㈱村田園が訴えを提起した措置命令取消請求事件では、「阿蘇の大地の恵み」という表示に関し、「大地」「恵み」について辞書に記載された意味を基に、一般消費者の認識・印象が判断されており、参考になる（東京地判平成29年6月27日・平成28年(行ウ)第135号）。

　また、誤認されるか否かは、誤認が生じる可能性が高いか否かにより判

断される。現実に多数の消費者が誤認したことや、その表示に基づいて商品・役務を実際に購入した者が存在することは要件ではない（東京地判令和元年11月15日・平成30年(行ウ)第30号）。

　イ　判断基準

　表示の受け手である一般消費者に誤認されるか否かは、**当該商品・役務についてさほど詳しい情報・知識を有していない、一般レベルの常識のみを有している消費者（需要者）**を基準として判断される（緑本6版62頁。大阪地判令和3年4月22日・令和元年(行ウ)第73号や上記東京地判令和元年11月15日も同様）。

　そのため、一般消費者に誤認される表示とは、そのような消費者（需要者）が通常誤認を生ずる程度の表示であるということになり、ごく一部の消費者のみが勘違いや無知により誤認を生じるようなものは含まない。他方で、いわゆる業界の常識とされているような事項であっても、そのような消費者（需要者）が通常誤認を生じる程度のものであれば、一般消費者に誤認される表示であると判断される（「このようなことは以前から業界の常識となっているので、いまさら消費者が誤認するはずがない」といった主張は認められない）。

　特定の商品・役務を利用する消費者（需要者）の範囲が限られている場合には、当該消費者（需要者）一般が当該商品・役務についての「一般消費者」であり、それらの者が受ける印象・認識を基準として判断される。

(7)　「著しく」優良・有利であると一般消費者に誤認されるのはどのような場合か

　事業者が商品・役務の広告表示を行う場合には、当該商品・役務を一般消費者に選択してもらえるよう、ある程度の誇張を行うことが一般的であり、一般消費者もある程度の誇張が行われることは通常認識している。

　そのため、広告表示に通常含まれる程度の誇張は、人が化粧の際に白粉をはたくことを意味する「パフィング（puffing）」と呼ばれ、一般消費者の自主的かつ合理的な選択を阻害するおそれがないとして許容される（緑本6版66頁）。例えば、広告表示に掲載する商品の写真を撮影する際に、ライトを当てて写りを良くすることは、基本的には許容される範囲といい

得るだろう。

　したがって、優良誤認表示や有利誤認表示の要件である「著しく」は、そのような広告表示に通常含まれる程度の誇張を超える場合、すなわち、当該表示の優良性・有利性の誇張の程度が社会一般に許容される程度を超えて一般消費者による商品・役務の選択に影響を与える場合に、肯定される（㈱カンキョー事件。東京高判平成14年6月7日・平成13年（行ケ）第454号）。上記の例であれば、広告表示対象商品と異なる商品を撮影することなどは、許容されない。

　表示の優良性・有利性の誇張の程度が社会一般に許容される程度を超えるか否かは、一般消費者が当該表示により誤認して誘引されるかどうかで判断される。例えば、一般消費者が表示により誤認しなければ取引しないだろうという程度の誇大表示であれば、誇張の程度は社会一般に許容される程度を超えると判断される。

　ただ、商品・役務の内容や取引条件は、通常、商品の選択上重要な要素であり、誤認した状態で自主的かつ合理的な選択を行うことは困難である。また、一般的には、商品の性能等を数値で示す等、表示の内容が具体的であればあるほど、その表示の訴求力は強くなり、それをみた一般消費者は当該商品の取引に誘引されるだろう。そのため、商品・役務について具体的な訴求を行う表示が実際と異なる場合には、「著しく」の要件が満たされる可能性が高い。そのような表示を行う場合には特に確認をする等注意が必要である。

　他方、一般消費者が科学的にあり得ないことを容易に認識し得る効能・効果等を示す表示は、誇張の程度は著しいものの、一般消費者による商品・役務の選択に影響を与えるものとはいい難い。例えば、エナジードリンクを飲むことにより本当に翼が生えるとは誰も思わないだろう（そもそも、あたかも対象商品の摂取により翼が生えるかのように表示していたとの判断もされないとは思われるが）。

(8)　考え方の整理

　これらを整理すると、特定商品の内容・取引条件について優良・有利と示す表示について、表示内容（＝表示全体から一般消費者が通常受ける印

象・認識）と実際との間に相違があり、かつ、当該相違が、社会一般に許容される程度を超えて一般消費者による商品・役務の選択に影響を与える場合には、当該表示は優良誤認表示または有利誤認表示に該当する。

　したがって、図表 2-2-1 のパターンＡ（実際よりも著しく優良・有利と誤認される表示）における優良誤認表示該当性・有利誤認表示該当性を検討する際のチェックポイントとしては、図表 2-2-3 のとおり整理できる。パターンＢ（競争事業者の商品・役務の内容よりも著しく優良であると一般消費者に誤認される表示）についても基本的には同様である。

図表 2-2-3　優良・有利誤認表示該当性検討時のチェックポイント

①商品・役務の内容または取引条件に関し、表示全体から一般消費者が通常受ける印象・認識はどのようなものか（＝「あたかも」何をどのように表示しているのか）
②実際の商品・役務の内容または取引条件はどのようなものか
③上記①と②に相違があるか
④上記③が肯定される場合、当該相違が、一般消費者による商品・役務の選択に影響を与えるものか否か
　⇒④が肯定されると、優良誤認表示または有利誤認表示に該当する

　消費者庁がパターンＡの優良誤認表示や有利誤認表示を認定した措置命令の大部分は、(i)「あたかも○○かのように表示をしていた」にもかかわらず、「実際には××であった」（上記①～③）との事実認定と、(ii)その表示が「著しく優良」または「著しく有利」と誤認される表示であるため（上記④）、優良誤認表示や有利誤認表示に該当するとの判断を内容とする（平成 22 年 9 月 29 日～平成 24 年 11 月 28 日の間の措置命令には「あたかも」という文言は使用されていなかったが、思考過程としては同様であると考えられる）。

　この「あたかも○○かのように示す表示をしていた」という認定は、表示内容が何か、すなわち**表示全体から一般消費者が通常受ける印象・認識**が何かを示しており、その認定の理由となった実際の表示（記載）内容とともに確認することが重要である。表示全体から一般消費者がどのような印象・認識を受けるかについて、各措置命令の認定を確認することで、一

定のイメージを持つことができる。消費者庁が措置命令を行う場合、それは消費者庁ウェブサイトで公表されるので、是非ご覧いただければと思う。分量により異なるが、1つのPDFファイルで「○○に対する景品表示法に基づく措置命令について」と題するファイルが掲載される場合は、(1)ゴシック体で記載されたリリース文（本文、別表、表示例など）、(2)参考1（景表法の関係条文）、(3)参考2（景表法による表示規制の概要）の次に、(4)「別添」として、措置命令本文が配置されている（「別添」部分のみ独立して掲載されていることもある）。その中の「2　事実」の中で「あたかも」を検索すれば、該当箇所を確認できる。

　後記3では、優良誤認表示と判断された措置命令事例をいくつか確認する。

3　優良誤認表示に関する措置命令事例（不実証広告規制適用事案を除く）

(1)　㈱村田園に対する措置命令（平成28年3月10日）

　表示内容は、表示全体をみた一般消費者が通常受ける印象・認識を基礎として認定される。

　そのため、優良性を直接示さない場合でも、特定の文字やイラストを含む表示内容全体から、一般消費者に、実際の商品・役務の内容よりも著しく優良であると誤認されることがあり得る。例として、消費者庁の㈱村田園に対する措置命令（平成28年3月10日）を取り上げる。

　㈱村田園は、パックに入れた茶葉を一般消費者に販売する際、例えば、パック（包装）に図表2-2-4のような表示をしていた（当該措置命令リリース文別紙2番号③および④）。

図表 2-2-4　㈱村田園による表示

〔番号③〕　　　　〔番号④〕

インターネット資料収集保存事業（WARP）を通じ確認できる消費者庁ウェブサイト
（https://warp.da.ndl.go.jp/info:ndljp/pid/11678804/www.caa.go.jp/policies/policy/
representation/fair_labeling/pdf/160310premiums_1.pdf）

当該パックには、次の(a)〜(d)が示されていた。

(a)「阿蘇の大地の恵み」
(b)「万能茶」
(c)「どくだみ・柿の葉・とうきび・はと麦・甜茶（てんちゃ）・くま笹・あまちゃ
　づる・はぶ茶・甘草（かんぞう）・大豆・田舎麦・桑の葉・枸杞（くこ）・ウーロ
　ン茎・びわの葉・浜茶」
(d)日本の山里を思わせる風景のイラストの記載

　上記表示内容全体からすると、一般消費者は、対象商品の原材料（茶
葉）が日本産であるとの印象・認識を有する可能性がある。消費者庁は、
同様の発想の下、「あたかも、本件商品の原材料が日本産であるかのよう
に示す表示」と認定した。

　これに対し、実際には、原材料のうち「大麦」の一部および「どくだ
み」の一部以外の原材料が外国産であった。

　そのため、消費者庁は、当該表示について優良誤認表示に該当すると判
断し、措置命令を行った。

　当該措置命令を受けた㈱村田園は、東京地裁に処分取消しの訴えを提起
したが、棄却された（東京地判平成29年6月27日・平成28年(行ウ)第135号）。

　訴訟では、対象表示について一般消費者がどのような認識・印象を有す

るかが争点となった。裁判所は、おおむね次のように示し、消費者庁の上記「あたかも……のように示す表示」と同様の認定を行った。

- ✓ 「万能茶」との商品名から、茶葉を内容物とする商品であることは容易に理解できる。
- ✓ 広辞苑や大辞林では、「大地」が「広くて大きな土地」等の意味を有し、「恵み」は「恩恵」等の意味を有するので、「阿蘇の大地の恵み」は、「阿蘇の広くて大きな土地の恩恵」等を意味する。特段難解な語句も使われていないので、一般消費者もそのように理解する。
- ✓ 熊本県の阿蘇地方は、広大な草地等の自然に恵まれた地方であることは一般消費者にも認識されている。
- ✓ 上記イラストについて、「山の形状と活火山の噴煙の描画から」、阿蘇山やその麓の草地や山郷を想起させる。
- ✓ 「阿蘇の大地の恵み」は、上記イラスト（「大阿蘇万能茶」については商品名も）と相まって、熊本県の阿蘇地方の広大な農地等の自然の恩恵が本件商品の内容物である茶葉に寄与していることを想起させる。
- ✓ したがって、原材料の全部または大部分が阿蘇地方（国内）の土地で採取・収穫されるもの（＝日本産）であるとの印象を抱くのが通常の受け止め方である。

　対象表示について一般消費者がどのような認識・印象を有するかに関し、㈱村田園および被告である国はいずれもアンケート結果を提出した。これを受け、裁判所は、被告（国）の調査について上記認定判断を実証的に裏付けると判断した。「一般消費者」は実在しない観念上のものなので、アンケート結果が常に妥当するわけではないが、参考にはなり得るとの発想と思われる。これに対し、原告（㈱村田園）の調査については、本件で検討すべき事項とは関係のない事項の選択肢が多岐にわたり羅列されていることなどから上記認定を左右しない、と判断された。

⑵　キリンビバレッジ㈱に対する措置命令（令和4年9月6日）

　表示全体を見た一般消費者が通常受ける印象・認識を基礎として表示内

容が認定されることの参考例として、キリンビバレッジ㈱に対する措置命令（令和4年9月6日）も挙げられる。

　対象商品は果実ミックスジュース、対象表示は紙パックの表示であり、**図表 2-2-5** のように、「厳選マスクメロン」「100% MELON TASTE」「まるごと果実感」と記載されるほか、紙面下半分の大部分にカットしたメロンの写真が掲載されていた。また、側面にもメロンのイラストが複数個利用されていた。

　この表示を見た一般消費者は、対象商品の原材料の大部分がメロンの果汁であると認識する可能性がある。消費者庁においても、同様の発想の下、あたかも、対象商品の原材料の大部分がメロンの果汁であるかのように示す表示であると認定された。しかし、実際には、原材料の98%程度はぶどう、りんごおよびバナナの果汁であり、メロン果汁は2%程度であったため、優良誤認表示と判断された。

図表 2-2-5　キリンビバレッジ㈱による表示

消費者庁ウェブサイト（https://www.caa.go.jp/notice/assets/representation_220906_1.pdf）

　当該事案では、正面および裏面では「果汁100%」でなく「100% MELON TASTE」と記載され、側面②の囲み枠内に配置された一括表示（食品表示法に基づく必要的表示部分）の「原材料名」欄には「果実（ぶどう（アルゼンチン）、りんご、バナナ、メロン）」と明示されており、誤認されな

いように思えるかもしれない。もっとも、正面および裏面では大部分がメロンの写真で占められている一方でメロン果汁の含有率に関する説明はなく、「TASTE」のみで、メロン果汁が多く使用されているとの認識を打ち消すことは難しい。また、側面②でもメロンのイラストが複数用いられ、一般消費者が「原材料名」欄含め一括表示の記載を注意深く確認することは期待し難いし、正面・裏面に、一括表示部分で打消し表示を行うといった説明もされていないので、一括表示欄の記載は打消し表示として機能しないと判断されたと考えられる。

(3)　㈱ファミリーマートおよび山崎製パン㈱に対する措置命令（令和2年3月30日）

　㈱ファミリーマートと㈱山崎製パンは、協議するなど共同して、㈱ファミリーマートのプライベート商品としての食パンの包装に、「バター香るもっちりとした食パン」と表示するとともに、（側面に配置された）一括表示の「原材料名」欄に「バター」や「もち米粉」と表示した（**図表2-2-6**）。

　消費者庁は、当該表示について、あたかも、対象商品に、原材料にバターおよびもち米粉を使用しているかのように示す表示である、と認定した。しかし、実際には、対象商品には原材料にバターおよびもち米粉は使用されておらず、優良誤認表示と判断された。併せて、消費者庁は、山崎製パン㈱に対し食品表示法に基づく指示を行った。

　「バター香る」はバターの香りがすること、「もっちりとした」は食感を示しており、それだけで対象商品に、「原材料にバター及びもち米粉を使用している」との印象を与えるとまではいえないと思われる。本件では、一括表示の「原材料名」欄の記載とセットで、一般消費者の印象・認識が認定された。キリンビバレッジ㈱に対する措置命令での認定との整合性が問題になり得るが、本件については、包装デザインがシンプルであるため、一括表示を含めて一般消費者に対し訴求する表示であると判断された可能性がある。

　本件措置命令での認定は、第5章で言及する供給要件や表示行為要件に関しても参考になる（各措置命令の2(1)～(4)）。認定内容は、おおむね以下のとおりである。

図表 2-2-6 ㈱ファミリーマートおよび山﨑製パン㈱による表示

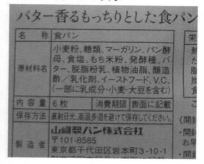

消費者庁ウェブサイト（https://www.caa.go.jp/notice/assets/representation_cms215_200330_1.pdf）

・㈱ファミリーマートは、山﨑製パン㈱に対し食パン製造を委託し、直営店舗またはフランチャイズ店舗で一般消費者に販売している（両社は供給要件を満たす）

・その容器包装の表示内容について、㈱ファミリーマートは山﨑製パン㈱からの提案を受けて協議するなど、両社が共同して決定している（両社は表示行為要件を満たす）

⑷　チムニー㈱に対する措置命令（平成30年11月7日）

　表示と実際のずれが「著しく」の要件を満たすかは、一般消費者の選択に影響を与えるか否かで判断される。

　チムニー㈱は、自社が運営する「はなの舞」や「さかなや道場」と称する店舗において、酢締めをしていない魚介類（鯵を除く）の刺身および握りずしの各料理（外国産の魚介類使用明記分を除く）を一般消費者に提供するに際し、いわゆる店頭POPに**図表 2-2-7**のイラストを掲載した。

　これをみた一般消費者は、対象料理に使用されている魚介類は、一部の産地を除き、水揚げされた当日のうちに店舗に配送されたものであるという印象を受けると考えられる。消費者庁も、あたかも同趣旨が表示されていると認定した。

　しかし、実際には、（平成28年4月1日以降）対象料理に使用されている魚介類は、水揚げされた日の翌日以降に店舗に配送されたものであった。

　「超速鮮魚」は、チムニー㈱の仕入先である羽田市場㈱が自ら提供する魚介類に付した名称である。チムニー㈱が超速鮮魚の仕入れを開始した当初（平成28年3月31日まで）は、上記**図表 2-2-7**のイラストの内容どおり、「超速鮮魚」の通常の流通過程に従って配送を受け、水揚げされた当日（一部は翌日）のうちに店舗に届いていたようである。しかし、その後チムニー㈱は物流を変更し、羽田空港から自社物流センターに一括配送し、その翌日に各店舗に配送することになった。その結果、平成28年4月1日以降は、超速鮮魚が店舗に配送されるのは、水揚げされた日の翌日（産地によっては翌々日）となった（措置命令に関する消費者庁のリリース文2⑵イ（注））。

　そのため、上記表示について、チムニー㈱に対して措置命令が行われた（平成30年11月7日）。一般消費者としては、海鮮料理に用いられる魚介類の鮮度が高いことは、商品選択に際し重要な事項であり、「当日」であるか「翌日」であるかの違いは、選択に影響を与える可能性が相応にある。これらを踏まえ、優良誤認表示と判断されたと考えられる。

　調査担当官の解説によると、チムニー㈱は、「超速鮮魚」の広告素材がないかを羽田市場㈱に問い合わせ、同社から表示の基となるデータを受領してPOPを作成したが、そのときには、すでに上記物流変更に伴い、超

図表 2-2-7　チムニー㈱による表示

消費者庁ウェブサイト（https://www.caa.go.jp/policies/policy/representation/fair_labeling/pdf/fair_labeling_181107_0001.pdf）

速鮮魚は水揚げ当日のうちに店舗に配送されることはなくなっていた模様である（公正取引 829 号 58 頁）。表示を行う際には、従前の実務等からの思い込みを排除した上で、改めて情報を確認する必要がある。

(5)　プラスワン㈱に対する措置命令（令和元年 10 月 16 日）

　神戸市の鶏の唐揚げ等の製造販売業者であるプラスワン㈱は、計 11 店舗の看板や軒先テントにおいて、「からあげ専門店」および「国産若鶏使用　絶品あげたて」と記載するなどしていた。これをみた一般消費者は、対象商品（鶏もも肉を使用した唐揚げ、および当該唐揚げを含む各商品）には、国産の鶏もも肉を使用していると認識する可能性がある。消費者庁も、あたかも同趣旨の内容が表示されていると認定した。

　しかし、実際には、当該商品には、店舗により、すべて、ほとんどすべてまたは 3 割程度、ブラジル連邦共和国産の鶏もも肉が使用されていたた

め、優良誤認表示と判断された。

　客観的に「国」には優劣をつけ難いところであるが、一般消費者は、安心・安全でおいしい食材を求めており、現時点では、基本的には国産の原材料がブラジル産のものよりも安心・安全でおいしい、品質がよいと認識するだろう。そのため、優良誤認表示と判断されたと考えられる。

　上記措置命令において、すべてまたはほとんどすべてブラジル産の鶏もも肉であった店舗だけでなく、3割程度ブラジル産の鶏もも肉を使用していた店舗も優良誤認表示とされた点は参考になる（3割の相違で措置命令に至った事例があるという点で参考になるという意味である。1～2割の相違がある場合に問題とならない、というわけではない）。

(6)　アップリカ・チルドレンズプロダクツ㈱に対する措置命令（平成25年12月26日）

　直接的には素材の優良性を強く訴求する表示であっても、表示全体の内容を踏まえ、当該素材を用いた商品の優良性を示す表示であると認定されることがある。

　アップリカ・チルドレンズプロダクツ㈱は、自らまたは小売業者を通じてベビーカー「AirRia（エアリア）」を販売するに当たり、当該ベビーカーについて、例えば自社ウェブサイトで図表2-2-8のような表示をしていた。

　当該ウェブサイトでは、直接的には、対象商品に使用している素材である「ブレスエアー」について、通気性がウレタンの「約11倍」である旨記載されており、「※エアリアはブレスエアー® を座面に使用しています。」の文字は小さい。

図表 2-2-8 アップリカ・チルドレンズプロダクツ㈱による表示

インターネット資料収集保存事業（WARP）を通じ確認できる消費者庁ウェブサイト
（https://warp.da.ndl.go.jp/info:ndljp/pid/11050105/www.caa.go.jp/representation/
pdf/131226premiums_1.pdf）を基に枠線を追記

　もっとも、ベビーカーを購入しようとする一般消費者（両親等）は、赤ん坊をベビーカーに座らせた際にムレることがないかという点を考慮要素の１つとして検討するだろう。そのため、当該一般消費者は、当該ウェブサイトにおける「空気をまとったクッション」、「通気性がウレタンの約11倍」および空気が左から右へ流れるようなイメージ写真を含む表示内容全体から、通常、単に「ブレスエアー」（素材）の優良性を認識するだけでなく、当該素材が使用された対象商品のシート部分が、シートの内部にウレタンを使用したアップリカ・チルドレンズプロダクツ㈱の従来ベビーカーに比べ約11倍の通気性を有するとの印象・認識を有すると考えられる（仮に、右側に拡大した「※エアリアはブレスエアー® を座面に使用しています。」の記載がなくても、一般消費者の印象・認識は異ならないと考えられる）。消費者庁も、あたかも同趣旨の表示であるとの認定を行った。

　これに対し、実際には、当該商品のシート部分は、「ブレスエアー」（素材）の上からほとんど通気性を有しないポリエステル素材により覆われていた上、ほかの素材を重ねられたため、全く通気性が認められないものであった。

　そのため、消費者庁は上記表示を優良誤認表示に該当すると判断し、措

置命令を行った。

　調査担当官の解説によると、アップリカ・チルドレンズプロダクツ㈱は、上記商品のシートについて、第三者に対し、JIS に基づく通気度評価試験を委託しており、当該通気度評価結果に基づいて上記表示を作成していた。もっとも、同社が当該試験に用いたシートは、シート内部にポリエステル素材を重ねていない状態のものであった。その後の製作過程において、安全性を確保するためにポリエステル素材を重ねたため、全く通気性が認められなくなったとのことである（公正取引 767 号 67〜68 頁）。

　このように、商品の製作過程において商品の内容が変更された場合に不当表示が生じてしまう場面は少なくない。事業者が講ずべき措置の1つである情報の共有との関係で、留意が必要である（第4部第2章4で改めて説明する）。

4　「打消し表示」に関する整理

⑴　「打消し表示」とは

　自己の供給する商品・役務を一般消費者に訴求する方法として、断定的表現や目立つ表現（例えば「業界 No.1！」「最大○時間効果が持続！！」「月額○円のみ！」）などを使って、品質等の内容や価格等の取引条件を強調した表示を行うことがあり、一般的にこれは「**強調表示**」と呼ばれている（「！」がなくても強調表示にはなり得る）。これに対し、一般消費者がそのような強調表示から通常は予期できない事項であり、商品・役務を選択するに当たって重要な考慮要素となるものに関する表示は、「**打消し表示**」と呼ばれている（後掲の実態調査報告書のまとめ1頁注2）。例えば、「□□分野における No.1」「△△条件下の試験結果」のほか、「結果には個人差があります」といったものが挙げられる。消費者庁は、平成 29 年 7 月に打消し表示報告書を公表し、それまで世間に一定程度存在していたと思われる、「**取りあえず打消し表示を付しておけば不当表示とされないだろう**」**という考えは明確に否定された。**

　平成 30 年 5 月には「スマートフォンにおける打消し表示に関する実態調査報告書」、同年 6 月には「広告表示に接する消費者の視線に関する実

態調査報告書」や、これらを整理した「打消し表示に関する表示方法及び表示内容に関する留意点（実態調査報告書のまとめ）」も公表されており、いずれも消費者庁ウェブサイトで確認できる。打消し表示に関する上記各報告書公表以降、消費者庁は、打消し表示について、措置命令で明示的に評価・判断を相当数行い、その際各報告書に沿った判断が行われていた。令和4年4月以降は措置命令での明示が見当たらないものの、引き続き、各報告書に沿った判断が行われていると考えられる。

(2)　打消し表示の効果が認められるための要件

　まず、強調表示の内容が、自己の供給する商品・役務の内容・取引条件と整合しているのであれば、不当表示には当たらない。その場合は打消し表示を付す必要がない。

　これに対し、「強調表示から通常は予期できない事項であり、商品・役務を選択するに当たって重要な考慮要素」がある場合には、その重要な考慮要素を打消し表示として示す必要がある。

　ただし、前述のとおり、景表法における「表示内容」は、（表示上の特定の文章、図表および写真等からではなく）表示全体から一般消費者が受ける印象・認識を基に判断される。そのため、打消し表示を行っても、一般消費者がそれを認識し、かつ理解できない場合には、一般消費者は、商品・役務の内容・取引条件について、強調表示で示されたとおりの印象・認識を有する可能性がある。

　したがって、強調表示とともに打消し表示を示そうとする場合に、打消し表示の効果が認められるためには、表示方法および表示内容という2つの観点から、次の3要件を満たす必要がある。

　(a)（表示方法）一般消費者が、当該打消し表示を認識できること

　(b)（表示内容）一般消費者が、当該打消し表示の内容を理解できること

　(c)（表示内容）当該打消しの内容が強調表示と矛盾しないこと（矛盾する場合、一般消費者は打消し表示の内容を理解できない）

　マーケティング活動に際しては、通常、強調表示によって訴求したい内容が一般消費者に伝わるかを検証するだろう。打消し表示についても、それと同様の検証を行う必要がある。繰返しになるが、取りあえず打消し表

示を付せば足りるというものではない。

(3)　打消し表示の表示方法

　一般消費者が打消し表示を「認識」できるかは、基本的に次の要素から検討される（実態調査報告書のまとめ2〜20頁を参考に整理）。「強調表示と一体として認識」できるかが重要である。

ア　全媒体共通

①打消し表示の文字の大きさ
　→表示媒体の特徴も踏まえ、一般消費者が実際に目にする状況において適切と考えられる文字の大きさで表示する必要がある
②強調表示の文字と打消し表示の文字の大きさのバランス
　→①だけでなく、バランスが重要
③打消し表示の配置箇所
　→強調表示とどの程度離れているかだけでなく、上記①や②も勘案される
④打消し表示と背景の区別
　→背景の色と打消し表示の文字の色との組合せや、打消し表示の背景の模様等が勘案される

イ　動画広告

①打消し表示が含まれる画面の表示時間
　→打消し表示が含まれる画面の表示時間だけでなく、画面内に含まれている強調表示や打消し表示の文字数等も勘案される（表示時間が短いほど、また、文字数が多いほど、一般消費者は、当該打消し表示を正確に認識することが難しい）
②強調表示と打消し表示の同一画面性
　→打消し表示が強調表示と別の画面に表示される場合、一般消費者は、打消し表示に気付かない可能性や、気付いたとしても、どの強調表示に対する打消し表示であるかを認識できない可能性がある
③音声による表示の有無
　→例えば、強調表示を文字および音声で表示する場合に、打消し表示を文字のみで行う場合には、一般消費者は、当該打消し表示に注意が向かず、正確に認識することが困難である

④複数の場面で内容の異なる複数の強調表示と打消し表示が登場するか
→内容の異なる複数の強調表示と打消し表示が登場する場合には、動画中の情報量が多いため、一般消費者が、動画を1回見ただけですべての打消し表示を正確に認識することは困難である

ウ　ウェブ広告

強調表示と打消し表示が1スクロール以上離れているか
→1スクロール以上離れて表示されている場合、一般消費者が打消し表示に気付かない可能性や、当該打消し表示がどの程度強調表示に対応するかを認識できない可能性がある
→一般消費者が打消し表示に気付くか否かは、以下の点が勘案される
(i)強調表示の前後の文脈や強調表示の近くにある記号等から一般消費者が打消し表示の存在を連想できるか否か（強調表示に明瞭に「※」を付すなどして、強調表示を見た一般消費者が打消し表示の場所まで誘導しているかを含む）
(ii)具体的にどの程度スクロールする必要があるのか（スクロール数が多いと気付きにくい）
（例えば「下に1スクロール」とは、その時点で表示されている画面の行数分だけ「1画面分下」に移動させることをいう（打消し表示報告書32頁注18））

　ウェブ広告では、複数ページで情報を伝え、各ページ間の遷移を誘導するためハイパーリンクが設定されることがある。例えば、あるページで「気に入らなければ返品できます」と示す（強調表示）一方で、そのページからリンクを貼った別ページに「商品の到着日を含めて5日以内でなければ返品することができない」という返品条件を表示する場合を考える。この場合に、ハイパーリンクの文字列を、抽象的な「追加情報」という表現にすると、当該表示をみた一般消費者が、当該ハイパーリンクの文字列をクリックする必要性を認識しない可能性がある。その結果、当該ハイパーリンクの文字列をクリックせず、当該リンク先に移動して当該返品条件についての情報を得ることができず、返品条件がなく、いつでも返品することができるかのように誤認される可能性がある（**図表2-2-9**、電子商取引表示留意事項第1の2(1)・別添事例1）。

図表 2-2-9 　ハイパーリンクを用いる場合の打消し表示

> 「気に入らなければ返品できます。」と強調表示
> 実際の返品条件：「商品の到着日を含めて５日以内でなければ返品することができない」

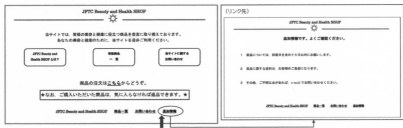

- このハイパーリンクの文字列をクリックすれば、リンク先（次ページ）に移動し、返品条件を見ることができる
- しかし、このような抽象的な表現では、一般消費者は、リンク先に返品条件が表示されているとは分からない
  →特段このハイパーリンクの文字列をクリックする必要があるとは思わない
- そのため、一般消費者は、「★なお、ご購入いただいた商品は、気に入らなければ返品できます。★」という関連情報を見た後、商品選択上の重要な次ページの情報を得ることができず、あたかも、返品条件がなく、いつでも返品することができるかのように誤認する可能性がある
  ⇒ハイパーリンクの文字列について、消費者がクリックする必要性を認識できるようにするため、「追加情報」などの抽象的な表現ではなく、リンク先に何が表示されているのかが明確に分かる「返品条件」などの具体的な表現を用いる

電子商取引表示留意事項、別添事例１（https://www.caa.go.jp/policies/policy/representation/fair_labeling/guideline/pdf/100121premiums_38.pdf）

エ　打消し表示の表示方法に関する参考事例

(ア)　プラスワン・マーケティング㈱に対する措置命令（平成29年４月21日）

　プラスワン・マーケティング㈱が、「LINEなどのデータ通信料が０円！」などの記載をし（強調表示）、その一部にハイパーリンクを設定して、リンク先に通信料無料の対象外を記載した（打消し表示）という点について判断が行われた。

　措置命令では、①当該打消し表示が「同一視野に入る箇所に記載されたもの」ではないこと、②強調表示を示す「ページとは別のウェブページへのハイパーリンクを付したものにおける当該ハイパーリンクの文字列」が通信料無料の「対象外となる範囲に係る重要な情報の所在であることが明瞭に記載されたものではない」ことが示されている（措置命令２(5)イ(イ)）。この２つの理由から、打消し表示としての機能を果たさないと判断されたと考えられる。

　上記②の判断は、電子商取引留意事項第１の２(1)に沿ったものである。平成30年12月21日の㈱ユニクエストに対する措置命令でも同様に判断

されている（措置命令2(4)ウ）ことを踏まえると、自社商品・役務のページにおいて当該商品・役務の内容や取引条件について強調表示を行い、当該強調表示にハイパーリンクを設定してリンク先に打消し表示を行う際には、次の要件を満たす必要があると考えられる。

(a) 一般消費者が、強調表示をみた際に、強調表示の例外情報などの重要な情報すなわち打消し表示がリンク先に記載されていることを認識できるよう、リンク元ページの強調表示付近に、打消し表示の概要およびリンク先で打消し表示の詳細を説明していることを明確に示す

（リンク元で「詳しくはこちら」や「詳細はリンク先をお読みください」と記載するだけでは足りない）

(b) 一般消費者が、当該リンク先の打消し表示が強調表示に対する打消し表示であると認識できるように示す

（リンク先ページに打消し表示以外の情報を大量に掲載して打消し表示を目立たなくさせることや、リンク先ページにさらに別のハイパーリンクを設定してそのリンク先に打消し表示を示すなど複雑な導線を設けることは避ける）

(イ)　㈱AOKIに対する措置命令（平成23年7月26日）

動画広告上の打消し表示に関する事例として、紳士服販売業者5社（㈱AOKI、青山商事㈱、㈱コナカ、はるやま商事㈱、㈱フタタ）に対する措置命令（平成23年7月26日）のうち、㈱AOKIに対するものを取り上げる。

㈱AOKIは、一般消費者に供給する衣料品等について、例えば、テレビCMにおいて、図表2-2-10のような映像や「スーツ、コート、ジャケット、全品半額」という音声を内容とする表示を行った。

消費者庁は、当該表示について、店舗で販売されるスーツ、コートおよびジャケットのすべてまたはほとんどすべてが表示価格の半額で販売されると示す（一般消費者がそのような印象・認識を有する）表示であると認定した。

図表 2-2-10　㈱AOKI による表示

インターネット資料収集保存事業（WARP）を通じ確認できる消費者庁ウェブサイト
（http://warp.da.ndl.go.jp/info:ndljp/pid/10342858/www.caa.go.jp/representation/
pdf/110726premiums_1.pdf）の別紙1

　これに対し、実際には、表示価格が 31,500 円以上のメンズスーツ・メ
ンズコートや表示価格が 16,800 円以上のメンズジャケットのみが表示価
格の半額で販売されるものであり、また、これらに該当する商品であって
も、一部のブランド商品、パーソナルオーダーによる商品や特別割引商品
は半額の対象とならないものであった。

　このため、消費者庁は、当該テレビ CM を含む表示について有利誤認
表示に該当すると判断した。

　上記テレビ CM の映像には、「●スーツ・コートは 31,500 円以上、ジャ
ケットは 16,800 円以上が対象商品になります。」、「●一部ブランド品、
パーソナルオーダー、レディス及び特別割引商品は除きます。」といった
内容の打消し表示が記載されていた。しかし、措置命令では、当該打消し
表示について、「『スーツ・コート・ジャケット　全品半額』と強調した映

像、音声等に鑑みて、……一般消費者に認識されるものとは認められない」と判断された。

　調査担当官の解説によると、<u>上記打消し表示が示された時間は2〜3秒間であった</u>とのことである（公正取引 747 号 75 頁）。CM を見る一般消費者としては、対象画面が表示され、「スーツ、コート、ジャケット、全品半額」の音声を聞きながら大きく示された「スーツ・コート・ジャケット」「全品半額」を読むうちに、当該 2 〜 3 秒間が過ぎる可能性がある。その間に、音声に含まれない情報であり、上記のように一定の文字数がある（上記の●から始まる 2 文の文字数は合計 70 文字）打消し表示をすべて確認することは、極めて困難である。消費者庁は、当該事情を踏まえ、一般消費者が当該打消し表示を認識することができず、強調表示どおりの印象・認識を有すると判断したものと考えられる。

　上記担当官の解説によると、措置命令対象となった紳士服販売業者 5 社は、それぞれ「全品半額」と訴求していたものの、実際に取扱商品全体に占める半額対象商品の割合（種類ベース）は、約 26〜82% であったとのことである。それは「全品半額」とは整合し難いものであり、そもそも、「全品半額」という表現自体適切なものではなかったと考えられる。

　このように、テレビ CM 上で適切に打消し表示を行うことは相当難しい。音声や画面表示を、「スーツ・コート・ジャケット一部半額」「対象のスーツ・コート・ジャケットが半額」とするなど、打消し表示を用いない表示の検討が必要となる。

　ほかに、YouTube での動画広告における打消し表示について、小さな文字で表示されており認識することが困難であることを理由に、（強調表示による）一般消費者の認識を打ち消せないと判断された事例として、㈱イオン銀行に対する措置命令（令和 2 年 3 月 24 日）がある。

⑷　打消し表示の表示内容

　打消し表示の表示内容については、一般消費者が理解できるか否かという観点での検討が必要である。事例を通じ確認する。

　ア　メルセデス・ベンツ日本㈱に対する措置命令（令和3年12月10日）

　消費者庁は、メルセデス・ベンツ日本㈱による合計4自動車に関する表示について、2商品ずつ、2つの措置命令を行った。そのうち、「GLA200d　4MATIC」に関する判断（消表対第1962号）を取り上げる。同社は、「The GLA Data Infomation」と称する冊子（カタログ）において、「標準装備」欄に「アクティブディスタンスアシスト・ティストロニック（自動再発進機能付*5）」と記載していた。これを見た一般消費者は、対象商品に自動再発進機能が標準装備されているかのように認識すると考えられる。消費者庁も、あたかも同趣旨の内容が表示されていると認定した。

　しかし、実際には、自動再発進機能は、「ナビゲーションパッケージ」と称するパッケージオプションを別途装備しなければ、機能しないものであった。

　打消し表示に関し、対象冊子（カタログ）では、上記「標準装備」記載ページとは別ページに、「*5：ナビゲーションパッケージ（パッケージオプション）を同時装着した場合は、アクティブディスタンスアシスト・ディストロニックに『自動再発進機能』が追加装備されます。」と注記されていた。しかし、その注記は、一般消費者が上記表示から受ける対象商品の装備に関する認識を打ち消さない、と明示されている（措置命令2⑷イ㈦b）。

　上記「標準装備」欄の記載ページとは別のページに*5の注記が記載されていることや、その間に様々な情報が記載されていることから、一般消費者が打消し表示を認識できない（要件⒜を満たさない）と判断された可能性がある（文字が小さいため画像を掲載しないが、消費者庁ウェブサイト上に掲載された、上記措置命令に関するリリース文別紙2の2～3枚目をご確認いただきたい）。

　また、自動再発進機能が「全車標準装備」とする強調表示と矛盾し（要件⒞を満たさない）、一般消費者としてもいずれが正しいか理解が困難である（要件⒝を満たさない）と判断された可能性もある。

イ　コンサートの提供事業者３社に対する景品表示法に基づく措置命令
　（令和５年２月15日〔リリースは２月16日〕）

　令和４年５月21日および22日に東京ドームで実施された「L'Arc〜en〜Ciel 30th L'Anniversary LIVE」と称するコンサート（役務）に関するウェブサイトの表示が問題となった。消費者庁は、同コンサート（役務）を共同して供給した、㈱オン・ザ・ライン、㈱ボードウォーク、マーヴェリック・ディー・シー㈱３社に対し措置命令を行った。

　オフィシャルウェブサイトでは令和４年１月１日〜５月18日、以下の画像が掲載された（**図表 2-2-11**）。「ticket board」サイトでは、個別の抽選受付期間ごとにページの内容が異なるものの、当該ページ上でも同じ画像が掲載されていた（令和４年５月９日〜18日の「直前受付（先着）」でも同じ画像が掲載されていた）。

図表 2-2-11　　コンサートの提供事業者３社による表示

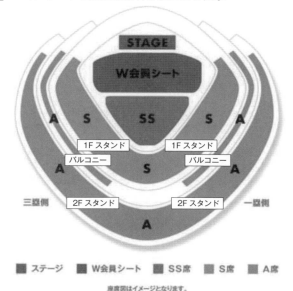

消費者庁ウェブサイト（https://www.caa.go.jp/notice/assets/representation_cms209_230216_02.pdf）

　上記画像を含む表示を見た一般消費者は、以下のように、対象役務を受けられると認識するだろう。

・SS席を購入すれば1階アリーナ席
・S席を購入すれば1階スタンド席
・A席を購入すればバルコニー席または2階スタンド席

　消費者庁の措置命令でも、あたかも同趣旨が表示されているとの認定が行われた。

　しかしながら、実際は、以下のとおりであったため、優良誤認表示と判断された（S席を購入した際に、「主に」ではあるが1階スタンド席後方を提供することについても指摘されている）。

・SS席を購入しても1階スタンド席で対象役務の提供を受ける場合があり
・S席を購入しても主に1階スタンド席後方でしか対象役務の提供を受けることができず、バルコニー席や2階スタンド席で対象役務の提供を受ける場合があり
・A席を購入してもバルコニー席で対象役務の提供を受けることはできず、主に2階スタンド席後方でしか対象役務の提供を受けることができない

　上記画像の下部分には、「※座席図はイメージとなります　ステージや座席レイアウトは予告なく変更になる場合がございますので、あらかじめ了承ください」旨の記載がある。確かに機材の配置などの関係で一部の席配置が変更になることはあるかもしれないが、しかし、※部分を読むだけで、上記「実際」のようなことがあり得るとは理解し難い。そのため、措置命令では明示されていないものの、一般消費者が「※」部分の打消し表示を具体的に理解できず（打消し表示に関する要件(b)を満たさない）、上記表示（画像）から受ける認識を打ち消さない、と判断されたと考えられる。

(5)　打消し表示の表示内容（体験談と「個人の感想」）

　体験談を示す際、「個人の感想です。」といった打消し表示が用いられることがある。この打消し表示について、打消し表示報告書では、おおむね**図表 2-2-12** のとおり指摘されている。「**個人の感想です。効果には個人差**

80

があります」や「効果を保証するものではありません」といった記載を行うだけでは一般消費者の印象・認識に与える影響がほとんどなく、一般消費者は強調表示どおりの印象・認識を有する（誤認する）可能性がある、と明示されている。

図表2-2-12　体験談と「個人の感想」

○一般消費者が体験談から受ける、
　・「体験談と同じような効果」が得られる人がいる
　・「大体の人」が効果を得られる
　・「自分に効果がある」
　　といった認識に対して、「個人の感想です。効果には個人差があります。」との打消し表示が与える影響はほとんどないと考えられる。
○例えば、実際には、商品を使用しても効果、性能等を全く得られない者が相当数存在するにもかかわらず、商品の効果、性能等があったという体験談を表示した場合、打消し表示が明瞭に記載されていたとしても、一般消費者は大体の人が何らかの効果、性能等を得られるという認識を抱くと考えられるので、景表法上問題となるおそれがある。
○体験談により一般消費者の誤認を招かないようにするためには、当該商品・役務の効果、性能等に適切に対応したものを用いることが必要であり、商品の効果、性能等に関して事業者が行った調査における(i)被験者の数及びその属性、(ii)そのうち体験談と同じような効果、性能等が得られた者が占める割合、(iii)体験談と同じような効果、性能等が得られなかった者が占める割合等を明瞭に表示すべきである。

　　　　　　　　（打消し表示報告書第4の3(1)カ、(2)アおよびイを基に整理）

　打消し表示報告書公表後、多くの措置命令で上記考え方に基づいた判断が行われており、注意が必要である。

　他方、適格消費者団体（特定非営利活動法人消費者ネットおかやま）の㈱インシップに対する差止請求訴訟では、トクホや機能性表示食品とは異なる一般的な食品に関する表示について、個人の体験談として「早めにスッキリした」「寒い時期も乗り切れそう」という抽象的な記載がされていることに加え、「すべて個人の感想です。効能効果を保証するものではありません」との記載があることから、「一般消費者において、本件サプリにより一定程度の頻尿改善効果が得られる可能性があるとの印象を生じさせるものにとどまり、また個人差があることも想定でき」、「あくまで個人差

のある一定程度の頻尿改善効果の可能性を表示しているにすぎない」と判断された（岡山地判令和4年9月20日〔令和2年(ワ)第144号〕。広島高判令和5年12月7日〔令和4年(ネ)第191号〕でも同様の判断が行われた）。当該判決では、「個人の感想です」等の記載に一定の意味が見出されている。

5　比較広告に関する基本的な考え方

(1)　考え方整理（比較広告ガイドライン概観）

　自己の供給する商品・役務の内容・取引条件について、<u>競争事業者の商品・役務を比較対象として行う表示</u>（**比較広告**）に関しては、比較広告ガイドラインが制定されている。同ガイドラインは法令ではないが、比較広告を行う際には参照すべきものである。

　景表法は、商品・役務の内容・取引条件について、競合他社の商品等と比較する広告を行うこと自体は禁止していない。また、適切な比較広告は、一般消費者の商品選択に当たり有益である。もっとも、比較の内容が実証できていない（確実な資料に基づかない）、比較対象を恣意的に選ぶなど不公正な基準により比較しているといった場合には、優良誤認表示や有利誤認表示に該当するおそれがある。

　そのため、比較広告を行う際には、不当表示に当たらないよう、次の3つの要件をすべて満たす必要がある（比較広告ガイドライン2.(2)）。

> ①比較広告で主張する内容が客観的に実証されていること（客観的な実証）
> ②実証されている数値や事実を正確かつ適正に引用すること（適正な引用）
> ③比較の対象が公正であること（比較対象の公正）

　前提として、比較広告ガイドラインでは、「比較広告」について、競争関係にある他社の特定の商品等を比較対照商品等として示すものと定義されている。もっとも、それ以外のものについても、当該「考え方」の趣旨を考慮して判断される（比較広告ガイドライン1.）。

　まず、上記①の「比較広告で主張する内容」は、表示内容と同様に、一般消費者の印象・認識を基に判断される。それに関する「実証」は、(ⅰ)比較対象商品について確立された方法がある場合はその方法で、(ⅱ)ない場合

は社会通念上妥当と考えられる方法などによって、主張する事実が存在すると認識できる程度まで行われている必要がある（比較広告ガイドライン3.(2)）。

　次に、②実証されている事実の範囲内で引用する必要があり、仮に調査結果の一部を引用する場合には、調査結果と表示にズレが生じないようにする必要がある（比較広告ガイドライン4.(1)）。

　さらに、③㋐表示事項（比較項目）の選択基準や㋑比較対象となる商品等の選択基準が公正であることが求められる。不公正な例として、㋐自社製品にごく小さな改良を行っただけの商品なのに、従来の他社製品と比べ画期的な新商品であるかのように表示する場合や、㋑自社の新商品と他社の製造中止となった旧型商品を比較する場合が挙げられる（比較広告ガイドライン5.(1)(2)）。

　この比較広告に関する3要件は、後述する不実証広告規制との関係で、合理的根拠資料といえるためには(a)資料の客観性と(b)表示と資料の整合性が必要である、という考え方と共通点が多い。(a)は上記①と対応し、(b)は上記②③と対応していると思われる。その点からも分かるように、比較広告3要件は厳格であり、また、日本の企業は慣習上、競合他社との比較を用いた広告を避ける傾向にあるため、比較広告の実例はあまりない印象である。そのため執行事例も少ないが、後記(2)で1つ事例を確認する。

少し深掘り
Column2-2-2　　過去の自社商品と比較した「当社比〇倍」の表示

　前述のように、比較広告ガイドラインでは、③比較対象が不公正な例として、㋑自社の新商品と他社の製造中止となった旧型商品を比較する場合が挙げられている。もっとも、これは他社商品と比較する場合であり、自社商品と別の自社商品を比較する場合には、すでに販売を終了した商品を比較対象商品とすること自体が問題であるとまでは考え難い。

　事業者が、比較対象を明確に示さず「当社比〇倍」のように自社商品と比較して優良である旨を示す場合には、当該表示を見た一般消費者としては、現在製造・販売している商品の直前のモデルの商品と比較されており、直前モデルに比べて格段改良されたような印象・認識を有する可能性がある。しかし、実際には直前モデルに比べて格段改良されたわけではなく相

当古いモデルの商品との比較にすぎない場合には、表示された商品の内容と実際の内容との間に離齬が生じ、優良誤認表示に該当する可能性がある。

このように、自社商品と別の自社商品を比較する場合には、すでに販売を終了した商品を比較対象商品とすること自体が問題なのではなく、直前モデルでない商品を比較対象商品とする場合に、比較対象を明確に示さないなどにより、（実は直前モデルと大差ないものの）表示商品が著しく優良であるかのように一般消費者に誤認される表示をすることが問題であると考える。

(2)　比較広告に関する措置命令事例

㈱5コーポレーションは、自社およびフランチャイジーを通じて供給する「毎日コース（定額）」と称する個別指導役務のうち、中学1年生を対象とするものについて、図表2-2-13 のような表示をしていた。「他の個別指導塾との授業料比較イメージ」と題して自社と他社の月謝を比較するグラフを示すなどされており、これを見た一般消費者は、対象役務と同等の条件で他社が提供する個別指導に比して月謝が安いと認識すると考えられる。消費者庁にも、あたかも同趣旨を示す表示であると認定された（令和5年3月2日）。

上記表示には、赤字で「比較対象はあくまで一般的な個別指導塾を対象としています」との記載があったが、打消し表示としての機能は認められなかった。「他個別指導塾との授業料比較イメージ」と示せば、同様の個別指導塾との授業料を比較しており授業料以外の条件は同じであると認識される可能性があり、「比較対象はあくまで一般的な個別指導塾を対象としています」はその認識と矛盾する。そのため、一般消費者は打消し表示として理解できない（打消し表示に関する要件(b)(c)を満たさない）、と判断されたと考えられる。

これに対し、実際には、比較対象とした「他の個別指導塾」の月謝は、同等の条件によるものではなかったため、有利誤認表示と判断された。③(い)比較対象となる商品等の選択基準が公正でなく、またそもそも①比較広告で主張する内容が客観的に実証されているとはいえなかった。

図表 2-2-13　　㈱５コーポレーションによる表示

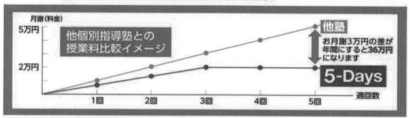

消費者庁ウェブサイト（https://www.caa.go.jp/notice/assets/representation_230302_1.pdf）

6　No.1 表示に関する基本的な考え方

　比較広告同様、「No.1 表示」自体は禁止されておらず、景表法で禁止される優良誤認表示、有利誤認表示に該当するか否かが問題となる。

(1)　内容や取引条件について示すものか

　優良誤認表示や有利誤認表示は、自己の供給する商品・役務の内容や取引条件について、著しく優良・有利と誤認される表示である。

　例えば、商品・役務の具体的な効果・性能や顧客満足度等に関するNo.1 表示は、商品・役務の内容の優良性を直接示す。また、「安さ No.1」等の販売価格に関する No.1 表示は、商品・役務の取引条件について有利性を直接示す。

　これに対し、例えば売上実績に関するNo.1表示（「○○部門売上No.1！」）は、商品の「内容」の優良性を直接示すものではない。もっとも、一般消費者は、売上実績に関するNo.1表示により、ほかの多くの消費者が当該商品を支持しているのであり、それは当該商品の効果・性能や安全性等その内容が優良であるからだとの認識を持つだろう。そのため、売上実績に関するNo.1表示も、商品の内容の優良性を示すといえる（No.1表示報告書第4の2(2)）。

(2)　適正なNo.1表示のための要件

　No.1表示報告書では、No.1表示が優良誤認表示や有利誤認表示に該当しないようにするには、次の2つの要件を満たす必要があると示されている（同第4の3）。

要件①　No.1表示の内容が客観的な調査に基づいていること（客観的な調査といえるためには、以下(A)・(B)いずれかの方法で実施されていることが必要）	
	(A)　当該調査が関連する学術界・産業界において一般的に認められた方法か、関連分野の専門家多数が認める方法
	(B)　社会通念上及び経験則上妥当と認められる方法
要件②　調査結果を正確かつ適正に引用していること （特に、(i)商品等の範囲、(ii)地理的範囲、(iii)調査期間・時点、(iv)調査の出典の事項に乖離がないこと）	

ア　要件①（客観的な調査に基づいているといえるか）

　要件①は、後述する優良誤認表示についての特別な手続（不実証広告規制）に関する資料の客観性と共通する。No.1表示報告書では、「顧客満足度No.1」に関し、以下のような場合は客観的調査とはいえず、景表法上問題と示されている（第4の3(1)イ）。

　イ）調査対象者が自社の社員や関係者である場合または調査対象者を自社に有利になるように選定するなど無作為の抽出ではない場合

　ロ）対象者数が統計的な客観性を十分確保できるほど多くない場合

　ハ）自社に有利になるような調査項目を設定するなど調査方法に公正さ

　を欠く場合

　また、No.1 表示に関し要件①の(A)の方法が存在する場面はあまり見当たらず、その場合(B)の方法に該当するかを検討する必要がある。表示内容や商品特性、専門家の意見などを踏まえて総合的に判断されるので（No.1 表示報告書第4の3(1)イ）、専門家の意見が重要となる。

　民間団体であるものの、No.1 表示の適正化を目指す（一社）日本マーケティング・リサーチ協会が発表した、「比較広告のための調査実施の手引き」は参考になる（No.1 表示は比較広告の最たるものである）。

　当該「手引き」では、例えば以下のような言及がされている。

・調査対象者に関して（2.(2)）
　　✓　ある商品の優位性を証明したいのであれば、その商品の属するカテゴリーの購入経験者や利用者を調査対象者として選定する。
　　✓　回答者の属性がなるべく市場実態の構成比に合致するように調整したうえで、調査対象者を無作為抽出する。このとき、調査依頼元の商品やサービスの評価が有利になることを狙って対象者を割付するなど、恣意的に調査対象者を抽出しない。

・調査方法に関して（3.(2)）
　　✓　比較広告のための調査を行うとき、まず依頼された商品またはサービスに、どのような競合相手が存在するのかという「カテゴリー」の定義を明確にする必要がある。比較広告を見たときに、一般消費者からみて納得感が得られる競合相手を選定する。
　　✓　当該カテゴリーにおける事業規模が想定できる様々な二次データ（市場参入企業の売上高、販売数量や出荷量、ユーザー数やダウンロード数など）を収集して、上位に挙げられる競合商品・サービスに抜け漏れがないように選択肢を設定する。

　イ　要件②（調査結果の正確かつ適正な引用といえるか否か）

　要件②について、No.1 表示報告書で特に指摘されているのは、(i)商品等の範囲、(ii)地理的範囲、(iii)調査期間・時点、(iv)調査の出典の事項という4項目である。これらについて、一般消費者が認識する範囲と、実際に調査の対象となった範囲に相違（ズレ）がないか、という視点から検証が必要である。

　例えば、(i)商品の範囲に関して、「化粧水の年間売上実績 No.1」と表示する場合、一般消費者は「『化粧水』というカテゴリー全体の売上実績 No.1」という印象を有するだろう。しかし、実際の調査が化粧水の中でも「特定年代向け化粧水」や「乾燥肌用化粧水」など限定されたカテゴリーにおける No.1 であった場合、実際に調査の対象となった範囲よりも一般消費者が認識する範囲のほうが広く、ズレがあり、不当表示のおそれがある。その場合は、「特定年代向け化粧水での年間売上 No.1」のように、商品の範囲を明確にする必要がある。

　究極的には、仮に、調査結果を引用しなくても、このようなズレが生じないのであれば、優良誤認表示や有利誤認表示には該当しないはずである。もっとも、通常は、そのような場面は少ない。そのため、No.1 表示報告書では、事業者が No.1 表示をする際に、優良誤認表示や有利誤認表示をしないように、前記アの要件を示していると考えられる。

　したがって、No.1 表示を行う際には、①客観的な調査をできているか、②調査結果の正確かつ適正な引用をできているかを確認することが肝要である。

(3)　No.1 表示に関する措置命令事例

ア　プラスワン・マーケティング㈱に対する措置命令（平成 29 年 4 月 21 日）

　一般的には、合理的根拠資料提出要求の対象となるのは効果・性能に関する表示であり、7 条 2 項運用指針でも、効果・性能に関する表示に対する景表法 7 条 2 項の適用についての考え方が示されている（7 条 2 項運用指針第 2 の 1 (3)）。もっとも、格安スマホサービス提供事業者であるプラスワン・マーケティング㈱による自社ウェブサイト上の「シェア No.1」表示（**図表 2-2-14**）について、消費者庁は表示の合理的な根拠資料の提出を求め、提出された資料が合理的な根拠とは認められなかったため、措置命令を行った。

　上記措置命令では、「効果」「性能」を示す表示ではなく、「シェア No.1」という表示について、不実証広告規制による合理的根拠の提出要求が行われた点に特色がある。

図表 2-2-14 プラスワン・マーケティング㈱による表示

インターネット資料収集保存事業（WARP）を通じ確認できる消費者庁ウェブサイト（別紙2）（https://warp.da.ndl.go.jp/info:ndljp/pid/12901284/www.caa.go.jp/policies/policy/representation/fair_labeling/pdf/fair_labeling_170421_0001.pdf）

㈱ARS および㈱リュウセンに対する措置命令（平成29年11月2日）でも、「最大手」、「業界No.1」、「日本一」等の表示について不実証広告規制が適用された。景表法7条2項の文言上は、効果や性能以外でも、優良性を示すNo.1表示に対して合理的根拠の提出要求を受ける可能性があり、注意が必要である。

イ　㈱バンザンに対する措置命令（令和5年1月12日）

オンライン個別学習指導サービス事業者を営む㈱バンザンは、自社ウェブサイト上で「第1位　オンライン家庭教師　利用者満足度」などと表示していた（**図表 2-2-15**）。

この表示について、消費者庁は、あたかも、㈱バンザンが提供する対象役務および他社が提供する同種役務に関する口コミの人気度を客観的な調査方法で調査した結果、同社が提供する対象役務の口コミの人気度の順位が第1位であると示す表示であると認定した。

しかし、実際には、調査会社が実施した調査は、回答者に同社が提供するサービスや競業者の同種サービスの利用の有無を確認することなく実施

図表 2-2-15 ㈱バンザンによる表示

消費者庁ウェブサイト（https://www.caa.go.jp/notice/assets/representation_cms207_230112_02.pdf）

したものであり、同社サービスや同種サービスの利用者の満足度を客観的な調査方法で調査したものではなかった。

　そのため、上記表示内容と実際に相違があり、優良誤認表示と判断された。

　上記表示には、「調査方法：インターネット調査」や「2020 年 3 ～ 4 月実施：サイトのイメージ調査」という表示が付されていたが、「利用者満足度」に関する大きな強調表示と比較すると視認性が低いこと、「利用者満足度」と「イメージ調査」という言葉は整合せず、一般消費者は理解できないため、打消し表示として機能しないと判断されたと考えられる。

　ウ　㈱ハハハラボに対する措置命令（令和 5 年 12 月 7 日）およびその後の動き

　その後、消費者庁は、健康食品等の販売事業者である㈱ハハハラボが、自社ウェブサイト上で「30 ～ 60 代が選ぶダイエットサプリ No.1」など 6 項目が第 1 位であると表示していたことに関しても措置命令を行った（令和 5 年 12 月 7 日〔公表は 12 月 19 日〕）。

　同措置命令では、あたかも、㈱ハハハラボが販売する対象商品および他社が販売する同種商品について、実際に利用したことがある者または知見等を有する者に対して対象項 6 項目をそれぞれ調査した結果、㈱ハハハラボが販売する対象商品の順位が第 1 位であったと示す表示である、と認定された。前記イの㈱バンザンに対する措置命令では「客観的な調査方法で

調査した結果」と示していると認定されていたが、本措置命令では、より一般消費者の認識に近いと思われる認定が行われている。

　消費者庁は、令和6年2月27日から3月7日にかけて、No.1表示に関し11社に対する措置命令を立て続けに公表している。そのいずれも「満足度」に関するNo.1表示であり、㈱ハハハラボと同様の認定が行われている。不当なNo.1表示に対する厳格な執行方針が窺え、No.1表示を実施しようとする際には、広告代理店やリサーチ会社に対し、調査方法が妥当であるのかを確認する必要がある。

　No.1表示について、消費者庁においても実態調査が行われる見込みであり（令和6年3月21日新井消費者庁長官記者会見要旨）、今後の動きに注意が必要である。

7　価格表示に関する基本的な考え方

　本項では、価格表示ガイドラインを基礎として、価格表示の有利誤認表示該当性に関する考え方を概説する。価格表示ガイドラインは、その名のとおり「ガイドライン」であり、法令ではないが、相当厳格に運用されており、価格表示を行う際には参照すべき重要なものである。商品・役務はいずれも価格表示の対象となるが、本項での価格表示の説明に当たっては、「商品」についてのみ示す（価格表示ガイドラインも同様〔第1の2(1)なお書〕）。

　技術的な内容が相応にあるため、景表法を初めてざっくり理解したいと考えている方は、いったん(1)～(3)を読んだ後、(4)以下は飛ばして8（価格表示に関する措置命令事例）を確認していただきたい。具体的に価格表示を検討する必要が生じた際に、(4)以下のうち該当箇所を、価格表示ガイドラインの原文とともに確認いただきたい。

(1)　概　要

　一般論として、一般消費者は、特定の商品の販売価格を見た場合、通常、当該価格で購入できるとの印象・認識を有する。そのため、①販売価格、②当該価格が適用される商品の範囲、③当該価格が適用される顧客の条件

について、一般消費者に実際と異なる印象・認識を与える場合（あいまいに表示する場合を含む）には、有利誤認表示に該当する可能性がある。

　価格に関する表示は、大きく分けて以下の2つの表示があり、以下それぞれ概説する。

　　㋐当該販売価格よりも高いほかの価格（比較対照価格）を比較する内容の表示である**二重価格表示**（割引率表示のように併記しない場合もある）**以外の価格表示**

　　㋑二重価格表示

ア　二重価格表示以外の価格表示について

　次のような表示は、有利誤認表示に該当すると判断される可能性がある。（価格表示ガイドライン第3の2ア〜ウおよび第2の2(3)）

> ①実際の価格より安い価格を商品の販売価格として表示する場合
> ②通常、関連商品と併せて一体的に販売している商品について、当該関連商品の対価を別途請求するにもかかわらず、その旨を明示しないで、商品（本体）の販売価格のみを表示する場合
> ③表示する販売価格が適用される顧客が限定されているにもかかわらず、その条件を明示しないで、商品の販売価格のみを表示する場合
> ④販売価格が安いとの印象を与える表示をしているが、実際は安くない場合（期間限定の販売価格であると示すものの、当該価格での販売を継続している場合など）

イ　二重価格表示について

　二重価格表示の例は、次のようなものである。

> 例：通常価格 12,000 円
> 　　販売価格　9,980 円

　二重価格表示を行う場合には、基本的な要件として、次の2点を満たす必要がある（価格表示ガイドライン第4の1）。

①販売する商品と同一商品の価格を比較対照価格として用いること（※）

　ただし、同一事業者が実際に販売している２つの異なる商品について現在の販売価格を比較することは、通常問題とされない（同一の販売条件の下、同一の性格の販売価格を用いた上で、２つの商品の具体的な違いを一般消費者に明確に示すことが必要）（緑本６版111～112頁）

②比較対照価格について実際と異なる表示やあいまいな表示を行わないこと

　※　商品の同一性は、銘柄、品質、規格等からみて同一とみられるか否かにより判断される。
　　（例）衣料品等のように、色やサイズの違いがあっても同一の価格で販売されるような商品
　　→・銘柄、品質、規格および値引前の販売価格が全く同一である場合：同一の商品に該当する
　　　・旧型または旧式の物：同一の商品とは考えられない
　　　・中古品：新品商品と（価格の点で）同一の商品とは考えにくい

　価格表示ガイドラインでは、二重価格表示を行う際の比較対照価格ごとに、個別の考え方が整理されており、骨子は以下のとおりである（かっこ内はいずれも価格表示ガイドライン第４の該当箇所を示す）。後記(2)以下で、それぞれ概観する。

　１　過去の販売価格等（２）
　①過去の販売価格（２(1)ア）
　②将来の販売価格（２(1)イ）
　③タイムサービスを行う場合（２(1)ウ）
　２　希望小売価格（３）
　３　競業事業者の販売価格（４）
　４　他の顧客向けの販売価格（５）

　直接的に価格を併記する場合でなくても、「当店通常価格」などからの**割引率または割引額を用いた価格表示**（例：「通常価格 12,000 円から 40％OFF」）は、二重価格表示における比較対照価格と販売価格の差を割引率または割引額で表示したものであり、基本的には二重価格表示と同様に考えられる（価格表示ガイドライン第５の１(1)）。そのような表示をする場合には、算出の基礎となる価格や割引率または割引額の内容等について、実

図表 2-2-16　最近相当期間に関するイメージ図

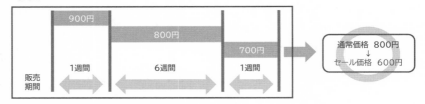

事例1

800円が最近相当期間価格（(a)〜(c)を満たす）

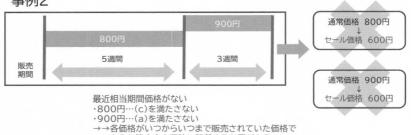

事例2

最近相当期間価格がない
・800円…(c)を満たさない
・900円…(a)を満たさない
→→各価格がいつからいつまで販売されていた価格で
　あるか等内容を正確に記載する必要がある

沖縄県版景品表示法ハンドブック「景表表示法、知っていますか？　事例でみる景品表示法」
（平成 27 年 3 月作成）16 頁を基に作成（https://www.pref.okinawa.jp/site/kodomo/shohiku
rashi/shohi/keihinnhyouzihou.html）

際と異なる表示やあいまいな表示をしないことが必要である。

(2)　過去の販売価格を比較対照価格とする二重価格表示

「通常価格」や「セール前価格」を比較対照価格とする二重価格表示を
行う場合、当該表示を見た一般消費者は、同一の商品が表示された比較対
照価格でセール前の相当期間販売されていた、と認識すると考えられる。

そのため、**比較対照価格が最近相当期間価格**（＝最近相当期間にわたって
販売されていた価格）**である場合**には、当該表示は上記認識と整合するの
で、（価格の点では）**有利誤認表示に該当しない。**

原則として、次の 3 要件を満たす場合には、「**最近相当期間価格**」と認
められる（価格表示ガイドライン第 4 の 2(1)ア(ウ)）。そのイメージは**図表 2-2-16** のとおりである。

> (a)比較対照価格で販売されていた全期間が、各二重価格表示時から遡る8週間（それまでの販売期間が8週間未満の場合は当該期間）において過半を占めていること
> (b)比較対照価格で販売されていた全期間が通算2週間以上であること
> (c)二重価格表示を開始する時点において、比較対照価格で販売されていた最後の日から2週間以上経過していないこと

図表 2-2-16 事例2のように、最近相当期間価格とはいえない過去の価格を比較対照価格として二重価格表示を行いたい場合には、当該価格がいつどの程度の期間販売されていた価格であるか等を正確に表示する必要があり、それを行わないと有利誤認表示に該当するおそれがある（価格表示ガイドライン第4の2(1)ア(ア)b）。

上記3要件のうち要件(c)は、二重価格表示を開始する時点で満たしている必要があり、またそれで足りる。

これに対し、要件(a)は、二重価格表示を継続する間、都度、当日から8週間のうち過半を満たす必要がある（価格表示ガイドライン上「セール開始時点からさかのぼる8週間について」と記載されているが、上記のように考えられている〔緑本6版116頁、120頁〕）。例えば、令和6年10月6日（日）から4,000円で販売している商品について、同年11月17日（日）から3,000円で販売し、「通常価格4,000円　販売価格3,000円」と示す場合、11月17日（日）時点では(a)の要件を満たす。しかし、その表示を継続する場合、令和7年1月12日（日）から直近8週間（1月11日（土）以前の8週間）を振り返ると、4,000円の販売価格が4週間、3,000円の販売価格が4週間と同じであり、過半を占めない。そのため、1月12日（日）にも当該表示を継続すると、その時点で有利誤認表示になってしまう（**図表 2-2-17**）。

図表 2-2-17　最近相当期間と認められるための要件(a)に関するイメージ図

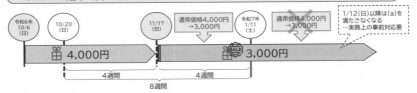

ただ、二重価格表示を行う時点でセール期間を明示していれば、一般消費者にとって価格の変化の過程が明らかであるため、直ちに問題とはならない、とされている（緑本6版116頁、120頁）。したがって、最近相当期間価格を比較対照価格とする二重価格表示を一定期間継続して行う場合、途中で(a)の要件を欠くことにならないよう、セール期間を示すことが重要である（ただし、その場合、後述の期間限定表示の問題を検討する必要がある）。

少し深掘り
Column2-2-3　アウトレット商品の二重価格表示

　アウトレット商品にも様々あるが、もともと通常店舗で販売されていた商品をアウトレット取扱店舗で販売するような場合、どのような二重価格表示を行うことができるか。この点については、規制改革に関する議論の対象となったことがあり、消費者庁は以下の回答を行った（第54回規制改革会議資料3-2〔平成27年12月4日〕7〜9頁）。

> 　プロパー店舗からアウトレット等に移管した商品の二重価格表示については、一般的なアウトレット等における販売形態を踏まえると、アウトレット等において比較対照価格での販売実績のない商品であっても、プロパー店舗において最近相当期間にわたって販売した実績のある商品について、「プロパー店舗での販売価格○○円のところ××円」といったように、比較対照価格を事実に基づいて適正に表示する場合には、景品表示法上問題とならず、二重価格表示を行うことが可能であると考えられる。
> 　このようにアウトレット等においても二重価格表示を行うことは可能であるので、現時点で上記ガイドラインの見直しの必要はないと考えている。

　このように、二重価格表示を行う際、具体的にどのような価格を比較対照価格として示すかが重要である。

(3)　将来の販売価格を比較対照価格とする二重価格表示

　将来の販売価格（将来価格）を比較対照価格とする二重価格表示とは、例えば、「新商品発売セール価格3,000円　セール終了後販売価格4,000円」という表示である。この表示を見た一般消費者は、通常、現在の販売価格期間（セール期間）経過後、確実に、表示された将来価格（上記例での4,000円）で販売されるとの印象・認識を有すると考えられる。そのため、当該印象・認識と実際にズレが生じないよう、二重価格表示をしている間、表示した<u>将来価格で販売する十分な根拠（合理的かつ確実に実施される販売計画）を有していることが必要となる</u>（価格表示ガイドライン第4の2(1)イ、将来価格執行方針第2の1）。

　適切な価格は、将来の不確定な需給状況等に応じて変動するのが通常である。自社がセールをすれば他社がセールをするかもしれない。<u>価格を比較対照価格とする二重価格表示は、セール終了後一定期間は価格設定が自由にできなくなる（約束を守る必要がある）というリスクのある行為であり</u>（将来価格執行方針パブコメ回答18頁）、<u>それを前提に行うか否かを慎重に検討する必要がある。</u>

　基本的には、セール終了後に、将来価格として示した価格で実際に販売する場合は、表示した将来価格で販売する十分な根拠（合理的かつ確実に実施される販売計画）に基づき販売していると推測される（有利誤認表示とは判断されない。将来価格執行方針第2の2(1)）。

　ただし、示した将来価格が実際に販売しない価格である場合や、ごく短期間のみ当該価格で販売するにすぎない場合などは、根拠があるとは認められない。その場合には、「（将来高くなるので）今だけお得」と示したものの実際はそうではないため、二重価格表示開始時点から有利誤認表示であったと判断される可能性がある。

　「ごく短期間のみ当該価格で販売するにすぎない」か否かは具体的な事例に照らして個別に判断されるが、一般的には、セール期間経過後直ちに比較対照価格とした将来価格で販売を開始し、2週間以上継続した場合は、ごく短期間であったとはしないと考えられている（将来価格執行方針第2の2(3)）。ただし、将来価格を比較対照価格として示すキャンペーン→2週間→キャンペーン→2週間……を続ける場合は、比較対照価格の根拠を

形式的に整える手段として販売しており、有利誤認表示であると判断される可能性がある（将来価格執行方針パブコメ回答24頁）。

少し深掘り
Column2-2-4　　新商品セール時の「通常価格」

　将来価格執行方針では、「セール開始前の過去の販売価格を『通常価格』等の名称で比較対照価格とする二重価格表示は広く行われている」と指摘されている（将来価格執行方針第1）。

　将来価格執行方針に関するパブコメにおいて、販売実績のない商品について、将来の価格を示す比較対照価格として「通常価格」を示すことに関する質問があり、それに対し消費者庁は以下のとおり回答した（将来価格執行方針パブコメ回答3頁）。

> 　本執行方針の第1に記載のとおり、商品やサービスの販売実績がない場合は、販売実績がある場合と比較して「通常価格」、「値下げ」、「プライスダウン」と表現するための確定した事実に乏しいと考えられますので、このような表現は消費者への適切な情報提供の観点から適当ではないと考えられます。

　「適当ではない」としており、有利誤認表示とは断定されていないが、基本的に、「通常価格」を比較対照価格とする場合は過去の販売価格を示すものと取り扱う、販売実績がない場合に「通常価格」を比較対照価格とすることには消極的、という考えと読み取れる。

　新製品について、将来価格を示す趣旨で「通常価格」を比較対照価格として示す例はそれなりにあるが、上記回答を踏まえると、将来価格を示す場合はそれを明確に示すことが適切であろう。例えば、「新発売記念価格○○円（3月31日まで）、4月1日以降は△△円」といった記載である。

⑷　タイムサービスを行う場合の二重価格表示

　特定の商品について一定の営業時間に限り価格引下げを行う場合や、生鮮食品等の売れ残り回避のため一定時刻以降に価格引下げを行う場合のように、タイムサービスを行う場合の割引表示は、広い意味では、過去（タイムサービス開始前）または将来（タイムサービス終了後）の販売価格を比較対照価格とする二重価格表示となる。もっとも、タイムサービスについ

ては、価格変化の状況が一般消費者にとって明らかであり、通常は、有利誤認表示に該当するおそれはないと考えられている（価格表示ガイドライン第4の2(1)ウ）。

　ただし、タイムサービスを行う場合の二重価格表示であっても、そもそもタイムサービス時以外の価格（比較対照価格）で販売したことがない場合や、実績作りのための架空の価格を設定したといった場合には、有利誤認表示に該当する可能性がある。

(5)　希望小売価格を比較対照価格とする二重価格表示

　商品を製造するメーカー等、小売業者以外の者が自己の供給する商品について希望小売価格を設定している場合に、その希望小売価格を比較対照価格とする二重価格表示を行う場合には、次の2つの要件を満たす必要がある（価格表示ガイドライン第4の3(1)）。

---

①希望小売価格が、メーカー等（小売業者以外の者）により小売業者の価格設定の参考となるものとして設定されたこと
②あらかじめ、新聞広告、カタログ、商品本体への印字等により公表されていること

　上記①の要件を満たすためには、メーカー等が小売業者から独立した立場で希望小売価格を設定していることが必要である。小売業者の意向を受けて希望小売価格を高めに設定しているような場合には、①の要件を満たさない。

　また、上記②の要件を満たすためには、広く一般消費者に示されていることが必要であり、偶然一部の消費者の目に触れることがあるだけでは十分でない。また、商品本体に印字がされている場合であっても、一般消費者が希望小売価格が示されていることを認識しない場合は、②の要件を満たさない。

　例えば、「希望小売価格」、「メーカー希望小売価格」、「メーカー価格」、「〆」といった比較対照価格を記載する場合に、実際にはその示した希望小売価格価格が以下のいずれかにあたるときは、有利誤認表示であると判断される可能性がある。

✓　公表されている希望小売価格より高い

✓　あらかじめ広く公表されていない

✓　自ら任意に設定した（プライベートブランド商品について小売業者が自ら設定する場合を含む）

✓　すでに撤廃されている

✓　製造業者等がもっぱら自ら小売販売している商品について自ら設定した（製造業者等が自ら、直営店やＥコマースで直接販売する場合）

(6)　競争事業者の販売価格を比較対照価格とする二重価格表示

　(i)特定の競争事業者の販売価格を比較対照価格とする二重価格表示を行う場合には、競争事業者の最近時の販売価格（表示時点における最新の販売価格）を正確に調査するとともに、当該特定競争事業者の名称を明示する必要がある。また、(ii)特定の競争事業者を示さず、いわゆる「市価」を比較対照価格とする二重価格表示を行う場合には、自己が販売している地域内において競争関係にある事業者のうち相当数の者が実際に販売している価格を正確に調査した上で、当該事業者の最近時の販売価格を比較対照価格として用いる必要がある（価格表示ガイドライン第4の4(1)）。

　上記(i)(ii)いずれの場合も最近時の販売価格を比較対照価格に用いる必要があり、表示時点の最新の価格であるとともに、表示するセール期間中に競争事業者が実際に販売すると客観的に考えられる価格であることが求められる。

　競争事業者の将来の販売価格を合理的に予測しきることは難しく、当該要件を満たすことは難度が高い。そのため現実的に実施する場合は多くないと思われるが、詳細については緑本6版137頁以下をご確認いただきたい。

(7)　ほかの顧客向けの販売価格を比較対照価格とする二重価格表示

　ほかの顧客向けの販売価格を比較対照価格とする二重価格表示を行う場合には、それぞれの販売価格が適用される顧客の条件や内容等について、実際と異なる表示やあいまいな表示を行わないことが必要である。

　例えば、次のような表示は不当表示に該当するおそれがある（価格表示

ガイドライン第4の5(2))。

- ✓ 容易に会員になることが可能であり、その価格での購入者がほとんど存在しない販売価格を、非会員価格として比較対照価格に用いること
- ✓ 需要のピーク時とオフ時で販売価格の差が大きく、かつ、ピーク時の期間が特定の時期に限定されている場合に、オフ時の販売価格を表示する際、「当店標準価格」等当該事業者における平均的な販売価格であるとの印象を与える名称を付して、ピーク時の販売価格を比較対照価格に用いること

8　価格表示に関する措置命令事例

(1)　イオンライフ㈱に対する措置命令（平成29年12月22日）

　イオンライフ㈱は、「イオンのお葬式」の名称で一般消費者に供給する3つの葬儀サービス（「火葬式」、「1日葬」および「家族葬」）について、新聞広告にて、「追加料金不要」と記載した上で、それぞれ「火葬式198,000円（税込）」、「1日葬348,000円（税込）」および「家族葬498,000円（税込）」と表示していた。当該表示を見た一般消費者は、各サービスの提供を受ける際、必要な物品や役務を追加・変更する場合でも、記載された価格以外に追加料金が発生しないような印象・認識を有すると考えられる。消費者庁も、あたかも同趣旨の内容が表示されていると認定した。

　しかし、実際は、式場等における安置日数が設定日数（「火葬式」および「1日葬」は3日、「家族葬」は4日）を超える場合や、「『家族葬』の式場利用料が50,000円（税込）を超える場合」などには追加料金が発生するものであり、有利誤認表示であると判断された。

　調査担当官の解説によると、イオンライフ㈱は、上記葬儀サービスに追加料金が発生する事項をパンフレット等に記載し、また、コールセンターで消費者に特約店葬儀社を紹介後も、特約店葬儀社が作成した見積書をチェックし、その内容に利用者が納得しているか確認するなどしていたようである（公正取引834号77頁）。これらの対応は、消費者に適切な情報を提供しトラブルを防ぐという観点からは重要である。ただ、景表法の観

点では、チラシで、「実際の販売価格よりも安い価格が販売価格として表示されれば、これによって顧客が誘引されるのであり、その後に、他の異なる表示物でそれを打ち消したとしても、チラシの表示の不当性がなくなるものではない」（緑本6版109頁）とされており、同様の発想の下、新聞広告が有利誤認表示であることは変わらないと判断されたと考えられる。

(2)　㈱北海道産地直送センターに対する措置命令（令和4年7月29日）

㈱北海道産地直送センターに対する措置命令では、自社ウェブサイトおよび地上波放送番組での有利誤認表示がそれぞれ認定されたが、ここでは自社ウェブサイトを取り上げる。

同社は、例えば、「味付け焼きたらこ 600g」について、「通常価格：¥4,400 税込」および「販売価格：¥1,480」と示す表示をしていた。対象商品は合計34商品である。

当該表示について、消費者庁により、あたかも、対象商品（34商品）について「通常価格」と称する価額は、自社ウェブサイトにおいて通常販売している価格であり、実際の販売価格が当該通常販売している価格に比して安いかのような表示である、と認定された。

これに対し、実際には、「通常価格」と称する価額は、自社ウェブサイトにおいて対象商品について販売された実績のないものであったため、有利誤認表示と判断された。

特定の販売チャネルでの販売価格を示す際に「通常価格」を比較対照価格として併記する場合、その販売チャネルに焦点を当て、「通常価格」と示す価格が最近相当期間価格といえるか（3要件を満たすか）を確認する必要がある。

(3)　㈱ライフサポートに対する措置命令（平成31年3月6日）

㈱ライフサポートが自ら供給するおせち料理7商品に関して行ったウェブサイト（自社ウェブサイトおよび Yahoo! ウェブサイト）上の表示について、消費者庁は有利誤認表示と判断して措置命令を行った。

措置命令では、例えば、7商品のうち「鶴寿」に関する次の表示が取り上げられた。

平成29年12月1日～12月13日
「数量限定」
歳末特別価格！
年末のおせちお急ぎください！なくなり次第終了！
通常価格28,800円（税別）
↓↓↓
残りわずか！！
今なら！！8,000円お値引き
歳末特別価格20,800円　税別」
（平成29年12月14日～27日は、値引表示を「8,000円」から「8,500円」に変更）

　上記記載について、あたかも、示された「通常価格」は㈱ライフサポートが対象商品について通常販売している価格であり、示された「歳末特別価格」が通常販売している価格に比べて安いかのような表示である、と認定された。

　しかし、実際には、示された「通常価格」は、㈱ライフサポートにおいて最近相当期間にわたって販売された実績がなかったと判断された。

　本件について、㈱ライフサポートは措置命令の取消訴訟を提起したが、棄却された（大阪地判令和3年4月22日・令和元年（行ウ）第73号。確定）。

　「鶴寿」について、㈱ライフサポートは、平成29年10月以降、セール価格適用期間か否かにかかわらず、通常価格で注文した顧客に対しても、その要望があればセール価格で販売することが常態化し、「鶴寿」の全販売期間（平成29年9月15日～12月27日）をみても、通常価格と示した28,800円での販売は0.2％にとどまっていた。この点を踏まえ、判決では、示していた「通常価格」28,800円で、「鶴寿」を販売していた日数が、「歳末特別価格」（セール価格）による販売開始時点である平成29年12月1日から遡る8週間（同年10月6日～同年11月30日）のうち過半を占めているといえない、と判断された。

（4）　㈱エービーシー・マートに対する措置命令（平成29年3月28日）
　㈱エービーシー・マートは、自ら運営する店舗（「ABC-MART」）や自社ウェブサイトにて一般消費者に「HAWKINS　HB80073 AL IT8 PLAIN」と称する商品等（靴）を販売する際、日刊新聞折込チラシに、以

下のように、実際の販売価格と、当該価格を上回る「〆」の記号を付した
価額を併記した。

> 例：〆 12,000 円（税抜）→税抜￥9,900　税込価格￥10,692

　当該表示を見た一般消費者は、当該商品にはメーカー希望小売価格が設
定されており、実際の販売価格が当該メーカー希望小売価格に比して安い
ので得であるとの印象・認識を有すると考えられる。

　これに対し、実際には、㈱エービーシー・マートは、当該商品を自ら製
造し、もっぱら自ら小売販売しており、「〆」の記号を付した価額は、同
社が自ら任意に設定した価格であった。

　そのため、消費者庁は、当該表示を有利誤認表示に該当すると判断し、
措置命令を行った。

　㈱エービーシー・マートは、様々な靴をメーカーから仕入れて販売して
おり、その靴の価格表示に関しては、メーカー希望小売価格を比較対照価
格とする二重価格表示を行う際の要件を満たせば、問題なく表示を行える。
もっとも、「HAWKINS」は、同社のプライベートブランド商品であった
ため、そもそもメーカー希望小売価格を比較対照価格とする前提を欠いて
いた。商品ごとに表示内容を管理することの重要性を示す事案といえよう。

(5)　㈱サンドラッグに対する措置命令（令和2年6月24日）

　㈱サンドラッグは、自ら運営する店舗で販売する商品に関し、例えば
「アース渦巻香ジャンボ50巻缶入」について、新聞折込チラシにて、
「アース　渦巻香　ジャンボ　大型50巻」「★1190円の品」、「498円（税込）
537円」「★印はメーカー希望小売価格（税抜）の略です。」と表示するな
どした。当該表示を見た一般消費者は、当該商品にはメーカー希望小売価
格が設定されており、実際の販売価格が当該メーカー希望小売価格に比し
て安いかのような印象・認識を有すると考えられる。

　しかし、措置命令では、実際には対象商品についてメーカー希望小売価
格は設定されていなかった、と認定された。

　同社のプレスリリースでは、過去存在したメーカー希望小売価格（定
価）が廃止されたことに気付かずそのまま掲載した旨の説明がされていた。

メーカー希望小売価格を比較対照価格とした二重価格表示を行う場合、表示開始時にメーカー希望小売価格を確認するだけでなく、当該メーカー希望小売価格が維持されているか、継続的に確認する必要がある。

9　期間限定表示に関する基本的な考え方

(1)　期間限定表示の有利誤認表示該当性

　景表法は、「商品又は役務の価格その他の取引条件について」、実際のものよりも著しく有利であると一般消費者に誤認される表示（有利誤認表示）をすることを禁止している（法5条2号）。

　一定期間を示して、特定の商品・役務の取引をした場合に特定の経済的利益（例：一定額の値引、一定割合の電子マネー・ポイント）を付与するという表示をする場合、その表示を見た一般消費者は、「記載期間だけ対象取引をすると限定で○○（値引等）を獲得できてお得なのだな、この期間を逃すと損するな」との印象を有する可能性がある。これに対し、記載期間の終期が経過した際に、延長したり直後に同一キャンペーンを実施したりするときには、表示された取引条件（示された期間限定で○○ほどお得）と実際の取引条件（個々の表示で示された期間以外にも○○ほどお得）の間に相違が生じる。その場合、前後のキャンペーン表示は有利誤認表示に該当すると判断され得る。

　仮に、当該商品・役務の申込みを検討している一般消費者が何度も表示を見ている場合には、継続してキャンペーンが実施されていることに気付く可能性があるが、他方で、初めて表示を見る一般消費者も存在し得る。また、たとえ異なる期間が記載された表示を複数回見た場合であっても、その表示自体から、表示された企画（値引）が継続的に行われていると認識することは困難である。そのため、キャンペーン表示を何度も見る一般消費者がいることは、有利誤認表示該当性を否定する根拠とはならないだろう。

　期間を示すキャンペーンの延長や繰り返し実施といった、期間限定表示に関する事案について、消費者庁が初めて措置命令を行ったのは、㈱キャリアカレッジジャパンに対する措置命令（平成27年3月20日）であり、

歴史はまだ浅く（緑本でも 6 版のコラムで初めて取り上げられた〔157 頁〕）、新しい類型のため、直接対応するガイドラインは存在しない。将来価格を比較対照価格とする二重価格表示に近いが、同一とは考えられていない模様である。

　そのような中、措置命令を通じ徐々に消費者庁の厳格な考え方が見えてきており、それらの動きには注意を要する。

⑵　1 回だけの延長も有利誤認表示と判断される

　㈱ファクトリージャパングループに対する措置命令（令和元年 10 月 9 日）では、同社が供給する 5 つのサービスに関する表示が有利誤認表示と判断されたが、ここでは、「腸×骨盤シェイプコース」に関するものを取り上げる（Column2-2-5 参照）。

　同社は、初回利用者限定 77％OFF キャンペーンについて、平成 30 年（2018 年）7 月にキャンペーン期間を「2018.7 / 1 ㊐〜 7 /31 ㊋」と示し、同年 8 月に「2018.8 / 1 ㊌〜 8 /31 ㊎」と示した（**図表 2-2-18**）。この事例において、実際には 1 回延長し、7 月 1 日〜 8 月 31 日の間、割引価格を適用していたため、上記 7 月の表示と 8 月の表示は、両方、表示と実際に相違があり有利誤認表示であると判断された。

　5 つのサービスのうちほかのサービスのうち 1 つも 1 回の延長のみが認定されたが、その他の 3 つは 5 か月間、7 か月間、4 年 1 か月間の表示継続が認定された。これらの事情を総合的に考慮されて措置命令の必要性があると判断された可能性があるが、少なくとも、期間を定めたキャンペーンを 1 回延長する場合でも有利誤認表示であると明示的に判断されており、注意が必要である。

⑶　「期間限定」「今だけ」を記載しなくても有利誤認表示と判断される

　「今だけ」や「期間限定」という文言を使わない場合であっても、キャンペーン期間を示し、その期間経過後も同様の利益提供を継続すれば、有利誤認表示と判断される。

　事例としては、㈱エムアイカードに対する措置命令（令和元年 7 月 8 日）

図表 2-2-18　㈱ファクトリージャパングループによる表示

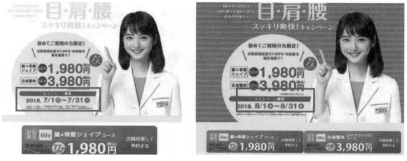

消費者庁ウェブサイト（https://www.caa.go.jp/notice/assets/representation_191009_01.pdf）

　がある。同社は、「エムアイカードプラスゴールド」サービスについて、例えば、**図表 2-2-19** 左図のように、平成 30 年（2018 年）4 月 1 日〜6 月 30 日の間、自社ウェブサイトにて、「期間：2018 年 6 月 30 日（土）まで」「ご入会特典　ゴールドカードの新規ご入会で三越伊勢丹グループ百貨店でのご利用で初年度 8％ポイントが貯まります。」と示すなどした。消費者庁は、この表示について、あたかも、当該記載の期限までに新規当該カードの入会契約を締結した場合に限り、記載された特典（記載百貨店の利用で初年度 8％ポイント提供）の適用を受けることができるように示す表示である、と認定した。

　そのような中、平成 30 年（2018 年）7 月 1 日からは期間を**図表 2-2-19** 右図のように変更し、翌年 6 月 28 日まで複数回表示を変えながら継続されていた。実際には、平成 30 年（2018 年）4 月 1 日以降、継続して、記載された特典（記載百貨店の利用で初年度 8％ポイント提供）と同様の得点の適用を受けることができたのであり、平成 30 年（2018 年）4 月 1 日〜6 月 30 日の表示を含め、複数回行われた表示について、有利誤認表示と判断された。

図表 2-2-19　㈱エムアイカードによる表示

消費者庁ウェブサイト（https://www.caa.go.jp/policies/policy/representation/fair_labeling/release/2019/pdf/fair_labeling_190708_0001.pdf）

⑷　キャンペーン前後で付与する内容を変更する場合

　後続キャンペーンで付与する経済的利益の内容を、先行キャンペーンのものから変更しても、前後のキャンペーンについて一般消費者が全く異なるキャンペーンであると認識するほどの差異を設けない限り、有利誤認表示該当性には影響を与えないと考えられる。

　ア　フィリップ・モリス・ジャパン合同会社に対する措置命令（令和元年6月21日）

　フィリップ・モリス・ジャパン合同会社は、IQOS キット（バージョン2.4）につき、平成27年（2015年）9月1日～平成29年（2017年）9月20日の約2年間、1か月から6か月程度のキャンペーン表示を繰り返し行い、その中には、①値引額が異なるものや、②値引・ポイント付与・キャッシュバックという内容が異なるものが含まれていた。

　例えば、平成28年（2016年）6月1日～7月31日、「2016年7月31日まで」という期間を示して「4,600円OFF」キャンペーンを表示した後、⒜特定の小売店舗で8月11日～12月21日に「3,000円OFF」のキャンペーンを行い、⒝別の小売店舗では、8月1日～12月21日、特定の決済手段で購入した場合に2,000 nanaco ポイント付与と1,000円のキャッシュバックを行うキャンペーンを行った（⒜⒝いずれも、6月～7月に表示していたよりも不利な内容に変更）。

　このような変更があったものの、措置命令では、上記約2年間のほとんどすべての期間、各キャンペーン表示「記載の値引きが適用される又は……ポイント……が付与されるものであった」と認定されており、まとめて1つの有利誤認表示と判断された。

イ　㈱セドナエンタープライズに対する措置命令（令和4年3月15日）

　消費者庁は、㈱セドナエンタープライズが、「脱毛ラボ　ホームエディション」（商品）を販売するに際し、自社ウェブサイト上で行った、①乗り換え割と②ケア4点セットプレゼントに関する2つの期間限定表示について、それぞれ有利誤認表示と判断した。このうち②ケア4点セットプレゼントに関する表示を確認する。

　㈱セドナエンタープライズは、自社ウェブサイト上で、例えば、令和3年5月10日に、時計のイラストとともに、「限定5/10（月）23：59までケア4点セット13,728円相当プレゼント＋最大1,000ポイント進呈」等と表示した。**図表2-2-20**のとおり、ケア4点セットの内容を一部変えながら、5月17日まで1日間ずつ表示された。

図表2-2-20　㈱セドナエンタープライズによる表示状況

表示期間	ケア（脱毛）4点セットの表示状況		
	顔用シェーバー スクラブ ボディピンク 脱毛エステ券	顔用シェーバー 毛穴ローション ジュレウォーター 脱毛エステ券	顔用シェーバー 毛穴ローション BBUV ジェル 脱毛エステ券
5月10日			★
5月11日	★		
5月12日		★	
5月13日	★		
5月14日			★
5月15日	★		
5月16日		★	
5月17日	★		

（「★」の記載があるセットが表示され、提供されていた。措置命令リリース文参考3）

　このような表示を見た一般消費者は、当該表示記載の期限までに対象商品を購入した場合に限り、記載のプレゼントが提供され、700 円相当のポイントが付与され、さらに、レビューを投稿すれば 300 円相当のポイントが付与されるとの印象・認識を有するだろう。消費者庁にも、あたかも同趣旨の内容が表示されていると認定された。

　しかし、実際には、表示記載の期限後に対象商品の購入やレビュー投稿をした場合にも、上記表示内容と同様のポイントが付与された。また、プレゼントについても、1 日または 3 日の間隔で同様に繰り返し提供された。そのため、それらの表示は有利誤認表示と判断された。

　ケア 4 点セットについて、毎日同じセット商品が提供されていたわけではないが、実質的に同一の内容を継続して提供していると評価された模様である。

(5)　考えられる対応策

　期間を示すキャンペーン表示は、当該期間のみお得であることを示している。そこで、先行キャンペーンおよび後続キャンペーンの実施期間について表示内容と実際に相違が生じないようにするため、当該期間経過後、同様のキャンペーンを継続したりキャンペーンと同様の取引条件を継続したりしない、という対応が必要となる。

　ア　対応策①（対象商品・役務を変える）

　有利誤認表示は、「商品又は役務の価格その他の取引条件について」、実際のものよりも著しく有利であると一般消費者に誤認される表示である（景表法 5 条 2 号）。そのため、有利誤認表示は、「商品」または「役務」の取引条件ごとに成立するといえる。

　したがって、形式的にキャンペーンを継続的に実施しているように見える場合であっても、対象商品・役務が毎回異なるときには、それぞれ異なる商品・役務の別々の取引条件（キャンペーン期間）を示しているという整理があり得る。

　前述の㈱ファクトリージャパングループに対する措置命令では、措置命令の対象役務が 5 つあり、それぞれについて個別に有利誤認表示が認定されている。

　その結果、キャンペーンを継続して実施する場合であっても、毎回の対象商品が完全に異なるときは、各キャンペーン期間の表示と実際はそれぞれ整合しているのであり有利誤認表示に該当するものではないと整理し得るのではないか。

　ただし、例えば、商品甲を対象とするキャンペーンを2週間実施してその終了直後に商品乙を対象とするキャンペーンを2週間行い、その終了直後に2週間商品甲を対象とするキャンペーン、さらに商品乙を対象とする2週間のキャンペーン……というような場合は、甲・乙の表示について有利誤認表示と判断される可能性は残る。

　イ　対応策②（キャンペーン間の間隔の設定）

　対象商品・役務が同一である場合、先行キャンペーン終了から後続キャンペーン開始までの期間がどれくらい空くと有利誤認表示にならないのか、といったことを明示的に論じた行政文書等は見当たらない。

　㈱ファクトリージャパングループに対する措置命令の認定等を基に考えると、先行キャンペーンの対象商品・役務と同一の商品・役務を対象とする同様のキャンペーンを行う場合、少なくとも、先行キャンペーン終了後1か月間を空けることが必要と考えられる（Column2-2-5）。

　ただし、先行キャンペーンよりも後続キャンペーンのほうが有利である場合は、表示（〔先行〕キャンペーン期間のみお得）と実際（後続キャンペーンのほうがもっとお得）の差異が大きく、それらも考慮して検討する必要があるなど、各事案の個別事情を踏まえ、個別に検討していく必要はあり、一律にインターバル期間を考えることは難しい。

少し深掘り Column2-2-5	キャンペーン間の間隔を検討する際に参考となる措置命令事例等

　(1)　㈱ファクトリージャパングループに対する措置命令

　㈱ファクトリージャパングループに対する措置命令（前記(2)）では、合計5つのサービスに係る表示が有利誤認表示であると判断された。このうち①全身整体60分コースに関する表示と実際の認定が参考になり得る（植村幸也「最近の注目すべき措置命令」REPORT　JARO　No.567〔2022年〕2～3頁でも指摘されている）。

　㈱ファクトリージャパングループは、平成29年9月1日～平成30年5

月31日と、同年7月1日〜8月31日に、基本的に、1か月ずつ割引キャンペーンを実施する旨の表示をした（平成29年12月は12月1日〜25日のキャンペーン表示、平成30年1月は1・2月、3月は3・4月のキャンペーン表示）。

　措置命令では、同社が、平成29年9月1日〜平成30年5月31日のうちほとんどすべて（12月26日〜31日を除く趣旨と思われる）と平成30年7月1日〜8月31日の各期間において、割引価格を適用していたことが認定され、それを理由に有利誤認表示と判断された。

　同社は、平成30年6月1日〜30日にはキャンペーン表示を行わないだけでなく、割引適用も行わなかった可能性がある（先行キャンペーンから1か月間の間隔が設定されていた）。

　仮に、十分な間隔でなく同様のキャンペーンを継続していると評価される場合には、実際には「平成29年9月1日〜平成30年8月31日のほとんど全ての期間に割引を実施していた」と認定されたと考えられる（平成29年12月26日〜31日はキャンペーンを実施していなかったが、平成29年9月1日〜平成30年5月31日は2分されず、そのうち「ほとんど全ての期間」キャンペーンを実施していたと認定されている）。もっとも、措置命令では、実際に割引を適用していた期間は、あえて二分して認定されている。1か月間のインターバルがあったことを考慮して、前半（平成29年9月1日〜平成30年5月31日）と後半（平成30年7月1日〜8月31日）の2つのキャンペーンに分けて評価されたと考えられ、この点を推し進めると、先行・後続1回ずつのキャンペーンの間に1か月を空ける場合には、別のキャンペーンと評価される可能性があるのではないか。

　なお、上記措置命令において、平成28年6月1日〜平成29年2月28日と同年4月1日〜同月30日に1か月ずつのキャンペーン表示を行ったとの認定もされているが、平成29年4月の表示として認定された表示には同年3月のキャンペーンも表示されており（リリース文別紙11）、実際に平成29年3月の1か月間の間隔が確保されていたかは明らかでない。

　(2)　㈱キュラーズに対する措置命令（令和2年1月17日）

　消費者庁は、㈱キュラーズに対し、同社が、「3ヶ月間30%OFF（お問合せ期限：2／28まで）」といった期間限定表示を繰り返していたものの実際には表示期間を過ぎて申し込んでも割引を適用していたことを理由に、措置命令を行った。

　措置命令では、㈱キュラーズが、平成31年（2019年）2月20日〜令和

元年（2019年）10月15日の間、基本的に1週間ずつ割引キャンペーンの表示を行っていたことが認定されている。ただし、その間、8月1日〜同月25日の25日間は、表示が認定されていない。

　当該措置命令では、上述(1)の㈱ファクトリージャパングループに対する措置命令のように、平成31年2月20日〜令和元年7月31日と、同年8月26日〜同年10月15日に割引を適用していたと2つに分けて認定せず、まとめて1つの有利誤認表示と認定された。

　措置命令の文面上は、㈱キュラーズが、令和元年8月1日〜25日の間キャンペーン表示をしなかったものの割引は適用していた可能性がある。また、単に消費者庁が8月1日〜25日の表示を確認できなかった可能性も否定できない。

　ただ、調査担当官解説では、㈱キュラーズが「期限を更新した上で」「割引キャンペーンを繰り返し行っていた」とされており（公正取引840号91頁）、措置命令で認定されたキャンペーン表示期間と割引適用期間は一致していたのではないか。そうだとすると、25日の間隔が空いていたもののそれは考慮されなかったことになる。短期間のキャンペーンを間断なく相当期間継続する場合には、25日間の間隔を設定しても十分でない、と判断された可能性がある。

(3)　将来価格執行方針

　将来価格を比較対照価格とする二重価格表示に関しては、個別に判断されるものの、一般的には、セール期間経過後直ちに比較対照価格として将来価格で販売を開始し2週間以上継続した場合はごく短期間であったとはしない（有利誤認表示とはしない）とされている（将来価格執行方針第2の2(3)）。

　例えば、「今なら（12月31日まで）1,000円　1月1日以降2,000円」といった二重価格表示は、一般消費者からすると、期間を示すキャンペーン表示と近いものとして受け止められる。そこで、キャンペーン期間表示を行う場合の間隔について、上記の「2週間」を参考にすることも発想としてはあり得る。ただ、執行方針に関するパブリックコメントにて、将来価格を比較対照価格とする二重価格表示とキャンペーン期間を示す表示が共通しているので、当該表示についても将来価格執行方針と同様に取り扱われるべきではないかという意見が出されたものの、「必要に応じて参考にしつつ、個別の事案ごとに適切に対応」すると回答されており、基本的には直接適用しない姿勢が表れている（将来価格執行方針パブコメ回答3頁）。

少し深掘り
Column2-2-6

数量限定表示や販路限定表示

　数量限定表示も、事情次第で有利誤認表示となり得る。実際には、販売量に十分余裕があるにもかかわらず、「今回限り限定○個」、「残りわずか！二度とありません」など、「当該商品の販売量が限定されている旨をことさら強調することにより、希少性のある商品と思わせるような表示」は、有利誤認表示と判断される可能性がある（公正取引委員会「テレビショッピング番組の表示に関する実態調査について」〔平成 15 年〕 2 (3)イ）。㈱シエルに対する措置命令（平成 30 年 10 月 31 日）では、「毎月先着 300 名様限定」など、毎月 300 名のみ対象商品の定期購入を開始できるように示す表示をしていたものの、実際には、当該商品の毎月の新規定期購入者数は 300 名を著しく超過していた点につき、有利誤認表示と判断された。希少性のある商品とまで思われるのかは議論があり得るが、誰でも購入できるわけではないと示すという点に着目されたのだろう。

　販路限定表示についても、同様の発想がとられている。例えば、アーティストのライブ運営事業者が、「ライブ会場限定販売！」と表示してオリジナルTシャツを販売した後に、ライブツアー終了後に同じTシャツを追加生産してインターネットで通信販売する場合、有利誤認表示になり得る（緑本 5 版「Q & A」の Q10〔328 頁〕）。

優良誤認表示に関する特別な手続
（不実証広告規制）（違反行為の要件(B)関連）

Essence

効能・効果を示すなど、優良性を示す表示をする際には、（すぐに提出できる）表示に対応した合理的な根拠資料が必要

1 概　要

(1) 景表法7条2項・8条3項の定め、趣旨

　消費者庁は、特定の表示が優良誤認表示に該当するか否かを判断するため必要がある場合には、その表示をした事業者に対し、15日以内に、その表示の裏付けとなる「合理的な根拠」を示す資料を提出するよう求めることができる。資料の提出を求められた事業者が当該期間内に資料を提出しない場合や、資料を提出したものの合理的な根拠とは認められない場合には、その表示は直ちに優良誤認表示と認定される（景表法7条2項、8条3項）。この優良誤認表示に関する特別な手続は、一般的に不実証広告規制と呼ばれ、きわめて強力な制度である。

　正確には、措置命令との関係では優良誤認表示とみなされ、課徴金納付命令との関係では優良誤認表示と推定されるが、いずれであっても優良誤認表示と認定されて命令を受ける可能性があることに変わりない。また、実務上、消費者庁の調査を受ける際には、景表法7条2項に基づく資料提出要求と同法8条3項に基づく資料提出要求を同日に受けることが多く、資料を提出する際は同じものをそれぞれ提出する。そのため、本章では、基本的に上記2つは区別しない。

　措置命令との関係では、都道府県も合理的な根拠を示す資料の提出要求を行うことができるが（課徴金納付命令との関係では消費者庁のみが提出要求を行うことができる）、本章では、それらを捨象し、基本的にまとめて

「消費者庁」と示す。

これらを整理すると、図表 2-3-1 のとおりとなる。

図表 2-3-1　不実証広告規制に関する基本的な整理

	措置命令との関係（景表法7条2項）	課徴金納付命令との関係（景表法8条3項）
主体	消費者庁および都道府県	消費者庁
資料提出期限	提出要求から15日以内	提出要求から15日以内
合理的な根拠と認められない場合の効果	優良誤認表示とみなされる	優良誤認表示と推定される

　特に、商品・役務の内容に関する表示のうち、効果・性能に関する表示については、表示どおりの効果・性能があるか否かを行政庁が立証するのに多大な時間がかかり、その間に消費者被害が拡大するおそれがある。そのため、当該事態を回避し迅速に不当表示を規制することを目的として、措置命令との関係で不実証広告規制が導入された（平成15年景表法改正当時は4条2項）。

　この不実証広告規制を定める景表法7条2項について、措置命令の取消請求訴訟上で憲法21条1項、22条1項に違反しないかが争われたことがあるが、最高裁は違反しないと判断した（最判令和4年3月8日・令和3年（行ツ）第33号）。その際、「商品等の品質等を示す表示をする事業者は、その裏付けとなる合理的な根拠を有していてしかるべき」との考えも示されている。

(2)　不実証広告規制の対象、合理的な根拠資料確認の重要性

　7条2項運用指針は、商品・役務の効果・性能に関する表示に対する不実証広告規制の適用についての考え方を示すものである（第2の1⑶）。また、課徴金納付命令との関係で不実証広告規制が導入される際（平成26年11月景表法改正）、効果・性能に関する表示を対象とすることが想定されていたと考えられる。

　もっとも、景表法7条2項および8条3項は、文言上、適用対象となる

表示について何ら限定していない。そのため、（平成26年11月景表法改正法案に関して行われた消費者庁審議官の国会答弁とは整合しないが）効果・性能に関しない表示について不実証広告規制が適用される可能性は否定できない。消費者庁は、「シェアNo.1」表示について不実証広告規制を適用し措置命令を行ったことがある（第2章6(3)ア）。

　また、仮に景表法7条2項および8条3項に基づき「合理的な根拠」の提出を求められないとしても、行政庁から調査を受けた場合に自己の行った表示が優良誤認表示でないことを説明する際には「合理的な根拠」といい得るものを提出することになる。

　さらに、一般消費者向け表示を行う事業者は、事業者が講ずべき管理上の措置の一内容として、表示に関する情報の確認を行うことが必要である（管理措置指針第4の3。第4部で触れる）。

　そのため、一般消費者向けに商品・役務の内容を訴求する表示を行おうとする際には、効果・性能を示すか否かにかかわらず、当該表示を行うに当たり、当該表示を裏付ける「合理的な根拠」を示す資料を有しているかを確認することが重要である。

少し深掘り Column2-3-1　いきなり合理的根拠資料の提出要求を受けるのか？

　「合理的な根拠」を示す資料の提出期限は、原則として、消費者庁が事業者に対し当該資料の提出を求める文書を交付した日から15日後である（景表法施行規則7条2項本文）。

　この期間は、商品・役務の内容の優良性を示す表示を行う際にはあらかじめ当該表示を裏付ける合理的な根拠を示す資料を有すべきであるという発想を前提に、その提出準備に必要な期間として設定されている。事業者としては、資料を確認・集約するのにも時間を要するし、合理的な説明も付して対応することを想定すると、15日間は相当タイトな期間である。

　もっとも、現在、消費者庁が、調査当初からいきなり合理的な根拠資料の提出要求を行うという運用はされていないように窺える。ある程度調査が進行し、合理的な根拠資料はなさそうだという判断をした際に、措置命令に関して優良誤認表示に該当するか否かを「判断するため必要があると認めるとき」に当たるとして、資料提出要求が行われている。逆にいうと、仮に当該要求を受けた場合には、消費者庁において、すでに、具体的な調

査を経て、問題となっている表示が優良誤認表示に該当する可能性が高い
という心証を有していることが多いだろう。

　事業者としては、消費者庁から合理的な根拠資料の提出を求められるこ
とのないよう、調査を受けた初期の段階から、自ら行った表示に関する資
料を可能な限りすべて確認し、消費者庁に対し、表示と実際の整合性や表
示について合理的な根拠があることをしっかり説明し、当該根拠を示す資
料を適切に提出することが重要である。

2　効果・性能を示す表示に関する「合理的な根拠」とは ―

　特に商品・役務の効果・性能に関する表示に関し、消費者庁から提出要
求を受けて資料を提出する際、その資料が表示の裏付けとなる「合理的な
根拠」を示す資料であると認められるためには、次の 2 つの要件を満たす
必要がある（ 7 条 2 項運用指針第 3 ）。

(ⅰ)客観的に実証された内容であること（資料の客観性）
(ⅱ)表示された効果・性能と提出資料によって実証された内容が適切に対応している
　　資料であること（表示と資料の整合性）

　後記(1)および(2)において概観するが、過去の事例をみると、(ⅰ)資料の客
観性の議論に至る前に、そもそも(ⅱ)表示と資料の整合性がなく「合理的な
根拠」を示す資料であると認められないと判断されたと考えられるものが
相応にある。そのため、（表示案を作成する際は(ⅰ)→(ⅱ)を検討することにはな
るが）表示案について景表法上問題ないか否かを検証する際には、(ⅱ)→(ⅰ)
の順で確認することが重要である。

(1)　客観的に実証された内容の資料（資料の客観性）

　(ⅰ)　客観的資料であるといえるためには、以下いずれかの要件を満たす
必要がある（ 7 条 2 項運用指針第 3 の 2 ）。

(A)試験・調査によって得られた結果である
(B)専門家、専門家団体、専門機関の見解や学術文献に該当する

　少し具体的にみると、上記(A)試験・調査の方法としては、次の(a)(b)いずれかである必要がある（7条2項運用指針第3の2(1)ア・イ）。

(a)表示された商品・役務の効果・性能に関連する学術界・産業界において一般的に認められた方法か、関連分野の専門家多数が認める方法
(b)上記(a)が存在しない場合には、社会通念上及び経験則上妥当と認められる方法

　上記(a)の例として、7条2項運用指針では、「日用雑貨品の抗菌効果試験について、JIS（日本工業規格）に規定する試験方法によって実施したもの」といったものが挙げられている（7条2項運用指針第3の2(1)ア）。

　上記(b)に当たるかは、表示の内容、商品・サービスの特性、関連分野の専門家が妥当と判断するか否か等を総合的に勘案して判断される。そのため、(a)(b)いずれとの関係でも、関連分野の専門家の意見は重要である。

　上記(b)に関し、㈱翠光トップラインおよび㈱ジェイトップラインが提起した措置命令の取消訴訟に関する判決（東京地判平成28年11月10日・平成27年(行ウ)第161号、後記3(3)）では、以下の判断が示された（下線は筆者による）。特定の資料に関する裁判所としての判断を示すのとは別に、原告の主張について触れたという位置付けではあるが、考え方として参考になる。

〔原告の主張について〕
　……窓用フィルムは、時々刻々と変化する環境条件に応じて、その性能値がカメレオンのように変動する特殊な製品であるところ、現場の実測において諸条件を統一することは不可能であるため、実務上は性能値についてそれほどの精度は問われておらず、「状態値」として幅をもった表示しかできず、そのような幅をもった表示が性能値の表示として適正であるといえるから、窓用フィルム製品の性能について、多数の現場での実測結果を総合して幅を持たせた表示を行うことは、実際の性能を良く反映するものであり、多数の実測による実証が重要かつ必要というべきである旨主張する。

〔判断〕
　しかしながら、窓用フィルムを含む建築資材等の工業製品については、<u>実験室等において、再現可能な条件の下で、比較対象の要素以外の実験条件を同一に設定し</u>

> た上で実験を行い、その性能値等を確認するのが学術界や産業界の一般的な方法であり、現場における実測は、工業製品の性能値を確認することが目的ではなく、実験室等における実験により得られた性能値が現場においても発揮できるか否かや性能の優劣を確認することを目的として行われるものにとどまると認めるのが相当である。

　また、消費者の体験談やモニターの意見等の実例を収集した調査結果を表示の裏付けとなる根拠として提出する場合には、無作為抽出法で相当数のサンプルを選定し、作為が生じないように考慮して行う等、統計的に客観性が十分に確保されている必要がある。大雑把に述べると、ある商品の使用に伴い○○という効果を得られる旨を訴求したい場合、「Ａさんについて○○という効果が出た」という事実だけではでは不十分であり、当該商品の使用に伴い「○○という効果を得られることが例外でない」（通常は○○という効果を得ることができる）ことを示す根拠を有しておく必要がある（このように要件(ⅰ)(ⅱ)の区別はやや曖昧である）。また、その際、商品使用者の属性や使用条件により効果の存否や大小が異なる場合には、それらも考慮して統計的な客観性を担保できるかが問題となる。

　例えば、次のような資料は、資料の客観性は認められない。

> ×自社の従業員またはその家族等、商品・サービスの利害関係者の体験談のみ（サンプルの抽出過程に作為的要素がある）
> ×体験談を送付した利用者の意見のみ
> 　（送付者は通常商品・サービスの効果・性能に心理的に感銘を受けており、体験談を送付しなかった利用者の意見が不明）

(2) 表示された効果・性能と提出資料によって実証された内容が適切に対応している資料（表示と資料の整合性）

　どのような効果・性能が表示されているかは、一般消費者がどのような印象・認識を有するかによって判断される。

　その際には、表示上の特定の文章、図表および写真等から一般消費者が受ける印象・認識ではなく、表示内容全体から一般消費者の受ける印象・認識を基準に考える必要がある。当該一般消費者の印象・認識に関する考え方は、第２章２(6)アのとおりである。

例えば、次のような資料は、表示との整合性は認められない。

> ×一般消費者が使用する環境・条件と全く異なる実験室での実験結果であり、一般
> 消費者が使用する環境・条件との同等性を合理的に説明できないもの
> ×特定の素材の優良性は説明できるものの、当該素材を使用した商品自体の効果・
> 性能を具体的に説明できないもの

　令和2年頃、新型コロナウイルス感染症の拡大に乗じ、同ウイルスに対する予防効果を標ぼうする健康食品、マイナスイオン発生器、除菌スプレー等に関する広告が急増し、消費者庁による迅速・厳正な運用が行われた。菌やウイルスに関する表示を行おうとする際は、7条2項運用方針に従い、表示を見た一般消費者が有する認識・印象に対応する合理的根拠資料の提出があるといえるかの検証が不可欠であり、表示Q&AのQ57〜Q59は参考になる（本書では詳細に立ち入らないが、薬機法の規制を遵守することも当然必要である）。

　また、㈱だいにち堂に対する消費者庁の措置命令（平成29年3月9日）では、「ボンヤリ・にごった感じに！！」との記載がある表示について、あたかも、本件商品を摂取することにより、ボンヤリ・にごった感じの目の症状を改善する効果が得られるかのように示す表示であると認定した上で合理的根拠資料の提出要求が行われた。抽象的な効果を示す場合であっても資料提出要求を受ける可能性がある点に注意が必要である。このような抽象的な効果について資料を提出することは困難を伴うため、合理的根拠資料提出要求を受けないような表示を検討する必要がある。この措置命令については取消請求訴訟で争われたが、請求は棄却された（東京地判令和2年3月4日・平成30年(行ウ)第345号、東京高判令和2年10月28日・令和2年(行コ)第96号、最判令和4年3月8日・令和3年(行ツ)第33号）。

3　不実証広告規制が適用された措置命令

　消費者庁が不実証広告規制を適用して措置命令を行う際、事業者が提出した資料がなぜ合理的根拠資料と認められないのかの理由は明示されず、措置命令を読むだけでは、事業者が資料を提出したか否かしかわからない。

　消費者庁が措置命令前に弁明の機会を付与する際などに、調査担当者から、消費者庁の考えが事実上開示されることはあるが、口頭により、またざっくりとした考え方に関するコメントにとどまることが通常である。そして、個別の事業者にかかわる情報のため、その内容は公表されず、事業者が、各措置命令事案の整合性等を検証することは困難である。さらに、消費者庁は措置命令の公表時に、報道関係者を対象とした説明（いわゆる「記者レク」）を実施するが、基本的にその内容がそのまま公表されるわけではない。

　そのため、これまでの措置命令事案について、事業者が提出した資料の内容や、消費者庁が、専門家を通じ当該資料について合理的な根拠資料といえないと判断した理由を具体的に論じることは困難を伴う。もっとも、調査担当官の解説が存在する事例や、事業者が不服申立てをして裁判所等の判断が存在する事例を中心に、可能な範囲で概観する。

> 少し深掘り
> Column2-3-2　　合理的根拠資料と認められない理由の説明
>
> 　行政庁は、不利益処分をする場合には、その名あて人に対し、同時に、当該不利益処分の理由を示さなければならない（行政手続法14条1項本文）。
>
> 　他方、消費者庁が不実証広告規制を用いて措置命令を行う際、措置命令書では、対象表示の表示媒体、表示期間、具体的な表示内容、一般消費者の認識を踏まえた表示内容（「あたかも」表示の内容）とともに、「期間を定めて、当該表示の裏付けとなる合理的な根拠を示す資料の提出を求めた」ところ、「資料は提出されなかった」または「資料が提出されたが、当該資料は当該表示の裏付けとなる合理的な根拠を示すものとは認められないものであった」と記載される。また、適用法令として、景表法7条2項の規定により、対象表示が優良誤認表示とみなされる旨が記載される。
>
> 　措置命令書に上記のような記載しかなされないことが行政手続法14条1項の要請を満たすのかは議論があり得るが、行政不服審査会の答申では、違法ではないと判断されている（令和4年2月17日答申〔令和3年度答申第72号〕および同年3月1日答申〔令和3年度答申第74号〕）。ただ、理由として具体的に記載することが望まれるとも指摘されており、事業者が表示を行う際に合理的な根拠資料を有するかを検証することを促す観点か

らも、今後、消費者庁において、事業者が提出した資料について行った評価を、理由として具体的に記載することが望まれる。

(1)　㈱ゼネラルリンクに対する措置命令（令和2年3月10日）

　㈱ゼネラルリンクは、「マカミア」と称する商品について、①「nenne」と称する自社ウェブサイトにおいて、「自然環境の厳しい南米ペルー産のマカを厳選し独自製法のエキスパウダーとして抽出。大学教授をはじめとする共同研究チームによる機能性試験において、授かり率が190％高まることが示されました。」等と表示した。また、②実際には自社が運営しその表示内容を自ら決定しているにもかかわらず第三者が運営するものであるかのように装った「妊活ガイド」と称するウェブサイトにおいて、「妊娠率190％ＵＰも！？今話題の妊活サプリ総合ランキング！」、「マカミア（ネンネ）」、「授かり率が190％ＵＰする妊活サプリ」等と表示した。

　当該表示を見た一般消費者は、対象商品を摂取することにより、著しく妊娠しやすくなる効果を得られるとの印象・認識を有すると考えられる。消費者庁も、あたかも同趣旨を示す表示であると認定した。

　消費者庁は上記表示について合理的根拠資料の提出を要求し、これに対し㈱ゼネラルリンクは資料を提出したが、当該表示の裏付けとなる合理的な根拠を示すものとは認められなかった。

　動物実験結果が提出されたとする報道があり、また調査担当官解説では、「例えば」としながら、「著しく妊娠しやすくなることを訴求する表示の根拠として提出された資料が、ヒト以外の動物実験の結果だけであったり、何ら客観性のないウェブサイト上の情報であったりする場合」には、要件(i)および(ii)を満たさず、表示の裏付けとなる合理的な根拠とはいえないと指摘されている（公正取引852号96頁）。

　不妊の原因は様々であり、何か特定の成分で一律に妊娠率が向上することは考え難く、食品摂取による妊娠確率の向上に関する資料を確保し訴求することは、現実的には困難だろう。しかし、一見もっともらしい記載があり、エナジードリンクを飲んで翼が生えるほど非現実的なものとまではいえないため、一般消費者の商品選択に影響を与える表示であり、優良誤認表示に該当するか否かを「判断するため必要があると認めるとき」に当

たるとして、不実証広告規制が適用されたと考えられる。

　上記②の表示について、仮に令和5年10月1日以降行う場合は、ステマ告示の要件1（事業者が自己の供給する商品又は役務の取引について行う表示）および要件2（一般消費者が当該表示であることを判別することが困難であると認められるもの）を満たし、ステマ告示に基づき指定された不当表示に該当すると判断されるであろう。

⑵　エアガン用BB弾の販売事業者5社に対する措置命令（令和4年12月19日、20日、21日）

　消費者庁は、令和4年12月23日のリリースで、㈱セキトー、㈱東京マルイ、㈱晴和、㈲ライラクスおよびGuay Guay Trading Co., LTD.の5社に対して措置命令を行ったことを公表した。

　例えば、㈱東京マルイは、「ベアリングバイオ0.2g BB」について、自社ウェブサイトにおいて図表 2-3-2 のように表示していた。

図表 2-3-2　㈱東京マルイによる表示

消費者庁ウェブサイト（https://www.caa.go.jp/notice/assets/representation_cms209_22
1223_12.pdf）の別紙 2 - 2

・上記ページ TOP の「生分解」と大きく示す丸内の黒文字での説明
　「本物の安心感 生分解〔せいぶんかい〕　植物由来（PLA）やミネラル成分とで
　構成された『本物』の生分解、高精度 BB 弾です。石油系の原材料は一切使用し
　ていません。」
・上記生分解のイメージ写真の下に、「主な特徴」として、以下の説明
　「生分解素材の BB 弾　地球環境にやさしい植物由来の素材やミネラル成分で構
　成された、石油系の原材料を一切使用していない BB 弾です。土の中や水中の微
　生物によって、地表落下後に水と二酸化炭素に分解されるため、屋外フィールド
　での使用に適しています。※生分解素材のため、真夏の車中など50 度以上にな
　る場所に放置すると変形する恐れがあります。」

　上記表示を見た一般消費者は、対象商品について、使用後に地表に残ったままでも、土壌中や水中の微生物によって水と二酸化炭素に分解されるといった生分解性を有するとの印象・認識を有すると考えられる。特に中央の写真のような崩壊をイメージするだろう。消費者庁もあたかも同様の内容が表示されていると認定し、各社に各表示の裏付けとなる合理的な根拠を示す資料の提出を求めた。各社は資料を提出したものの、それぞれ合理的根拠資料とは認められなかった。

　各社から、生分解性に関する認証機関の認証を受けていることに関する資料や、ISO規格などの試験基準を用いた生分解性を示す試験結果を示す資料などが提出されたようである。このように、生分解性自体は、認証制度も存在しており、科学的に認められつつある。もっとも、当該資料は、産業用コンポスト処理施設など大規模なごみ処理施設のような環境での試験結果であり、表示されている仕様環境下での性能があることを示す試験ではなかった。そのため、(ii)表示と資料の整合性を欠くと判断された模様である（「座談会 最近の景品表示法違反事件をめぐって」公正取引877号4頁における真渕博消費者庁審議官の発言〔8頁〕）。

(3)　㈱翠光トップラインおよび㈱ジェイトップラインに対する措置命令（平成27年2月27日）

ア　措置命令

　㈱翠光トップラインおよび㈱ジェイトップラインは、自らまたは取引先事業者を通じ、「シーグフィルム」と称する窓ガラス用フィルムを一般消費者に販売していた。消費者庁は、当該2社が当該商品について行っていた各表示が優良誤認表示に該当すると認定した。

　例えば、㈱翠光トップラインは、当該商品について、自社ウェブサイトにおいて図表 2-3-3 のように表示していた。

　上記表示を見た一般消費者は、当該商品の使用により、冬も夏も、記載されたとおりの冷暖房効率30％〜40％アップの効果を得られるとの印象・認識を有すると考えられる。消費者庁も、あたかも同趣旨の内容を示す表示であるとの認定を行い、㈱翠光トップラインに対し、「合理的な根拠」を示す資料提出要求を行った。これに対し、同社は資料を提出したも

図表 2-3-3　㈱翠光トップラインによる表示

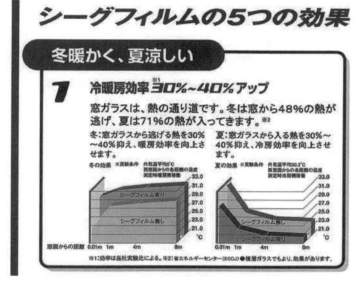

インターネット資料収集保存事業（WARP）を通じ確認できる消費者庁ウェブサイト
（https://warp.da.ndl.go.jp/info:ndljp/pid/11050105/www.caa.go.jp/representation/
pdf/150227premiums_2.pdf）の別添写し1より一部抜粋

のの、合理的な根拠を示す資料とは認められなかったため、優良誤認表示
とみなされて措置命令が行われた。㈱ジェイトップラインについても同様
に措置命令が行われた。

　これを受けて、㈱翠光トップラインおよび㈱ジェイトップラインは、当
該措置命令について取消訴訟を提起した。

　イ　取消訴訟判決（東京地判平成 28 年 11 月 10 日）

　東京地裁は、㈱翠光トップラインおよび㈱ジェイトップラインが提出し
た資料は「合理的な根拠」を示す資料であるとはいえないと判断した（東
京地判平成 28 年 11 月 10 日・平成 27 年（行ウ）第 161 号。当該判決は確定して
いる）。

　当該判決は、提出された各資料が「合理的な根拠」を示す資料に該当す
るか否かを詳細に示すものであり、参考になる。本書ではその一部を少し
紹介する（植村幸也「不当表示（景表法・不競法）──表示根拠の十分性につ

127

いて」ジュリスト 1587 号 88 頁において、その他の資料も分析されており参考になる）。

　(ア)　表示と資料の整合性に関して

　まず、2 社は、上記表示は「遮熱効果」や「断熱効果」を有する旨を示すものであると主張した。

　しかし、裁判所は、消費者庁と同様、当該表示を見た一般消費者としては、当該商品の使用により、冬も夏も、記載されたとおりの冷暖房効率 30％〜40％アップの効果を得られるとの印象・認識を有するとの判断を行った。そのため、当該具体的な数値に関する印象・認識を基礎付ける資料が揃って初めて「合理的な根拠」を示す資料となる。

　(イ)　資料の客観性

　2 社は、多くの資料を提出し、次の資料①②が含まれていた。

> ①店舗の 1 室において、対象商品を窓ガラスに貼付する前のガラス面の付近温度または平均消費電力と、後日、当該商品を貼付させた後のものとを対比したところ、当該商品を貼付させた後のものの方がガラス面の付近温度が低下し、平均消費電力が削減されたことが確認されたとする資料
> ②同一の建物の 2 室において、対象商品を窓ガラスに貼付した部屋と当該商品を窓ガラスに貼付していない部屋の室温ないし窓ガラス面の付近温度を測定したところ、当該商品を窓ガラスに貼付した部屋の方が、窓面からのいずれの位置においても、夏季等においては温度が低下し、冬季等においては温度が高くなったことが確認されたとする資料

　当該資料について、裁判所は次のとおり示し、当該資料の実測の結果について、対象商品の一般的な性能を実証するものとはいえないと判断した。

> ・資料①について
> 　「測定日が異なる場合、外気温度や日照時間がほぼ同一の日に測定をしたとしても、日射量、内部発熱負荷、換気量など、室温に影響を及ぼす要因が異なっていた可能性を排除することはできず、窓ガラス以外の実験条件が同一であったことが担保されているとはいえない」。
> ・資料②について
> 　「比較の対象となる 2 室の測定条件を同一に設定できる実験室や実験用の建物等において行われたものではなく、実際に人の生活や活動等の用に供されている

現場において実験がされたものである。そして、このような現場においては、壁、天井及び床を通じて隣接する部屋、廊下、屋外等との間との熱貫流（熱の流入又は流出）が生ずるところ」、「冷暖房、日射、人の活動等の状況により隣接する部屋等の室温が異なる可能性があり、**比較対象とされた部屋に係る熱貫流が同一であることが担保されておらず、熱貫流量の差異が実験結果に影響を及ぼしている可能性を排除することはできない**」。

「そのため、比較対象とされた２室において、室温に影響を及ぼす要因が異なっていた可能性を排除することはできず、窓ガラスへの本件商品の貼付の有無以外の実験条件が同一であったことが担保されているとはいえない」。

　上記資料①②について、要件(ⅱ)（表示と資料の整合性）を考慮して、実使用環境における効果・性能を示す試験を行おうとしたものと思われる。もっとも、そもそも、試験方法等の観点で要件(ⅰ)（資料の客観性）を満たさないと判断された。

　具体的には、前記２(1)でみた(a)の方法（表示内容に関連する学術界または産業界において一般的に認められた方法または関連分野の専門家多数が認める方法）は存在しない中で、(b)の方法（社会通念上および経験則上妥当と認められる方法）であるとは認められなかった。

　試験条件や試験方法は、科学的な見地から慎重に設計する必要がある。

(4)　大幸薬品㈱に対する措置命令（令和４年１月20日、同年４月15日）

　大幸薬品㈱は、６商品について、二酸化塩素ガスを徐々に放出することにより空間に浮遊するウイルス、菌等を除去、除菌する効果があると示す表示（商品パッケージ、自社ウェブサイト、動画広告）をしていた（置き型商品に関する自社ウェブサイトでの表示の一部について、図表 2-3-4）。

　当該表示について、消費者庁がその裏付けとなる合理的根拠資料の提出を要求し、大幸薬品㈱は資料を提出したが、合理的根拠資料とは認められなかった。

　大幸薬品㈱は、消費者庁から、６商品について措置命令前の弁明の機会を付与する通知を受けたところ、命令前に、国を相手方として、措置命令の差止めの訴えを提起し、あわせて、当該訴えの判決が確定するまでの命令の仮の差止めの申立てを行った。

図表 2-3-4　大幸薬品㈱による表示（置き型商品に関する自社ウェブサイトでの表示の一部）

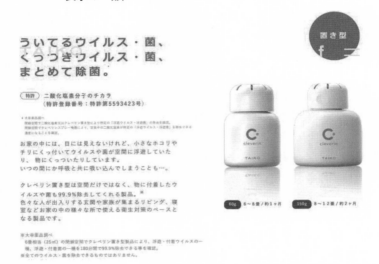

消費者庁ウェブサイト（https://www.caa.go.jp/notice/assets/representation_220415_1.pdf）

　東京地裁（第1審）は、2商品の措置命令を仮に差し止める決定を行い（東京地決令和4年1月12日・令和3年(行ク)第331号）、4商品について申立てを却下した。これを受けて消費者庁は、令和4年1月20日、6商品のうち4商品について措置命令を行った。

　他方、残る2商品について、東京高裁（即時抗告審）では、逆転の決定（申立て却下）がされ（令和4年4月13日・令和4年(行ス)第8号）、その2日後である4月15日、措置命令が行われた。

　大幸薬品㈱の提出資料は、①専門家からのヒアリングの記録、②査読付き論文、③外部試験機関による試験報告書、④自社の試験報告書であり、合理的根拠資料といえるための2つの要件との関係で、控訴審判決では概要次のように判断された。

	要件(ⅰ)	要件(ⅱ)
①	要件(ⅰ)不充足 本件各商品の実生活空間におけるウイルス除去機能に関する箇所は、当該「機能について文献等による客観的・具体的な論拠や実証値などを紹介しているもの」ではない	
②	要件(ⅰ)充足 特定の「試験条件下においては、0.01ppmの二酸化塩素が、黄色ブドウ球菌を60分後に、大腸菌ファージを3時間後にいずれも99%以上減少させるという効果を実証したという限りにおいて、二酸化塩素そのものの効果を客観的に実証した」もの	要件(ⅱ)不充足 「いずれも閉鎖試験空間での一定の条件下における低濃度二酸化塩素ガスによる浮遊ウイルス等の除去等の効果を実証するにとどまり、閉鎖試験空間とは異なる実生活空間における浮遊ウイルス等の除去等の効果を実証するものでない」
③	要件(ⅰ)充足 特定の「条件下においては、大腸菌ファージウイルスは3時間後に、黄色ブドウ球菌は、当初の菌量により2又は3時間後にいずれも99.9%以上減少させる効果を有することを実証したという限りにおいて」、対象商品の効果を客観的に実証したもの	
④	要件(ⅰ)不充足 (a)表示内容に関連する学術界または産業界において一般的に認められた方法または関連分野の専門家多数が認める方法は存在しない→(b)社会通念上および経験則上妥当と認められる方法に当たるかを検討 ・本件各商品を設置して2日目の測定を適切とする科学的な根拠が明らかでないこと ・低湿度ではウイルス等を有意に不活性化させないとの指摘があり、低湿度で試験されておらず主要な試験条件が適切とはいえないこと 等から、(b)の方法といえない	判断されていない

　上記資料④について、原決定は、「国民個々の生活環境は、地理的要因に基づく気象条件等の差異や個々人の住居環境等の相違から、上記各諸条件それぞれに関し文字通り千差万別であって、その全てを再現した上で試験を実施することは事実上不可能」であることも考慮し、本件提出資料②および③とともに、表示を裏付ける合理的根拠資料であると一応認められると判断した（ただし「99.9％除去」の表示との関係では否定）。これに対し、東京高裁では、その点を覆しつつ、上記のとおり要件(i)を充足しないと判断された。

　このように、(a)の方法（表示内容に関連する学術界・産業界において一般的に認められた方法または関連分野の専門家多数が認める方法）が存在しない中で、実使用環境における効果・性能を示す試験として上記(b)の方法をとろうとするとき、試験方法等の観点で要件(i)を満たさないと判断されることがあり得る（前記(3)でみた、東京地判平成28年11月10日からも窺える）。試験条件や試験方法は、再現可能性も考慮しつつ、科学的な見地から慎重に設計する必要がある。

> **少し深掘り**
> **Column2-3-3**　仮の差止め
>
> 　一般的に、措置命令の是非を争いたい場合には、①裁判所に取消訴訟を提起する、②行政庁に審査請求（不服申立て）を行うという2つの方法がある。もっとも、この2つはいずれも措置命令を受けた後に行うものである。措置命令を受ける場合、消費者庁のウェブサイトに掲載され、報道機関に多く報道されるので、その影響はとても大きい。
>
> 　そのため、事業者としては、措置命令が妥当ではないと考える場合には、命令を回避する手法を検討したいところである。上記事案では、その手法として、差止めの訴え提起と仮の差止め申立てが行われた。
>
> 　差止めの訴えとは、行政庁が一定の処分をすべきでないのに企業が処分されようとしている場合に、裁判所に、その処分の禁止命令を行うよう求める訴訟である（行政事件訴訟法3条7項）。ただ、この訴訟をしても、判決が出て確定するまでは差止めの効力が生じない。その間に行政処分が出てしまわないよう、暫定的に行政処分を禁止するため、「仮の差止め」が整備されている（同法37条の5第2項）。
>
> 　もっとも、行政庁が、措置命令が必要・適切と判断している中でそれを

阻止しようとするものであるため、要件は厳格である。仮の差止めは、次の４つが要件とされており、特に要件①はハードルが高い。

①償うことのできない損害を避けるため緊急の必要があること

②本案について理由があるとみえること

③公共の福祉に重大な影響を及ぼすおそれがないこと

④適法な差止めの訴えが提起されていること

上記事案でも、東京高裁は、①と②の要件が認められないとして、仮の差し止めを認めなかった。このように「仮の差止め」の利用場面は限られるが、有事における対応として検討することは重要である。

4　参考となる措置命令（消費者庁が試験を実施した事案）──

消費者庁は、特定の商品の効果・性能を示す表示について、不実証広告規制を用いず、自ら（外部機関に委託するなどして）試験を実施し、当該試験結果を基に、優良誤認表示に該当すると判断して措置命令を行ったことがある。「合理的な根拠」を考える際に参考となるので、２件紹介する。

(1)　桐灰化学㈱、㈱ケンユーおよび㈱白元に対する措置命令（平成24年９月６日）

桐灰化学㈱、㈱ケンユーおよび㈱白元は、卸売業者や小売業者等を通じて、冷凍庫で凍結させた上で人が首に巻いて冷却・冷感効果を得るための商品（冷却ベルト）を一般消費者に供給していた。消費者庁は、当該３社が当該商品について行っていた各表示について、優良誤認表示に該当すると判断し、措置命令を行った。

例えば、桐灰化学㈱は、「熱中対策首もと氷ベルト」について、商品パッケージにて**図表2-3-5**のような表示をしていた。

当該表示を見た一般消費者は、（気温31度を超える）猛暑炎天下の屋外における作業・運動（スポーツ・レジャー）や同等の環境の屋内の作業に際し対象商品を使用する場合に、表示された約120分間中、冷却効果が持続するかのような印象・認識を有すると考えられる。当該措置命令では、「あたかも」何が表示されているかは明示されなかったが、消費者庁も同

図表 2-3-5 桐灰化学㈱による表示

インターネット資料収集保存事業（WARP）を通じ確認できる消費者庁ウェブサイト
（https://warp.da.ndl.go.jp/info:ndljp/pid/11050105/www.caa.go.jp/representation/
pdf/120906premiums_1.pdf）の別紙2

様に判断したと考えられる。

　これに対し、消費者庁が実施した試験によると、効果が実質的に失われ
ると認められるまでの時間は、人を対象とした試験においては平均で約
66分、サーマルマネキンを対象とした試験においては平均で約63分であ
り、夏季の晴天時に人が装着して屋外で軽い運動を行った場合の効果持続
時間は、120分を相当程度下回るものであった。

　そのため、消費者庁は、当該表示が優良誤認表示に該当すると判断した。

　調査担当者の解説によると、桐灰化学㈱は、上記表示を行うに当たり、
人を対象とした試験を行っていたものの、猛暑炎天下の屋外とはいえない
環境の下で行い、当該試験結果に基づいて表示をしていたとのことである

（公正取引752号77頁）。

　当該事案は、消費者庁が不実証広告規制を適用した事案ではないものの、表示から一般消費者が印象・認識を有する使用環境と、事業者が試験を行った使用環境が異なったことが優良誤認表示の原因となった事案であり、仮に不実証広告規制が適用された場合には、(ii)資料と表示の整合性が認められなかったと考えられる。

　当該事案において実際に消費者庁が実施した試験は、次の(1)(2)の内容であった。表示から一般消費者が印象・認識を有する使用環境を具体的に再現して試験するなど、試験条件や試験方法に関して参考になる。

---

　(1)　人を対象とした試験
　　東京都における平成23年<u>8月の各日の午前10時〜午後5時の気象環境の平均値等（気温31.1℃、湿度59％、熱放射800Wh／㎡、風速3.2m／秒）を再現した恒温恒湿室</u>において、被験者（18歳から21歳までの男女各5人）が対象商品を首に装着して軽い運動（時速3.2kmで10分間歩行、3分間休憩を繰り返し）を行い、被験者の頸部皮膚温度と対象商品の表面温度の差が0.5℃未満（効果が失われると判断される温度差）となった時間を測定する試験（各1回実施）
　(2)　サーマルマネキンを対象とした試験
　　東京都における平成23年<u>8月の各日の午前10時〜午後5時の気象環境の平均値等（気温31.1℃、湿度59％、熱放射800Wh／㎡、風速3.2m／秒）を再現した恒温恒湿室</u>において、<u>日本人の青年男性の平均的な体型・体格を模したサーマルマネキン</u>（頸部の温度は、人が120W／㎡相当の運動を10分間行ったときの体温の平均値（34.4℃）に設定）の頸部に対象商品を装着し、頸部と対象商品の表面温度の差が0.5℃未満（効果が失われると判断される温度差）となった時間を測定する試験（3回実施）

　上記のうち(1)人を対象とした試験は、5名の被験者に関して各1回実施されている。ただし、当該試験ではそれで足りるという事情があったと考えられ、消費者庁が、人を対象とする試験を行う場合に1人あたり各1回実施すれば足りると考えている、とは読みとれないので留意いただきたい。

(2)　新光通販㈱に対する措置命令（平成26年6月27日）

　新光通販㈱は、吸水パッド（失禁の症状があった際に尿を吸収できるように股の部分等に綿や布を重ねて多重構造にしたパッド）が縫い付けられてい

図表 2-3-6　新光通販㈱による表示

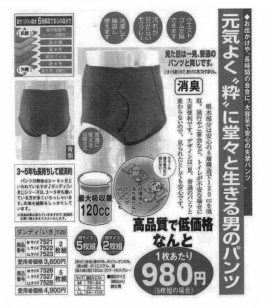

インターネット資料収集保存事業（WARP）を通じ確認できる消費者庁ウェブサイト
（https://warp.da.ndl.go.jp/info:ndljp/pid/11050105/www.caa.go.jp/representation/
pdf/140627premiums_1.pdf）の別紙2より一部抜粋

る布製の下着を販売するに当たり、例えば、**図表 2-3-6** のような表示をしていた。

　「最大吸収量120cc」や「お出かけや、長時間の会合に、大容量で安心の失禁パンツ」といった記載のある当該表示を見た一般消費者は、当該商品を着用することにより、日常生活において失禁した場合であっても、吸収量として記載された分量までであれば当該商品の外側に尿が漏れ出すことがないとの印象・認識を有すると考えられる。消費者庁も、あたかも同趣旨の内容が表示されていると認定した。

　これに対し、消費者庁が実施した試験によると、当該商品を日常生活において人が着用して失禁した場合、記載された吸水量を相当程度下回る量で当該商品の外側に尿が漏れ出すものであった。

　そのため、消費者庁は、当該表示が優良誤認表示に該当すると判断し、

図表 2-3-7　新光通販㈱の実施した試験の方法およびその問題点

	試験方法	問題点
①自社で行った試験	当該商品を机上に置き、吸水パッド部分に水を少しずつ滴下して、当該商品の外側に漏れ出さないか確認した。	吸水パッドと身生地との縫い目の部分に水が達した場合に、そこから漏れ出すか否かまでは確認していなかった。
②試験機関に依頼して実施した吸水量試験	当該商品の吸水パッド部分のみを人工尿に浸して吊るし、水滴が落ちなくなったところで吸水パッドが吸水した人口尿の量を測定した。	人が着用した場合に吸収量として記載された分量までであれば当該商品の外側に尿が漏れ出すことがないか否かは確認していなかった。

措置命令を行った。

　調査担当者の解説によると、新光通販㈱は、当該表示を行うに当たり、**図表 2-3-7** の①・②の試験を行ったものの、それぞれ問題点があったとのことである（公正取引 744 号 70・71 頁）。

　本措置命令に際しては、不実証広告規制は適用されなかったが、前記(1)と同様に、表示から一般消費者が印象・認識を有する使用環境と事業者が試験を行った使用環境が異なったことが優良誤認表示の原因となった事案であり、仮に不実証広告規制が適用された場合には、(ii)資料と表示の整合性が認められなかったと考えられる。

　調査担当者の解説では、当該事案において実際に消費者庁が実施した試験の概要は、**図表 2-3-8** のとおりであったと説明されている。

図表 2-3-8　消費者庁が実施した試験の概要

試験方法	できる限り人が着用した状態に近くなるような試験方法（＝当該商品をマネキンに装着し、チューブを用いて尿が排出される位置から人工尿を一定量、一定の間隔をおいて滴下し、当該商品の外側に人工尿の漏れが確認されるまでの滴下量を測定） （日本工業規格（JIS）に規定する試験方法や業界内において一般的に認められた方法はなかった）

測定時期	①洗濯前の新品のものと、②一度洗濯して乾かした洗濯後のものについて測定した。
検証	上記測定結果のうち、漏れが確認された際の最小滴下量を一度に滴下し、外側に漏れが生じるか否かについても確認した。 （失禁症状は人によってそれぞれ異なるため）
試験結果	①洗濯前の新品 　表示された吸収量の14％〜37％で商品の股の部分から漏れが確認された。 ②一度洗濯後のもの 　表示された吸収量の９％〜31％で商品から漏れが確認された。
検証結果	検証時には、すべての商品において漏れが確認された。

第4章 指定告示に基づく不当表示
（違反行為の要件(B)関連）

Essence

原産国を表示する場合の特別ルールやおとり広告を禁止するルール等に留意

1 概　説

　景表法は、優良誤認表示および有利誤認表示のほか、商品・役務の取引に関する事項について一般消費者に誤認されるおそれがある表示であって、<u>不当に顧客を誘引し、一般消費者による自主的かつ合理的な選択を阻害するおそれがあると認めて内閣総理大臣が指定する表示</u>を、不当表示としている（法5条3号。例えば、メニュー表示ガイドラインでは「指定告示表示」と表現されているが、本書では、不当表示として指定されることを踏まえ、「**指定告示に基づく不当表示**」という）。この指定権限は、消費者庁には委任されていない（景表法38条1項、景表法施行令14条）。

　「誤認されるおそれ」や、「不当に顧客を誘引」する「おそれ」は、指定の要件であり、具体的な表示が指定告示に基づく不当表示に該当するか否かを判断する際に個別には考慮されない（緑本6版159頁）。指定告示の要件を満たせば、不当表示になる。また、優良誤認表示や有利誤認表示に関する規定と異なり、「誤認されるおそれがある表示」が指定され、「著しく」の文言は使用されていない。

　内閣総理大臣は、同号により不当表示を指定しようとする場合には、公聴会を開催し、関係事業者および一般の意見を求めるとともに、消費者委員会の意見を聴かなければならない（法6条1項）。

　令和6年4月現在、不当表示を指定する告示として、**図表2-4-1** の7つが指定されている。

　従前、景表法は、ステマ（ステルスマーケティング＝広告であるにもかかわらず、広告であることを隠す行為）を直接禁止していなかったが、「一般消費者が事業者の表示であることを判別することが困難である表示」を景表示上の不当表示と指定するステマ告示（下記⑦）が制定され、令和5年10月1日に施行されている（ステマについては第6章）。

図表 2-4-1　指定告示に基づく不当表示一覧

①	「無果汁の清涼飲料水等についての表示」（昭和48年公正取引委員会告示第4号）
②	「商品の原産国に関する不当な表示」（昭和48年公正取引委員会告示第34号。原産国告示）
③	「消費者信用の融資費用に関する不当な表示」（昭和55年公正取引委員会告示第13号）
④	「不動産のおとり広告に関する表示」（昭和55年公正取引委員会告示第14号）
⑤	「おとり広告に関する表示」（平成5年公正取引委員会告示第17号。おとり広告告示）
⑥	「有料老人ホームに関する不当な表示」（平成16年公正取引委員会告示第3号）
⑦	「一般消費者が事業者の表示であることを判別することが困難である表示」（令和5年内閣府告示第19号。ステマ告示）

　景表法5条3号の対象となる「取引に関する事項」は、「商品・役務の『内容』も『取引条件』も含み、これら以外のものも『取引に関する事項』である限り、規制対象となる」（緑本6版159頁）。同号に基づき制定された指定告示のうち、上記①～④の4つは、商品・役務の内容または取引条件に関する表示を指定していると整理し得る。これに対し、上記⑤⑥は（対象となる商品・役務が存在しないので、内容や取引条件を示しているとはいえず）商品・役務の「入手可能性という商品選択上の大前提となる要素」を「取引に関する事項」とみて制定されている（緑本6版171頁）。⑦ステマ告示は、商品・役務の内容または取引条件や入手可能性とは異なるもの

について、一般消費者に誤認されるおそれがある表示を指定するものであり、上記①〜④や⑤⑥とは異なるタイプの不当表示を定めるものといえる。

　各指定告示に関して、行政庁としての考え方を明確にするため、それぞれ運用基準が公表されており、消費者庁では当該運用基準に沿った運用が行われている。指定告示および運用基準はいずれも消費者庁ウェブサイトで公表されている。

　本書では、上記7つのうち、事業者の業種にかかわらず、一般的な表示において問題となり得るものとして、②原産国告示、⑤おとり広告告示および⑦ステマ告示を取り上げる。また、本章では②および⑤を解説し、⑦については、第5章（表示規制は誰に適用されるのか）と関連するので、その次の第6章に配置する。

少し深掘り
Column2-4-1　　ダークパターンと景表法

　昨今、日本でも、「ダークパターン」について問題提起される場面が増えている。現在のところ、明確な定義はないが、「一般的に、消費者が気付かない間に不利な判断・意思決定をしてしまうよう誘導する仕組みとなっているウェブデザイン」などといわれている（景表法検討会報告書37頁）。

　例えば、Eコマースサイトで、事実と異なり、(1)購入前の段階で商品の在庫が少ないことや需要が高いことを表示する、(2)セール価格を示しつつ当該セール価格の適用期間をカウントダウン表示するといったものが挙げられる。

　事実と異なる以上、上記(1)の表示は、有利誤認表示や優良誤認表示に該当し得るし、(2)の表示についても有利誤認表示に該当する可能性がある。このように、景表法の不当表示該当性が問題になるものは粛々と対応することが求められるが、「ダークパターン」の範囲は広く、直接的には景表法の不当表示に該当しない場面もあり得る。

　景表法検討会でもダークパターンと景表法との関係が議論されたが、現在のところ、国際的に検討が進められており、定義も確定していないことから、「今後の国際的な議論状況や理論的な研究の深まり等を引き続き注視していく必要がある」とされた（景表法検討会報告書37〜38頁）。

2　商品の原産国に関する不当な表示

(1)　原産国表示規制の趣旨・概要

　原産国告示では、次の2つの表示が不当表示と指定されている（原産国告示1および2）。

1　国内で生産された商品についての不当表示
　(1)国内で生産された商品についての次の①～③のいずれかに該当する表示であり（要件1(1)）、
　　①外国の国名、地名、国旗、紋章その他これらに類するものの表示
　　②外国の事業者またはデザイナーの氏名、名称または商標の表示
　　③文字による表示の全部または主要部分が外国の文字で示されている表示
　(2)その商品が国内で生産されたことを一般消費者が判別困難である表示（要件1(2)）
2　海外で生産された商品についての不当表示
　(1)海外で生産された商品についての次の①～③のいずれかに該当する表示であり（要件2(1)）、
　　①その商品の原産国以外の国の国名、地名、国旗、紋章その他これらに類するものの表示
　　②その商品の原産国以外の国の事業者またはデザイナーの氏名、名称または商標の表示
　　③文字による表示の全部または主要部分が和文で示されている表示
　(2)その商品がその原産国で生産されたことを一般消費者が判別困難である表示（要件2(2)）

　原産国告示の趣旨は、商品の「原産国」について、一般消費者に誤認されるおそれのある表示を規制しようという点にあると考えられる。そのため、例えば、要件1(1)や要件2(1)を満たすとしても、表示上の他の情報から、「国内で生産されたこと」や「その原産国で生産されたものであること」を一般消費者が容易に認識できる場合は要件1(2)や要件2(2)を満たさず、不当表示には当たらない。

　海外で生産された商品に関する不当表示の要件2(2)では、「原産国」という用語が用いられている。要件2(1)では「海外で生産された」、要件1(1)や要件1(2)では「国内で生産された」、との表現が用いられているが、

いずれも原産国が海外か日本かを指していると考えられる。そのため、結論としては、事業者は、商品の「原産国」について、一般消費者に誤認されるおそれのある表示をしてはならない、ということになる。原産国告示の趣旨を踏まえると、形式的に要件1(1)・2(1)の各①〜③に該当する場合でも、一般消費者が商品の原産国について何ら認識を持たないような表示をする場合は、実質的には要件1を満たさないと言えると考えられる（原産国告示運用基準六も同様の発想と考えられる）。

　当該「原産国」に関する表示が一般消費者に著しく優良であると誤認される表示でもある場合には、優良誤認表示に該当すると判断される可能性はある（「国」に優劣をつけ難いという政治的配慮もあって、原産国告示では優良性の判断は不要とされているが、商品の原料の原産国についての表示が優良誤認表示であると判断された例は相応にあり、「原産国」に関する表示が優良誤認表示に該当すると判断される可能性は否定できない）。

　また、原産国告示は、商品の原産国についての表示を対象とするものであるため、①商品の原料の原産国についての表示（例えば、「うなぎ蒲焼」の原料となるうなぎの原産国表示）は原産国告示の対象外である。また、原産国告示では外国の地名を表示する場合や外国産について地名を表示する場合が想定されており、②国産品に関する国内の原産地偽装表示（例えば、国産牛を「神戸」牛と表示）は原産国告示の対象外である。ただし、それらについて実際と異なる表示をして一般消費者に商品の内容について著しく優良であると誤認される表示をした場合には、優良誤認表示に該当し得る（農林水産物の地域ブランドに関しては、「特定農林水産物等の名称の保護に関する法律」も参照いただきたい）。

(2)　「原産国」とは（実際の「原産国」の考え方）

　「原産国」とは、その商品の内容について**実質的な変更をもたらす行為**が行われた国をいう（原産国告示備考1）。

　これは、商品の「原産国」が表示された場合には（要件1(1)または2(1)を満たす場合には）、一般消費者が、当該商品について、価値に影響が生じる物理的・化学的に最も重要な変化が加えられた国を連想するとの観点から（「原産国」に関する実際を固定するため）制定されたものである。その際、

関税法、関税法基本通達も参考にされた（黒田武・本城昇「やさしい景品表示法(21)」公正取引 432 号 74 頁）。

　商品にラベルを付けることや、商品を容器に詰めたり包装したりすることは、実質的な変更をもたらす行為とはいえない（原産国告示運用基準十）。また、商品の原産地が一般に国名よりも地名で知られているため、その商品の原産地を国名で表示することが適切でない場合は、その原産地を原産国とみなして原産国告示が適用される（原産国告示備考2）。

　一部ではあるが、品目ごとに「実質的な変更をもたらす行為」が整理されており参考になる（「『商品の原産国に関する不当な表示』の原産国の定義に関する運用細則」〔昭和 48 年公正取引委員会事務局長通達第 14 号〕）。具体例を次に掲げる。

図表 2-4-2　「実質的な変更をもたらす行為」の例

品目	実質的な変更をもたらす行為
緑茶・紅茶	荒茶の製造 （国産茶に外国産茶をブレンドした緑茶の原産国は、「日本及び当該外国」〔「緑茶の原産国表示の適正化について（要望）」（昭和 50 年 8 月 27 日公取指第 518 号）〕）
清涼飲料	原液（濃縮果汁を希釈して製造したものは希釈）
米菓	煎焼または揚
下着、外衣 （洋服等）	縫製
腕時計	・ムーブメントの組立て ・側またはバンドが重要な構成要素となっている高級腕時計や、防水などの特殊な腕時計 →ムーブメントの組立てと、側またはバンドの製造 →ムーブメントの組立てが行われた国と側またはバンドの製造が行われた国とが異なるときは、原産国は、二国となる ※「ムーブメント」は、時計の駆動をつかさどる部分を指す。また、「側（かわ）」は、ムーブメントやダイアルなどを収める外装部品で、時計のバンド（ベルト）部分を除いた胴体部分のことを指す。

　セレクトショップで取り扱う衣服の原産国表示

　㈱ビームスが、自ら運営するセレクトショップ（「BEAMS」）を通じて一般消費者に販売したズボンの原産国表示が問題になった事案において、東京高裁は、一般消費者が外衣（衣服）を選択する場合に（当該商品の企画、デザイン、ブランド等のほか）「縫製」の善し悪しは重要な要素であることを理由に、外衣について縫製地を基準として原産国を判断した公正取引委員会の判断を肯定した（東京高判平成19年10月12日・平成19年（行ケ）第4号）。

　実際には、一般消費者が「BEAMS」のようなセレクトショップの販売する商品を購入する場合、商品の企画・デザイン・品質管理等をする「BEAMS」等のブランドに着目して購入することが多いと思われるが、一つの基準を定めようとする場合は上記のようになるのであろう。上記東京高判は、「縫製」国＝「原産国」という結論を示すに当たり、関税における輸入物品の原産地についての考え方とも平仄が合うことや、規制基準としての一義的明確性の観点からも優れていることも理由として挙げており、「縫製」国のみを原産国としてよいのかについての悩みが窺える。

(3)　日本国内で生産された商品について表示する場合

　事業者が、日本国内で生産された商品（以下「国産品」という）について次の①～③のいずれかの表示をし（要件1(1)）、一般消費者が、その商品が国産品であることを判別し難いときは（要件1(2)）、不当表示となる（原産国告示1）。

①外国の国名、地名、国旗、紋章その他これらに類するものの表示
②外国の事業者またはデザイナーの氏名、名称または商標の表示
③文字による表示の全部または主要部分が外国の文字で示されている表示

　例えば、外国の国名または地名を含むものの、日本の事業者の名称であることが明らかな表示（例えば、「〇〇屋」として、〇〇に外国の国名が入っている表示）は、不当表示に該当しない（原産国告示運用基準二）。

　外国の国名、地名または事業者の名称等を含むものの、商品の普通名称であって、原産国が外国であることを示すものでないことが明らかな表示

（例えば、「フランスパン」、「ボストンバッグ」等の表示）も、不当表示に当たらない（原産国告示運用基準三）。

　さらに、外国の文字が記載されていても、次の(a)～(d)の表示は一般消費者に原産国について誤認されるおそれが無いと整理されており、不当表示に当たらない（原産国告示運用基準六）。

(a)国内の事業者の名称または商標であって、国産品に表示されるものであることを一般消費者が明らかに認識していると認められるものの表示

(b)法令の規定により、一般消費者に対する表示として、日本語に代えて用いることができるものとされている表示（例えば、「ALL WOOL」、「STAINLESS STEEL」等）

(c)一般の商慣習により、一般消費者に対する表示として、日本語に代えて用いられているため、日本語と同様に理解されている表示（例えば、「size」、「price」等）

(d)外国文字が表示されているが、それが模様、飾り等として用いられており、商品の原産国が外国であることを示すものでないことが明らかな表示（例えば、手下げ袋の模様として英文雑誌の切抜を用いたもの）

---

(4)　海外で生産された商品について表示する場合

　事業者が、海外で生産された商品について次の①～③のいずれかの表示をし（要件２(1)）、一般消費者が、その商品の原産国を判別し難いときは（要件２(2)）、不当表示となる（原産国告示２）。要件２に関しては、「その原産国で生産された」ことの認識が必要であり、単に「外国産」であると認識できるだけでは足りない点に注意が必要である。

---

①その商品の原産国以外の国の国名、地名、国旗、紋章その他これらに類するものの表示

②その商品の原産国以外の国の事業者またはデザイナーの氏名、名称または商標の表示

③文字による表示の全部または主要部分が和文で示されている表示

　原産国告示運用基準では、主に前記(3)の「日本国内で生産された商品について表示する場合」について定められ、「海外で生産された商品について表示する場合」についてはほとんど定められていない。とはいえ、基本

的な発想としては前記(3)と同様である。

　前述のように、一般消費者が上記①～③の表示を見て、特定の原産国を認識しない場合は要件2(1)を満たさないと考えられるが、逆に、それを認識する場合は、要件2(1)を満たす。例えば、外国産商品に、日本の事業者名が表示されている場合、特に「製造」などとあわせて「製造○○株式会社」等の表示がある場合などは、当該表示から日本製と認識されるおそれがある。風景・建物等の表示からイメージされることも、内容次第ではあり得る。

　また、A国製の商品にB国語の表示しかない場合のように、外国産商品に原産国以外の国の言語表示がある場合、一般消費者がその原産国について誤認するケースもあり得るだろう。

　これらは、公正取引委員会が昭和63年から開催した「原産国表示問題研究会」の検討結果（平成元年公表）でも指摘されていた。その際、原産国告示や原産国告示運用基準の見直しも指摘され、特に変更はなされていないものの、問題意識としては現在にも通じるところがある。

　上記はもっぱら商品の容器包装などが念頭に置かれており、例えばインターネット通販に際し、日本語の製品説明を記載するだけで日本産と認識されるとはいえないだろう。ただ、その説明をする際に、日本語で印字された容器包装を大きく示す場合や、説明欄に、位置づけを明確に説明せず日本の事業者名を記載するような場合は、日本産と認識される可能性がある。その場合は、要件2(1)を満たすので、要件2(2)を満たさないよう、原産国名を明示する必要がある。

少し深掘り Column2-4-3　生産工程が2か国以上にわたる場合の「原産国」の表示

　生産工程が2か国以上にわたるが「実質的な変更をもたらす行為」を1国と判断される場合、原産国はどのように表示するのがよいか。

　「その商品がその原産国で生産されたものであることを一般消費者が判別することが困難であるもの」という要件2(2)を満たさないようにするには、「原産国」を示せば足りる。例えば外衣（衣服）についても、「縫製」を示せば足りる。

　他方、一般消費者に適切な情報を提供するという観点からは、各工程を

経た国名を記載することが望ましいであろう。例えば、ズボンについて、「デザイン○国、生地○国、縫製○国」と示すことにより、一般消費者に対し有用な情報を提供することが望ましいと考える。

　もっとも、「デザイン○国、生地○国」のみを記載することは、「実質的な変更をもたらす行為」をした「原産国」を表示することにはならない（要件2(2)を満たしてしまう）。

少し深掘り Column2-4-4　同一商品を複数国のどこかで生産する場合の「原産国」の表示

　同一商品について、複数の異なる国の工場にて、同一工程で製造するような場合（各工場の生産工程は単一国内）、「原産国」は、それぞれ製造した国となる。そのため、厳密には、同じ商品の同じパッケージであっても、製造国ごとに原産国を書き分ける必要が生じそうであるが、何か工夫できないか。

　この点に関し、「法令適用事前確認手続」（事前に法令違反か否かを確認するための手続）を通じた照会に対する消費者庁の回答がある（エレコム㈱の照会に対する平成28年10月5日付回答〔消表対第1381号〕）。同回答が掲載されたウェブページは、消費者庁ウェブサイトのトップページの「法令」タグから辿り着ける。当該回答は、エレコム㈱の照会事実を基にしたものであり、事実関係が異なれば考え方も異なるが、参考にはなり得る。

　（照会概要）

・エレコム㈱は、主要製品の多くを海外メーカーに製造委託し、完成品を輸入し、日本市場で販売をしている。

・従前、製品パッケージ（製品外箱）上の表記は和文で構成し、「原産国：●●」と表記している。しかし、同一製品であっても、原材料コストの安価な地域／メーカーへ製造委託する方針をとることとなった。そのため、同一商品であっても海外メーカーが単一国／地域でないため、原産国表記を（特定できるが）固定できない事態が生じている。

・原産国別に製品パッケージ（製品外箱）上の表記を変更することは、コスト増となる。原産国（具体的には、中国、台湾、インド、バングラデシュ、フィリイピン、ベトナム、インドネシア）を特定せず、「日本以外のアジア諸国で生産。」という表記が許容されるのであれば汎用的に製品に使用できるが、法令上問題ないか。

・なお、製造から組立てまでの工程は単一国内で行っており、「実質的変更行為」という点で原産国を特定できないわけではない。

（回答）

　照会のあった「日本以外のアジア諸国で生産。」との記載の場合、「日本以外のアジア」に属する国または地域において生産されたことが事実であれば、当該表示は、原産国告示2で指定された不当表示に該当しないため、景品表示法5条3号の規定に照らし、問題とはならないと考えられる。

(5)　原産国表示に関する措置命令

　前述のように、原産国告示運用基準の大部分は国産品について表示する場合に関する説明であり、海外で生産された商品について表示する場合に関する説明はほとんどない。もっとも、近時は、海外で生産された商品についての原産国の表示が問題になることが多い印象であるので、当該類型の違反事例を取り上げる。

　ア　㈱ボーネルンドに対する措置命令（平成29年6月23日）

　㈱ボーネルンドは、取引先事業者から仕入れて一般消費者に販売する海外製玩具16商品について、例えば新聞折込チラシにて、**図表2-4-3**のように、国旗を掲載するとともに、国名を記載していた（要件2(1)①充足）。

　しかし、実際には、当該16商品の原産国は中華人民共和国（中国）であった。そのため、一般消費者が、当該商品の原産国が中国であることを判別し難い表示であると判断された（要件2(2)充足）。

図表 2-4-3　㈱ボーネルンドによる表示

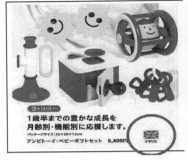

インターネット資料収集保存事業（WARP）を通じ確認できる消費者庁ウェブサイト
（ https://warp.da.ndl.go.jp/info:ndljp/pid/12901284/www.caa.go.jp/policies/policy/
representation/fair_labeling/pdf/fair_labeling_170623_0002.pdf ）より一部抜粋

イ　㈱ビックカメラおよび㈱ビック酒販に対する措置命令（令和3年9月3日）

　措置命令では、㈱ビックカメラが177商品について、㈱ビック酒販が25商品について、それぞれ自社ウェブサイトで国名を記載していた表示が対象とされた（要件2(1)①充足。一部、プエルトリコのように、地名であるものの一般的に国名よりも地名で知られているものの記載もあった）。

　しかし、実際には、表示された国と別の国（日本または外国）が原産国であった。そのため、一般消費者が、当該商品についての実際の原産国を判別し難い表示であると判断された（要件2(2)充足）。

　本件では、海外産の著名なホワイトラムである「バカルディ・ラム」の原産国が「京都府」と示されるなど、確認すれば防げた事案と思われるが、過失の場合にも、景表法の不当表示と認定される。原産国に限らないが、表示に先立ちまず情報の確認が必要であり、それに加え、適宜表示と実際の見直しを行うことも重要である。また、原産国告示は、商品の「原産国」について一般消費者に誤認されるおそれのある表示を禁止するものであり、一律に原産国の記載を義務付けるものではない。情報の確認等を適宜行うことが難しい場合には、実務的な対応として、原産国を認識させるような記載をせず、原産国も記載しないという方法を検討することも考えられる。

3　おとり広告告示

(1)　おとり広告規制の趣旨・概要

　実際には存在しない商品・役務を示す表示は、当該商品・役務に関心を有する一般消費者を誘引した上で自己が実際に販売する他の商品・役務を売りつける手法として用いられることがあり、一般消費者による自主的かつ合理的な選択を阻害し得る。

　そのため、おとり広告告示は、広告表示において<u>取引対象として示された商品・役務（以下「広告商品等」という）の入手可能性という、商品選択上の前提となる要素について一般消費者に誤認されるおそれのある表示を規制している</u>（緑本6版171頁。実質的には、おとり広告に起因した代替商品の販売行為を規制するものであるが、その原因となる広告表示行為自体が規制対象とされている）。

　おとり広告告示では、次の要件1〜要件3をすべて満たす表示が不当表示と指定されている（「1」〜「3」、「要件1」〜「要件3」と「1号表示」〜「4号表示」は便宜上筆者が付した）。要件3①〜④は、おとり広告告示1号〜4号で定められたものである。おとり広告規制はパズル的要素があり、複雑である。景表法を初めてざっくり理解したいと考えている方は、いったん(1)を読んだ後、(2)〜(5)を飛ばして(6)（おとり広告に関する措置命令）をざっと読んでイメージを持っていただくのがよいと考える。その上で、実際の商品表示を検討する際、必要に応じ該当箇所を確認し、おとり広告告示及びおとり広告告示運用基準の原文もご覧いただきたい。

1　一般消費者に商品を販売し、または役務を提供することを業とする者が（要件1）、

2　自己の供給する商品・役務の取引（不動産に関する取引を除く）に顧客を誘引する手段として行う（要件2）

3　次の各号の一に掲げる表示（要件3）

①取引の申出に係る商品・役務について、取引を行うための準備がなされていない場合その他実際には取引に応じることができない場合のその商品・役務についての表示（1号表示）

---

②取引の申出に係る商品・役務の供給量が著しく限定されているがその限定の内容を明瞭に記載しない場合のその商品・役務についての表示（2号表示）

③取引の申出に係る商品・役務の供給期間、供給の相手方または顧客一人当たりの供給量が限定されているがその限定の内容を明瞭に記載しない場合のその商品・役務についての表示（3号表示）

④取引の申出に係る商品・役務について、合理的理由がないのに取引の成立を妨げる行為が行われる場合その他実際には取引する意思がない場合のその商品・役務についての表示（4号表示）

　まず、要件1では、「供給」という用語は使われず、「商品を販売」「役務を提供」と定められている。そのため、要件1を満たす者としては、小売業者やサービス提供者のように、消費者との間で直接取引をする者が想定されていると考えられる。

　次に、要件2に関し、「顧客を誘引する手段」として行うことが定められているが、商品・役務を販売・提供することを示す場合、通常客観的に顧客を誘引するであろうし、この要件を満たさない場合はあまり想定できない（ただし、店内での閲覧のみが想定されるメニューといったものについては、顧客誘引性を否定する議論があり得る〔山田昭雄・兼重太洋「『おとり広告に関する表示』の指定について」公正取引382号40頁〕）。また、不動産の取引に関するおとり広告については、別途、「不動産のおとり広告に関する表示」（告示。図表2-4-1の④）が制定されており、同告示が適用される（おとり広告告示は適用されない）。

　その上で、要件3の①〜④を満たすか、が問題となり、それぞれ後記(2)以下で検討する。実務的には要件3②を満たすかを先に検討することが多いと思われるが、おとり広告告示に定められた順で確認する。

　特売の卵のような目玉商品を掲げ、当該商品で顧客を来店させつつ他の商品も販売して利益を確保するといった場合も、広い意味ではおとり広告の一種といい得るが、目玉商品を示すだけでは上記要件3①〜④に該当しない。目玉商品を示し、それが①〜④のいずれかに当たる場合に、おとり広告告示との関係が問題となる。

　おとり広告告示は、通常よりも廉価で取引する旨の記載を行う商品・役務についての表示について重点的に運用するとされている（おとり広告告

示運用基準第1の2①）。ただし、そのような表示以外についても措置命令事例がある（後記(6)イ）。

(2)　**取引の申出に係る商品・役務について、取引を行うための準備がなされていない場合その他実際には取引に応じることができない場合のその商品・役務についての表示（要件3①）**

ア　概　要

「Aその他のB」とされている場合、AはBの例であるが、「Aその他B」とされている場合は、AとBは並列であり、AはBに含まれない（法制執務・法令用語研究会『条文の読み方〔第2版〕』〔有斐閣、2021年〕94頁）。そのため、要件3①を満たす表示（おとり広告告示1号表示）は、以下(i)および(ii)に当たる表示と整理し得る。

> (i)(a)「取引を行うための準備がなされていない場合」または(b)「実際には取引に応じることができない場合」における、
> (ii)「取引の申出」の対象商品・役務についての表示

イ　(a)「取引を行うための準備がなされていない場合」

「取引を行うための準備がなされていない場合」の例として、次のものが挙げられる（おとり広告告示運用基準第2の1－(1)）。

> ア通常は店頭販売されている商品について、広告商品が店頭に陳列されていない場合
> イ引渡しに期間を要する商品について、広告商品については当該店舗における通常の引渡期間よりも長期を要する場合
> ウ表示した販売数量や品揃えの全部または一部について取引に応じることができない場合
> エ店舗が複数あって、その複数の店舗で販売する旨を広告しているが、店舗の一部に、広告商品等を取り扱わない店舗がある場合

もともと商品の表示行為を開始するときから商品を欠くなど上記ア～エに該当する場合は、当該行為開始時から要件3①を満たす。

これに対し、表示対象商品について合理的な販売予想を行っていたにもかかわらず、予想を超えて売れて在庫不足等に至る場合も、上記ウやエに

は当たってしまうように思える。その場合には、売切時点で売切れを明示するなど表示を修正するか削除する、または運用基準に沿って以下の㋐㋑の対応をするということが考えられる。しかし、何ら対応をしない場合は、(i)(a)「取引を行うための準備がなされていない場合」における、(ⅱ)「取引の申出」の対象商品・役務についての表示に当たり要件3①を満たすし、何も知らない消費者が来店する可能性があるので要件2も満たしてしまう。特に対象商品を販売するとの表示を継続する場合（テレビCMやウェブサイトの表示を継続する場合）、違反行為とされる可能性がある。

　おとり広告告示運用基準では、「取引を行うための準備がなされていない場合」に、㋐それが事業者の帰責事由によらず（不可抗力による）、かつ、㋑広告等で表示した商品・役務の取引を行うことを顧客に知らせるとともに、希望する顧客に遅滞なく応じているときには、不当表示には当たらないものと取り扱う、とされている（第2の1-(1)）。このように、おとり広告告示運用基準では、㋐不可抗力によるだけではなく、㋑も認められてはじめて不当表示に当たらないとされている。例えば、飲食店などでは、一般消費者としては今食べたい（取引したい）のが通常であり、後でよいと思うことは通常ないため、不可抗力で売り切れてしまう場合に上記㋑が認められることはないだろう。

　万一予想を超えて売れて在庫不足等に至る場合、おとり広告告示運用基準を踏まえて考えるとそれだけでおとり広告告示1号に当たるようにも思われるため、特にキャンペーン商品を訴求するような場合には、対象商品について合理的な販売予想を行うことが重要である。実務上は、後記(6)イで紹介する調査担当官解説も踏まえ、売切時点で直ちに売切れを明示するなど表示を修正するか削除することも重要となる。

　ウ　(b)「実際には取引に応じることができない場合」

　「取引に応じることができない場合」の例としては、㋐広告商品等が売却済みである場合や、㋑広告商品等が処分を委託されていない他人の所有物である場合が挙げられる（おとり広告告示運用基準第2の1-(2)）。㋑は、美術品、中古自動車等特定物を取引の対象としている場合が想定される。

(3)　取引の申出に係る商品・役務の供給量が著しく限定されているがその限定の内容を明瞭に記載しない場合のその商品・役務についての表示（要件3②）

　供給量が著しく限定されている場合、広告で商品名等を特定した上で、実際の販売数量を明確に記載する必要がある。

　供給量が「著しく限定されている」とは、広告商品等の販売数量が予想購買数量の半数にも満たない場合をいう（おとり広告告示運用基準第2の2─(1)。同箇所では、「予想購買数量」の算定方法も示されている）。

　単に販売数量が限定されているという記載だけでは、限定の内容を明瞭に記載したとは認められない（おとり広告告示運用基準第2の2─(2)）。

　複数の店舗で商品を販売すると表示する場合には、原則として、各店舗での販売数量を個別に明記する必要がある。それが困難である場合は、店舗により販売数量が異なることと、全店舗のうち最も販売数量が少ない店舗の販売数量の表示が必要となる（おとり広告告示運用基準第2の2─(3)）。

(4)　取引の申出に係る商品・役務の供給期間、供給の相手方または顧客一人当たりの供給量が限定されているがその限定の内容を明瞭に記載しない場合のその商品・役務についての表示（要件3③）

　供給期間、供給の相手方または顧客一人当たりの供給量が限定されている場合、実際の販売日、販売時間等の販売期間、販売の相手方または顧客一人当たりの販売数量を明瞭に記載する必要がある。これらについて単に限定されている旨の記載だけでは、限定の内容を明瞭に記載しているとは認められない（おとり広告告示運用基準第2の3）。

　供給期間を記載する場合、当該記載した期間に売切れが生じるとおとり広告告示1号表示に該当する可能性が高まるため、自社が対象商品について供給期間を本当に明確に認識しているのか、改めて検証することも必要であろう。

⑸　取引の申出に係る商品または役務について、合理的理由がないのに
　　取引の成立を妨げる行為が行われる場合その他実際には取引する意思
　　がない場合のその商品または役務についての表示（要件３④）

　要件３①と同様、「その他の」でなく「その他」とされているので、要件３④を満たす表示（おとり広告告示４号表示）は、以下⒤〜㈽に当たる表示であると整理し得る。

⒤合理的な理由がないのに

㈼(a)「取引の成立を妨げる行為が行われる場合」または (b)「実際には取引する意思がない場合」における、

㈽「取引の申出」の対象商品・役務についての表示

　⒤「合理的な理由」は、事業者が売り手として、広告等により商品等の取引を申し出たにもかかわらず、取引を拒むことについての合理的理由である。このため、他の商品のほうが利幅が大きいといった営業上の（事業者側の）理由はこれには当たらず、未成年者に広告商品である酒類を販売しないといった限定的な場合に限られる。

　㈼(a)「取引の成立を妨げる行為が行われる場合」の例としては、次のようなものが挙げられる（おとり広告告示運用基準第４―⑴）。

---

①広告商品を顧客に対して見せない、または広告、ビラ等に表示した役務の内容を顧客に説明することを拒む場合

②広告商品等に関する難点をことさら指摘する場合

③広告商品等の取引を事実上拒否する場合

④広告商品等の購入を希望する顧客に対し当該商品等に替えて他の商品等の購入を推奨する場合において、顧客が推奨された他の商品等を購入する意思がないと表明したにもかかわらず、重ねて推奨する場合

⑤広告商品等の取引に応じたことにより販売員等が不利益な取扱いを受けることとされている事情の下において他の商品等を推奨する場合

　これらの行為をする場合、結果として表示対象商品の取引に応じるとしても、（合理的な理由がない限り）要件３④を満たす。

　㈼(b)「実際には取引する意思がない場合」について、おとり広告告示運用基準では触れられていないが、㈱あきんどスシローに対する措置命令（後記⑹イ）ではこれに当たるとされた。

⑹　おとり広告に関する措置命令

ア　ソフトバンク㈱に対する措置命令（平成 29 年 7 月 27 日）

ソフトバンク㈱は、平成 28 年 11 月 1 日 10 時〜同月 4 日 15 時 23 分の間、「Apple Watch（第 1 世代）」と称する通信端末商品（計 66 商品）に関し、図表 2-4-4 のような表示を行った。

図表 2-4-4　　ソフトバンク㈱による表示

インターネット資料収集保存事業（WARP）を通じ確認できる消費者庁ウェブサイト（ https://warp.da.ndl.go.jp/info:ndljp/pid/12901284/www.caa.go.jp/policies/policy/representation/fair_labeling/pdf/fair_labeling_170727_0001.pdf ）の別紙 3 を基に加工

　当該表示を見た一般消費者は、11月3日〜13日の間、ソフトバンク㈱が自ら運営するまたは他の事業者に運営を委託する「ソフトバンクショップ」485店舗において、対象商品について、それぞれ税抜価格11,111円で購入できるのだろうとの印象・認識を有すると考えられる。

　これに対し、実際には、同社は、平成28年11月3日のキャンペーン初日に、当該485店舗の各店舗において当該商品を準備しておらず、それぞれ、取引に応じることができなかった。

　そのため、消費者庁は、当該表示が要件1・2とともに要件3①（1号表示）を満たし、おとり広告に該当すると判断し、措置命令を行った。

　ソフトバンク㈱は、当該表示内の「キャンペーン期間」の項目に「在庫がなくなり次第、終了となります」旨を記載し（平成28年11月3日13時57分以降は青色太字）、同じウェブページの「注意事項」の項目に「商品によっては在庫がない場合もあります。Apple Watch取り扱い店舗でご確認ください」等と記載していた。

　しかし、前者の記載は、キャンペーンの初日には在庫が存在していることを前提とする記載であり、後者の記載は、「ない場合もあります」と記載している点で、当該485店舗の各店舗において、キャンペーンの対象商品の在庫が存在しないことが例外であるかのような記載であった。そのため、消費者庁は、当該記載について、当該485店舗の各店舗における対象商品の準備状況を明瞭に記載したものではないと判断した。

　イ　㈱あきんどスシローに対する措置命令（令和4年6月9日）

本事例における対象料理（役務）は、以下の3つであった。

①「新物！濃厚うに包み」

②「とやま鮨し人考案 新物うに 鮨し人流3種盛り」

③「冬の味覚！豪華かにづくし」（以下「かに料理」という）

　このうち、上記①および②のうに料理表示について4号表示（要件3④）に該当し、かに料理の表示について1号表示（要件3①）に該当すると判断された。いずれも重要ではあるものの、実務上は1号表示該当性が問題になることが多いので、1号表示に該当するとされた、かに料理に関する判断を確認する。

　㈱あきんどスシローは、かに料理について、令和3年11月26日〜12

月12日に提供するとの自社ウェブサイトおよびテレビCMを行った（ウェブサイトでは11月24日～12月12日、テレビCMでは11月26日～12月12日に若干内容を変えながら表示を行った）。

㈱あきんどスシローは、下表の店舗数の店舗で、かに料理に用いるカニの在庫不足等によりかに料理を提供するための準備をしておらず、取引に応じることができなかった（令和3年12月末現在の店舗数は合計606店舗であった）。初日に販売できなかった店舗は4店舗で、その後も販売できない店舗があり、それぞれ要件3①の(i)「取引を行うための準備がなされていない場合」にあたると判断された。

終日提供されなかった日	店舗数	終日提供されなかった日	店舗数
11/26（金）	4	12/ 5（火）	446
11/27（土）	8	12/ 6（水）	500
11/28（日）	43	12/ 7（木）	513
11/29（月）	124	12/ 8（金）	525
11/30（火）	175	12/ 9（火）	538
12/ 1（水）	234	12/10（水）	551
12/ 2（木）	309	12/11（木）	557
12/ 3（金）	359	12/12（金）	574
12/ 4（金）	398		

調査担当官の解説では、「<u>その上で</u>、あきんどスシローは、本件料理③〔注：かに料理〕について、<u>取引の申出に係る表示を引き続き行っていたものであるから</u>、かかる表示は、『取引を行うための準備がなされていない場合の本件料理③についての表示』、すなわち、おとり広告告示第1号に該当する」と判断されたと解説されている（下線は著者による）。この解説からは、売切後に表示を継続したため要件3①を満たすと判断された（またはその事情が強く重視された）と窺える（公正取引871号70頁）。

前述のように、特にキャンペーン商品を訴求するような場合には、対象

商品について合理的な販売予想を行うことが重要であり、万一予想を超え
て売れて在庫不足等に至る場合は、直ちに表示の差替えや削除を行うか、
売切れを明示するなど表示を修正することが必要となる（前記(2)イ）。

表示規制は誰に適用されるのか
（違反行為の要件(A)および(C)）

Essence

①小売業者だけでなく、対象商品・役務の流通過程にある者は、当該商品・役務について供給要件を満たす（表示規制の対象となり得る）

②無償で商品・役務を提供する場合でも、供給要件を満たし得る

自己の供給する商品・役務の取引に関する表示なのか
（供給要件）（違反行為の要件(A)）

(1) 基本的な整理

　景表法5条は、事業者が、(A)「自己の供給する商品又は役務の取引」について、(B)同条1号～3号の表示を(C)「してはならない」と定めている。

　この(A)「供給」要件について、法律上は定義されていないが、定義告示運用基準では、「『自己の供給する商品又は役務の取引』には、自己が製造し、又は販売する商品についての、最終需要者に至るまでのすべての流通段階における取引が含まれる」とされている（同3(1)）。これを受けて、商品のメーカー、卸売業者、小売業者等、一般消費者が購入する商品の流通過程に入っている者は、商品を「供給」していると考えられる（緑本6版45頁）。役務についても同様に考えられよう。

　広告代理店やマスメディアは、表示・広告の制作に関与するものの、その対象商品を「供給」しておらず、景表法5条は適用されないと考えられている（アフィリエイト広告報告書48頁、景表法検討会報告書35頁）。例えば、ある新聞社が、第三者の販売している商品の広告を誌面に掲載し、その広告が不当表示であった場合、新聞社はその商品を供給しておらず、当該新聞社に景表法5条は適用されない（新聞社が自ら発行する新聞の有料購読に関する広告を作成する場合、当該新聞は販売店などが販売し当該新聞社は

直接販売しないものの、当該新聞社は供給はしており、表示規制が適用される）。

　また、後述するように、アフィリエイト広告を直接作成するアフィリエイターや、直接関与する可能性があるインフルエンサー、それらを取り巻くブローカー・仲介事業者についても、表示対象となる商品・役務を供給しておらず、供給要件（上記(A)）を満たさないため、景表法 5 条は適用されない。結論には議論があり得るものの、景表法が供給要件を定めているため、現時点ではやむを得ないところではあろう。ただ、今後、広告主だけを景表法で規制しても、不当表示をなくすことができないと考えられる場合には、供給要件の位置付けの見直しを行い、規制の対象範囲を拡大するよう検討すべきとされている（ステマ検討会報告書 48 頁）。また、令和 5 年景表法改正法施行後は、供給要件を満たす者が故意で優良誤認表示や有利誤認表示を行うことに関与する場合、行政処分の対象とはならないものの、景表法 48 条 1 号・2 号の定める犯罪について共犯が成立する可能性はある（前記第 1 章 4(3)）。

⑵　フランチャイジーが販売・提供する商品・役務についてフランチャイザーは供給要件を満たすか

　商品・役務を「供給」しているか否かは、景表法の目的の下、当該商品・役務の提供・流通の実態をみて実質的に判断される（衆議院議員丸山穂高君提出インターネット商取引の多様化に伴う消費者保護の強化に関する質問に対する答弁書〔令和 2 年 3 月 27 日閣議決定〕）。

　例えば、フランチャイザー（本部）が商品を企画し、本部直営店舗・フランチャイジー（加盟店）経営店舗問わずどこの店舗でもその商品を本部が管理する商標で販売しているというような場合、加盟店経営店舗が当該商品やその原材料を本部から仕入れていなくても、本部が、加盟店経営店舗分含め、「供給」していると判断され得る（イメージは**図表 2-5-1**）。これは、フランチャイズ契約の下、フランチャイザーがブランド・ノウハウの使用許諾や経営指導を行い、フランチャイジーがそれに対する対価を支払うなどし、一体的な事業運営が行われるのが通常であり、一般消費者も一体のものと認識するのが通常である、という点に基づく。

　例えば、㈱ファミリーマートに対する措置命令（平成 21 年 11 月 10 日、

令和2年3月30日）、㈱TSUTAYAに対する措置命令（平成30年5月30日）、日本マクドナルド㈱に対する措置命令（平成30年7月24日）では、本部直営店舗・加盟店経営店舗いずれにおいても表示対象商品・サービスを「供給」していたと判断されている。

　他に、葬儀サービスの表示に関し、「小さなお葬式」の名称で供給する葬儀サービス等の表示に関する㈱ユニクエストに対する措置命令（平成30年12月21日）や「シンプルなお葬式」または「よりそうのお葬式」の名称で供給する葬儀サービスの表示に関する㈱よりそうに対する措置命令（令和元年6月14日）もある。

　また、「イオンのお葬式」の名称で供給する葬儀サービスの表示に関するイオンライフ㈱に対する措置命令（平成29年12月22日）では、フランチャイズであるかは措くとして、イオンライフ㈱が、「イオン」等との商標や「イオンのお葬式」の名称の下で、葬儀サービスの提供を受けることを希望する一般消費者に対し、自社と特約店契約を締結する葬儀サービス提供事業者をあっせんし、同事業者に、イオンライフ㈱が自ら定めた内容・取引条件により当該サービスを提供させ、特約店葬儀社の支援・顧客管理・顧客からの問合せ対応等を行っていたという事情から、供給要件が肯定されている（措置命令2(1)）。

図表 2-5-1　フランチャイザーが供給要件を満たすかが問題になる場面のイメージ図

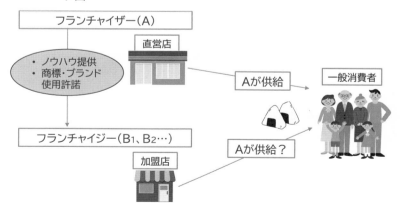

⑶　**業務受託者が販売・提供に関与する商品・役務について供給要件を満たすのは誰か**

　事業者が、別の事業者に対し商品・役務の販売・提供業務を委託する場合には、別途の検討が必要である。

　受託者が、販売委託者の名義を用いるなど、当該委託者の商品・役務として販売・提供する場合には、外形的には当該受託者が一般消費者に商品を引き渡すものの、景表法の観点では当該商品・役務を委託者が供給していると判断されることが多いであろう。その場合には、委託者が景表法の適用を受ける（委託者・受託者間で販売・提供の経済的効果を委託者に帰属させることを合意するときも同様に判断される可能性はある）。

　消費者庁がこの考え方を明確に示した文献等は見当たらないが、㈱阪神ホテルシステムズに対する措置命令（平成25年12月19日、後記3⑸）は、この考え方を前提にしていると考えられる。

　これに対し、受託者が、受託者の名義で独立した商品・役務を販売・提供しているような場合は、当該商品・役務を受託者が供給していると判断されることはある。例えば、賃貸住宅の仲介事業者は、不動産の貸主から賃貸住宅仲介の依頼を受けて貸主と媒介契約等を締結するとともに、賃貸住宅の借主を募集して貸主と借主の住宅の賃貸借を仲介する。その場合、当該仲介事業者は、不動産の貸主ではないものの、不動産に関する仲介サービスを借主に提供することから、当該不動産を「供給」していると判断される可能性がある。このような考えを前提に、公正取引員会は、仲介事業者が、仲介対象不動産について著しく優良であると表示し（優良誤認表示）、存在しない物件を表示する（不動産のおとり広告告示該当表示）などしたことを理由に排除命令を行った模様である（㈱エイブルに対する排除命令。平成20年6月18日・平成20年(排)第41号）。

　また、事業者Aが、金融商品の販売を行う事業者B等の販売店となり、事業者Aが一般消費者に対し、金融商品の選び方についてアドバイスを無料で行う旨を表示している場合でも、「一般消費者が事業者Aのアドバイスに従い、事業者Aを販売代理店として事業者Bの金融商品を購入した場合に、一般消費者が事業者Bに支払った金銭等の一部が販売手数料等の形で事業者Bから事業者Aに対して後日支払われることになるといった事

情」があるときには、事業者Bが一般消費者に販売する金融商品について、事業者Aも供給していると判断される可能性はある（緑本6版50頁）。

(4) オンライン・ショッピングモールで販売される商品・役務について運営事業者は供給要件を満たすか

私たちがネットショッピングをする際、オンライン・ショッピングモールサイトを利用することがある。当該モールの出店事業者は、一般消費者に直接商品を販売するので、当然供給要件が認められる。

これに対し、モールの運営事業者と一般消費者との間には、通常、当該商品の販売契約は存在しない。その場合に、オンライン・ショッピングモール運営事業者は、同モール出店事業者の販売する商品・役務を供給していると言えるか。議論があるが、通常、一般消費者に対し商品を販売しているのは当該モールの出店事業者であり、モールの運営事業者と、出店事業者・一般消費者いずれとの間にも商品の販売契約が存在しないことが多い。その場合、基本的には、当該モール運営事業者は商品の流通過程に関与しておらず、供給しているとは認め難いのではないか（ステマパブコメ回答No.154でも、「通常は、ストアに対し『場』を提供するECサイトを運営する事業者は対象とはなりません」とされている）。ただし、昨今のデジタル化の下、デジタルプラットフォームビジネスの重要度が高まっており、一般消費者を保護する必要性が高い点から、供給要件を満たすという考えが検討される可能性自体は否定できない。今後の動向に注意が必要である。

> **少し深掘り Column2-4-5　オンライン・ショッピングモール運営事業者と供給要件について**
>
> 指針Q&Aでは、「モール運営事業者と出店事業者が共同キャンペーンを行うなど、商品等の販売を共同して行い、共同で広告を行っている場合」には、当該モール運営事業者に供給要件が認められると解説されている（指針Q&AのQ7）。もっとも、「共同キャンペーンを行う」ことは「商品等の販売を共同して行」うことの例として示されているものの、どのような場面に「商品等の販売を共同して行」っているかは明らかでない。
>
> また、緑本6版では、当該モール運営事業者の供給要件について、「当該商品の販売について運営事業者がどのように関与しているかといった、当

該商品の提供・流通の実態を見て実質的に判断する」「当該オンライン・ショッピングモールの事業形態やシステム（例えば、出店者と購入希望者とのマッチング、受注、決済等に関するシステム）の態様、当該商品に関する販売キャンペーンの企画・実施状況（例えば、運営事業者が出店者と共同して当該販売キャンペーンを企画し実施しているか）等に鑑みて実質的に判断した結果、運営事業者が出店者と共同して供給主体性を有するとみられる場合がある」とされている（48頁）。しかし、具体的にどのような場面に供給要件が認められるかは、明らかでない。

　例えば、後記3(6)イの㈱京王百貨店のように、モール運営事業者がモールの出店事業者から商品の仕入れを行う等している場合には、「商品等の販売を共同して」行っており、対象商品を供給しており表示内容の決定に関与しているため、景表法を適用すると判断される可能性はある。

　緑本6版では、販売業者の営業が百貨店等の一部門であるかのような形態で行われている場合には販売業者のみならず百貨店等も表示の主体と認定される場合がある、との記述もある（47頁）。もっとも、出店事業者の屋号すら示さない場面などはそのように認定される可能性はあるかもしれないものの、具体的な場面の想定は容易ではない。

(5)　無償で提供する商品・サービスについて提供事業者は供給要件を満たすか

　定義告示運用基準では、販売のほか、賃貸、交換等も、「取引」に含まれる、とされている（同3(2)）。この「取引」は、「自己の供給する商品又は役務の取引」を指すと読み替える必要がある。基本的に、消費者が金銭を拠出するような有償の取引が「自己の供給する商品又は役務の取引」として想定されている。

　ただ、併せて、「銀行と預金者との関係」、「クレジットカード会社とカードを利用する消費者との関係等」も「取引」（自己の供給する商品又は役務の取引）に含まれる、とされている（定義告示運用基準3(3)）。銀行は、消費者から利息を徴収するローン取引だけでなく、消費者（預金者）から手数料を徴収せず（銀行が）利息を支払うことのある普通預金口座に関する役務（の取引）についても、供給しているとされている。また、クレジットカード会社は、クレジットカードを利用する消費者からは手数料を

徴収せず、加盟店から徴収することが通常だが、消費者（カード利用者）に同カード役務を供給している、と判断される。

　さらに、㈱DYMに対する措置命令（令和4年4月27日）にて、消費者庁は、㈱DYMが無償で（一般消費者から費用を徴収せず）提供する就職支援サービスの表示について、優良誤認表示と判断した。この事例により、消費者から費用を徴収しないという意味での無償取引に関する表示であっても、「自己の供給する商品又は役務の取引」に関する表示であると判断され得ることが示された。調査担当官の解説では、直接的には供給要件に焦点を当てず、「消費者が経済的価値を有する個人情報などを反対給付としてサービス提供主体に提供している」場合にサービス提供者が「事業者」に当たり、表示規制の適用を受けるという議論が展開されている（公正取引869号68〜69頁）。結論として、一般消費者の自主的かつ合理的な選択を確保するという観点からは、消費者から費用を徴収しないという意味での無償取引に関する他の類型の表示でも、表示規制の適用が必要と判断される可能性はある。

　ビジネスの多様化に伴い、特にインターネット上で、一般消費者から費用を徴収しない役務（サービス）を提供し、それを対象とする広告表示を行う場面も増えていると思われるが、その際、景表法の表示規制が適用される可能性があることも念頭に、表示等を検討する必要がある。

　他方、現在、消費者庁において、景品規制との関係では、無料の会員登録を条件として経済上の利益を提供する場合、「自己の供給する商品又は役務の取引に付随して」という要件（取引付随性）を満たさず「景品類」に該当しないと考えられている（後記第3部第2章3）。景表法上では4条（景品類の制限および禁止）と5条（不当な表示の禁止）、定義告示では1項と2項と分けて定められているものの、同じ「自己の供給する商品又は役務の取引」という文言が用いられているので同じように解釈することが自然と思われるが、差し当たり実務対応としては、①（消費者から費用を徴収しないという意味で）無償で提供する役務を対象とする表示には、表示規制（景表法5条）は適用される可能性がある、②景品規制との関係では、無償取引を条件とする場合は、理論構成はさておき景品規制は適用されない、との理解で支障はないと考える。深入りは避け、次に進む。

⑹　買取事業者は供給要件を満たすか

　従前、定義告示運用基準3⑷では、「自己が商品等の供給を受ける取引（例えば、古本の買入れ）は、『取引』に含まれない」と明示されていた。

　もっとも、事業者が表示した金額と実際の買取金額に乖離がある広告についての消費者トラブルなど、買取りサービスに関する消費者トラブル事例が生じている（特定非営利活動法人消費者市民サポートちばが、㈱アカツキに対し、同社の不用品買取サービスの顧客満足度に関する同社ウェブサイトの表示が優良誤認表示に該当するとして差止請求訴訟を提起し、今度同様の表示を行わないことを内容とする和解の成立に伴い訴えを取り下げたという事例もある〔令和2年5月8日消費者庁公表〕）。

　この点も踏まえ、景表法検討会では運用基準改正の必要性が指摘され、令和6年4月18日に定義告示運用基準が改正された。

　具体的には、「自己が一般消費者から物品等を買い取る取引も、当該取引が、当該物品等を査定する等して当該物品等を金銭と引き換えるという役務を提供していると認められる場合には、『自己の供給する役務の取引』に当たる。」とされている（同3⑷）。例えば次のような事例について、買取りサービスという「役務」を「供給」していると評価し得るとされており（景表法検討会報告書26頁参考資料6）、優良誤認表示や有利誤認表示とならないよう確認する必要がある。

1　折込広告に買取実績として着物が50万円などと記載してあったので、不要な着物を買い取ってもらおうと来てもらった。一枚一枚査定をしていたので一枚当たり1万円くらいにはなるのかと思っていたら、100円から高くても1,000円ほどで、数十点あったのに全部で9,000円ほどにしかならなかった。

2　ヒーターの処分をするため、インターネットで買取業者の広告を見て電話をかけ、家に来てもらった。広告には「家にあるものなんでも、壊れていても負担ゼロ」と書いてあったが、「古いので買取できない、逆に処分費が必要だ」と言われた。その後「何か貴金属を買取に出してくれたら処分費は無料で良い」と言われた。

2　表示行為をしたのは誰か（違反行為の要件(C)）――――

Essence

①表示内容の決定に関与した場合、表示行為をしたと判断される→「第三者が表示を作ったので自社は関係ない」は通用しない

②表示行為をしたか否かの判断に当たり、事業者の故意・過失は考慮されない→「そんなつもりはなかった」や「知らなかった」では済まない

　前記のとおり、景表法5条は、自己の供給する商品・役務の取引について、1号～3号に該当する「表示をしてはならない」と定めており、同法の禁止対象は、不当表示をするという表示行為（不当表示行為）である。

　表示行為は、大きく分けて、(i)表示の内容を決定する行為と、(ii)決定された表示内容を表現し伝達する等の現実に人目に触れるようにする行為により構成される（吉田文剛編『景品表示法の実務』〔ダイヤモンド社、1970年〕190頁）。

　例えば、景表法に基づく課徴金の算定要素である「課徴金対象行為をした期間」（「課徴金対象行為」＝優良誤認表示または有利誤認表示をする行為）は、上記(ii)に着目して判断されている。

　これに対し、表示行為をしたのは誰か（要件(C)を満たすか）を検討する場面では、(i)表示の内容を決定する行為が重視され、表示内容の決定に関与した者が表示行為をしたと判断される。これは、東京高判平成20年5月23日（平成19年(行ケ)第5号。ベイクルーズ事件高裁判決）に沿った考え方である。

　ベイクルーズ事件高裁判決の事案と裁判所の判断を整理すると、**図表2-5-2** のとおりである。

図表 2-5-2 ベイクルーズ事件高裁判決の事案概要と裁判所の判断

＜事案＞

　輸入卸売業者である八木通商㈱は、海外メーカーから輸入したズボンについて、実際にはルーマニアが原産国であるにもかかわらず、小売業者㈱ベイクルーズに対し、原産国はイタリアであると説明した。この説明を受けた㈱ベイクルーズは、八木通商㈱に対し「原産国イタリア」と記載した商品タグ等を作成させ、当該タグを付したズボンを、「EDIFICE」等と称する㈱ベイクルーズ直営の小売店舗（セレクトショップ）で販売した。

＜裁判所の判断＞

・「法４条１項３号に該当する不当な表示を行った事業者（不当表示を行った者）の範囲について検討すると、……『表示内容の決定に関与した事業者』が法４条１項の『事業者』（不当表示を行った者）に当たるものと解すべき」である（注：上記引用中の「４条１項」は、現行の景表法５条に相当する）。

・「表示内容の決定に関与した事業者」とは、

(a)「自ら若しくは他の者と共同して積極的に表示の内容を決定した事業者」のみならず、

(b)他の者の表示内容に関する説明に基づきその内容を定めた者＝「他の事業者が決定したあるいは決定する表示内容についてその事業者から説明を受けてこれを了承しその表示を自己の表示とすることを了承した事業者」や、

(c)他の事業者にその決定を委ねた者＝「自己が表示内容を決定することができるにもかかわらず他の事業者に表示内容の決定を任せた事業者」も含まれる。

　上記考え方は、誰が表示行為をしたのかが問題になる場合に幅広く参考になり、重要である。

　例えば、自己の供給する商品・役務の表示内容を自ら決定できる場合に他の事業者に対しその決定を任せた（委ねた）場合に、任せられた事業者が自己の判断で不当表示をしたとき、任せた事業者は、**図表 2-5-2**(c)に該当し、（故意はなくても）不当表示行為をしたと判断される。その際、任せられた事業者は**図表 2-5-2**(a)に該当するので、当該受託者も、当該商品・役務を供給していれば、景表法の表示規制の適用を受けることとなる。

　（上記(a)〜(c)は、重要な指標ではあるものの考え方の１つであり）事業者が表示行為をしたか否かは、究極的には、表示内容の決定に関与したか否かにより決まる。具体的には、「過去から違反行為発生時点までの表示のや

り方の状況、当該表示の成立の経緯、表示についての経費の負担、表示の掲示・配布の状況などの具体的事情」を勘案して判断される（緑本6版55頁）。表示行為をしているのは誰かという問題は、評価の問題であるため、一律の基準を設定することは難しい。ただ、基本的に、表示内容の決定に関与した者であると一般消費者が認識するか、という観点で判断されるわけではない。そのため、表示上どの事業者名が記載されているかといった事情により、直ちに表示行為者が誰かが決まるわけではない点には留意が必要である。

　上記(a)～(c)では、「事業者」が表示作成に関与する場合が想定されているが、一般消費者保護の観点から、事業者に当たらない者が表示作成に関与する場合も同様に考えられる。そのため、上記考え方は、平成20年当時は想定されていなかったと思われるアフィリエイト広告や、ステマに関しても、基本的に当てはまる。ステマに関しては運用基準で具体的な考慮要素が示されているので、別途個別に検討する（第6章）。

3　具体的な検討（供給要件＋表示行為要件）

(1)　小売業者等についての考え方

ア　供給要件（要件(A)）

　一般消費者に商品を販売している小売業者や役務提供をしているサービス業者が、当該商品等を一般消費者に供給していることは明らかである。そのため、当該小売業者等が、当該商品等に関する表示内容の決定に関与して表示行為をした場合には、景表法の表示規制の適用を受ける。

イ　表示行為要件（要件(C)）

　例えば、小売業者が、メーカー・卸売業者が作成したカタログ等を参考に、自ら独自にチラシや店内ポップ等を作成して一般消費者に示す場合には、当該小売業者は**図表2-5-2** (a)に該当し、当該チラシやポップ等による表示行為をしたこととなる。

　また、当該小売業者がチラシや店内ポップ等の物理的作成を行わなかったとしても、メーカー・卸売業者から受けた説明に基づき、当該メーカー等に対し当該説明に従ったチラシや店内ポップ等の作成を委託し、そのチ

ラシや店内ポップ等を一般消費者に示す場合には、当該小売業者は**図表 2-5-2**(b)に該当し、表示行為をしたこととなる。

これに対し、小売業者が、商品パッケージやカタログの表示内容の決定に関与せず、メーカーにより制作されたパッケージが付された商品を陳列したり、メーカー等が作成した一般消費者向けカタログ等を単に店頭に並べたりするだけの場合には、当該小売業者は**図表 2-5-2**(a)〜(c)に該当せず、表示内容の決定に関与した（表示行為をした）とはいえないだろう。

ただし、小売業者が、メーカーから提供を受けた画像を用いてウェブサイトを作成する場合、自社ウェブサイトのレイアウトを決められるのは小売業者自身であるため、**図表 2-5-2**(a)に当たり、小売業者が表示行為をしたことになる。小売業者が、メーカー作成のパンフレットを自社ウェブサイトに PDF データでそのまま掲載する場合も、ウェブサイトの内容を自ら決定していると判断される可能性は否定できない。

(2) メーカー、卸売業者についての考え方

ア　供給要件

メーカーや卸売業者は、通常、一般消費者に対し商品を直接販売しないが、一般消費者が購入する商品の流通過程に入っており、景表法上、当該商品・役務を供給していると判断される。そのため、当該メーカー等が、当該商品等に関する表示内容の決定に関与して表示行為をした場合には、同法の表示規制の適用を受ける。

イ　表示行為要件

まず、メーカーが、商品パッケージや一般消費者向け商品カタログを自ら作成等すれば表示行為をしたこととなる。

また、それにとどまらず、小売業者が使用する一般消費者向けの店内ポップを作成して小売業者に交付して当該小売業者が店内ポップを使用した場合には、当該メーカーは**図表 2-5-2**(a)に該当し、当該ポップに関する表示行為をしたこととなる。

⑶　メーカー、卸売業者、小売業者についての考え方整理

前記⑴・⑵の内容は、基本的には図表 2-5-3 のとおり整理できる。以下では、図表 2-5-2 および図表 2-5-3 を踏まえ、具体的な違反事例を基に検討を行う（白石忠志「景品表示法の構造と要点（第9回）」NBL1059 号 62 頁以下が参考になる）。

図表 2-5-3　メーカー、卸売業者、小売業者についての考え方整理表

		メーカー	卸売業者	小売業者
商品を供給しているか？		○	○	○
表示行為をしたか？	商品パッケージ	通常○ （(a)に該当）	(a)～(c)に該当するか検討	通常× （ＰＢ商品は別）
	一般消費者向け商品カタログ	通常○ （(a)に該当）	(a)～(c)に該当するか検討	(a)～(c)に該当するか検討
	小売業者店内ポップや小売業者のウェブサイト （小売業者作成）	通常×	通常×	通常○ （(a)に該当）
	小売業者店内ポップ（メーカーの説明を受け、小売業者が当該説明に沿った作成をメーカーに委託し、メーカーが作成して卸売業者を通じ小売業者に交付）	通常○ （(a)に該当）	(a)～(c)に該当するか検討	通常○ （(c)に該当）

⑷　事例1／輸入卸売業者および小売業者

ベイクルーズ事件高裁判決（東京高判平成 20 年5月 23 日）を確認する。これは、公正取引委員会による排除命令について行われた不服申立てに対する、排除命令と同内容の審決に関する取消請求事件である。

図表 2-5-4　事案概要（ベイクルーズ事件）

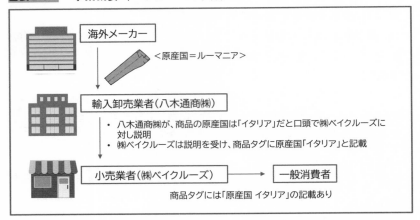

	海外メーカー	八木通商㈱	㈱ベイクルーズ
商品（ズボン）を供給しているか？	○	○	○
㈱ベイクルーズ販売商品の）商品タグについて表示行為をしたか？	関与なしと考えられる	(a)に該当	(b)に該当

　輸入卸売業者である八木通商㈱は、海外メーカーから輸入したズボンについて、実際にはルーマニアが原産国であるにもかかわらず、小売業者㈱ベイクルーズに対し、原産国はイタリアであると説明した。この説明を受けた㈱ベイクルーズは、八木通商㈱に対し「原産国イタリア」と記載した商品タグ等を作成させ、当該タグを付したズボンを、「EDIFICE」等と称する㈱ベイクルーズ直営の小売店舗（セレクトショップ）で販売した（**図表 2-5-2**、**図表 2-5-4** 参照）。

　公正取引委員会は、当該商品タグ等による表示について、原産国告示により指定された不当表示に当たり景表法5条3号（表示行為時の条文は4条3号または不実証広告規制導入のための改正後の4条1項3号）に違反する

174

と判断し、<u>輸入業者である八木通商㈱と小売業者である㈱ベイクルーズの両社に対し、排除命令を行った</u>。

ア　供給要件

当該事案において、八木通商㈱および㈱ベイクルーズは対象ズボンの流通過程に入っているため、当該ズボン（商品）を供給していたといえる。

イ　表示行為要件

㈱ベイクルーズは、審決取消訴訟を提起し、そもそも表示行為をしていない旨の主張を行ったが、裁判所は、概要、同社について、**図表 2-5-2**(b)に該当するので表示行為をした者であると判断した。

なお、八木通商㈱は、排除命令について争わなかった。同社は**図表 2-5-2**(a)に該当し、表示行為をしていたことは明らかであるため、表示行為の有無について争うことはできないと判断したのだろう。

(5)　事例２／ホテル（業務委託）

ホテルの運営形態は多様であるため、一般論を述べることは難しいが、一例として、㈱阪神ホテルシステムズに対する措置命令（平成25年12月19日）を取り上げる。これは、ホテル運営者が第三者に運営業務を委託していたところ、対象ホテルのレストランで不当表示が生じた事案である。

㈱阪神ホテルシステムズは、ラグジュアリー・ホテル・インターナショナル・ジャパン㈱（以下「ラグジュアリー社」という）に対し、「ザ・リッツ・カールトン大阪」内のレストラン運営を含むホテル運営業務を委託し、委託を受けたラグジュアリー社は、当該委託に基づき、同ホテルのレストランにおけるメニューの表示内容を決定した上で、一般消費者に料理を提供していた。そのような中、当該レストランで提供された料理がメニューと異なるものであったため、消費者庁において、当該メニュー表示が優良誤認表示に該当することを理由に措置命令が行われた。

当該措置命令の対象となったのは、㈱阪神ホテルシステムズのみであり、ラグジュアリー社に対して措置命令は行われていない。

ア　供給要件

ラグジュアリー社は、一般消費者に対し、外形的には料理を提供している。もっとも、ラグジュアリー社は、実質的には㈱阪神ホテルシステムズ

図表 2-5-5　事案概要（㈱阪神ホテルシステムズ）

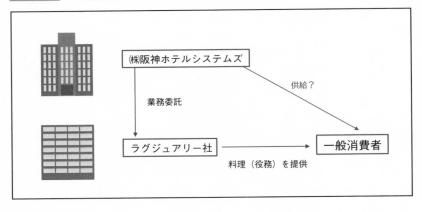

	㈱阪神ホテルシステムズ	ラグジュアリー社
役務（料理）を供給しているか？	○	×（自己の役務として料理を提供しているわけではない）
メニューについて表示行為をしたか？	(a) or (c)	(a)

に対し受託業務の遂行サービスを提供しているにすぎず、自己の役務として料理を供給しているわけではないと評価し得る。

　そのため、消費者庁は、㈱阪神ホテルシステムズこそが自己の役務として料理を供給していると判断したと考えられる。

　イ　表示行為要件

　消費者庁は、㈱阪神ホテルシステムズがメニューの表示内容について自ら決定していた（**図表 2-5-2**(a)）またはラグジュアリー社に対し委ねていた（**図表 2-5-2**(c)）ため、㈱阪神ホテルシステムズが表示行為をしたと判断し、同社に対し措置命令を行ったものと考えられる。

　別事案ではあるが、百貨店が販売する商品の選定、販売促進等の業務を他社に委託し、受託者が当該委託に基づき商品の広告の表示内容を決定していたという事案に関し、公正取引委員会は、当該百貨店のみを排除命令

の対象としたことがある（㈱そごうに対する排除命令〔平成20年5月13日・平成20年（排）第36号〕）。

図表 2-5-6　事案概要（明治屋産業㈱・㈱京王百貨店）

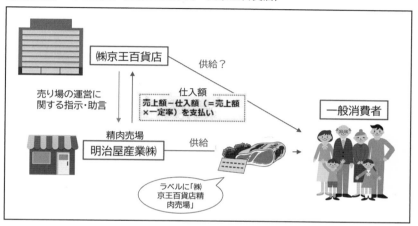

	㈱京王百貨店	明治屋産業㈱
商品（牛肉）を供給しているか？	○（仕入額を払っているため）	○
包装紙に貼付したラベル等について表示行為をしたか？	(a) or (c)	(a)

(6) 事例3／百貨店

百貨店・スーパーマーケット等の売り場での販売形態にも様々なものがあるため、一律に論じることは難しいが、一例として、明治屋産業㈱および㈱京王百貨店に対する排除命令（平成14年10月25日・平成14年（排）第27号）を取り上げる（**図表 2-5-6** 参照）。

明治屋産業㈱は、㈱京王百貨店新宿店の精肉売場に入店し、同売場の運営を行っていた。その際、明治屋産業㈱と㈱京王百貨店は、㈱京王百貨店が明治屋産業㈱に対し、上記精肉売場の売上額に一定の比率を乗じた額を

仕入額として支払う（いわゆる消化仕入）との契約を締結し、一般消費者に食肉等を販売していた。

そのような中、上記精肉売場において陳列棚に掲示された札や包装紙に貼付した会計用ラベルに「松阪牛」との表示があったものの実際にはとちぎ和牛等の肉であったため、公正取引委員会は、当該表示が優良誤認表示に該当すると判断し、排除命令を行った。<u>当該命令の対象となったのは、明治屋産業㈱および㈱京王百貨店の両社であった。</u>

ア　明治屋産業㈱（供給要件、表示行為要件）

明治屋産業㈱は、精肉売場で一般消費者に対し食肉を販売しており、（法律上は京王百貨店を通じて販売しているものの）供給要件を満たすことに問題はないだろう。

また、同社は、上記陳列棚の札や会計用ラベルの表示内容を自ら決定していたので、表示行為をしていたことも明らかである（**図表 2-5-2**(a)に該当）。

イ　㈱京王百貨店（供給要件、表示行為要件）

㈱京王百貨店は、明治屋産業㈱に対し、上記精肉売場の売上額に一定の比率を乗じた額を仕入額として支払っていたため、一般消費者が㈱京王百貨店新宿店の精肉売場で購入する食肉等は、明治屋産業㈱→㈱京王百貨店→一般消費者という流通過程を経たといえる。そのため、供給要件は認められる。

それでは、㈱京王百貨店は表示行為をしていたか（表示内容の決定に関与していたか）。この点について、排除命令では直接示されていないものの、㈱京王百貨店が明治屋産業㈱に対し、精肉売場の運営に関する指示や助言等を行っていたことや包装紙に貼付する会計用ラベルに「㈱京王百貨店精肉売場」と記載するよう具体的な指示をしていたことが認定されており（事実の2(3)。㈱京王百貨店名義の新聞折込チラシを一般消費者に配布していたことも認定された）、公正取引委員会は、当該事情を踏まえ、**図表 2-5-2**(a)または(c)に該当する、それゆえ㈱京王百貨店が表示行為をしていたと判断したものと考えられる。

⑺　**事例4／ショッピングサイト上の表示**

アマゾンジャパン合同会社（以下「アマゾンジャパン」という）に対する措置命令（平成29年12月27日）と、同措置命令の取消請求訴訟判決を確認する。訴訟の経緯は概要以下のとおりである。

- ・第1審　請求棄却（東京地判令和元年11月15日・平成30年（行ウ）第30号）
- ・控訴審　控訴棄却（東京高判令和2年12月3日・令和元年（行コ）第330号）
- ・上告審　令和3年2月9日上告取下げ（判決確定。消費者庁「令和2年度における景品表示法の運用状況及び表示等の適正化への取組」第1の1⑺）。

ア　対象事例概要

アマゾンジャパンは、「Amazon.co.jp」と称するウェブサイトを運営し、同ウェブサイトを通じ、様々な商品を提供している。

措置命令では、アマゾンジャパンが、上記ウェブサイトで自ら販売する対象5商品（クリアホルダー3種、ブレーキフルードおよび甘酒）の「表示内容を自ら決定している」こと、対象5商品につき、平成26年10月〜平成29年7月の間に順次、「参考価格」と称して取消線を付し、実際の販売価格に併記していたこと（例：「参考価格：¥9,720」と「価格：¥1,000」）が認定された（クリアホルダーに関する表示例は **図表 2-5-7** のとおり）。また、当該併記について、あたかも、「参考価格」と称する価額は、一般消費者がこれを参考にすることにより実際の販売価格の安さの判断に資する価格であり、実際の販売価格が当該価格に比して安いかのように示す表示をしていたと認定された。

しかし、実際には、「参考価格」と称する価額は、クリアホルダーメーカーが社内の商品管理上便宜的に定め一般消費者への提示を目的としないものや、ブレーキフルード・甘酒メーカーが設定したメーカー希望小売価格より高いものであった。

そのため、消費者庁は、上記各表示はそれぞれ有利誤認表示に該当すると判断し、措置命令を行った。

図表 2-5-7　アマゾンジャパンによる表示

インターネット資料収集保存事業（WARP）を通じ確認できる消費者庁ウェブサイト
（https://warp.da.ndl.go.jp/info:ndljp/pid/12901284/www.caa.go.jp/policies/policy/
representation/fair_labeling/pdf/fair_labeling_171227_0001.pdf）

イ　供給要件

　対象ウェブサイトには、アマゾンジャパンが直接一般消費者に販売する
商品と、アマゾンジャパン以外の事業者が販売する商品が掲載されている
が、措置命令の対象 5 商品は、いずれもアマゾンジャパンが直接販売する
商品であった。

　そのため、本件では、アマゾンジャパンに供給要件が認められることに
問題はなく、その有無は争点とならなかった。本件では、オンライン・
ショッピングモールの運営事業者に関し、同事業者が直接販売しない商品
についても供給要件が認められるか、という問題については判断されてい
ない。

ウ　表示行為要件

㋐　措置命令での認定

　アマゾンジャパンは、対象 5 商品を、上記ウェブサイトを通じて一般消

費者に販売していた。そのため、「販売価格」の表示については、同社が自ら決定していた。

　また、「参考価格」の表示について、アマゾンジャパンが価額の登録を行う場合には、同社を含む販売事業者による登録の有無または登録された価額にかかわらず、アマゾンジャパンが登録した価額が常に選定され、同社が価額の登録を行わない場合には、他の出品者の中で最も顧客に信頼されると本件ウェブサイトのプログラムにより判定された出品者が登録した価額が選定されていた。この点を捉えて、同社は、対象5商品に関する「参考価格」欄に登録する価額の決定および登録について、当該商品の仕入先事業者に「委ねている」、その結果、対象5商品に関する「表示内容を自ら決定している」と認定された。「委ねている」との表現が用いられているものの、究極的には「自ら決定している」とされているので、表示行為性に関する**図表 2-5-2**(a)に該当する、という判断と考えられる。

（イ）　裁判所の判断

　アマゾンジャパンは、第1審で、本件各表示における「参考価格」につき、仕入先や出品者がアマゾンジャパンに対し本件ウェブサイトに表示するよう指図したものであり、アマゾンジャパンは指図に従って示したにすぎない（表示行為要件を満たさない）と主張した。

　これに対し、第1審判決は、「仕入先又は出品者が入力した参考価格を本件ウェブサイト上に表示するか否かを決定するのは原告〔注：アマゾンジャパン〕であり」、アマゾンジャパンは、自ら「使用するコンピュータシステムが何らかの基準の下に選別した結果に基づいて本件ウェブサイト上に表示するものとするとの選択をした上で、それに沿う表示に係るシステムを構築した結果、……仕入先又は出品者が入力した参考価格が表示された」ことから、表示内容の決定に関与した者であると示した。自ら表示方針を検討し、それに沿う表示システムを構築したという点に着目して、表示行為要件を満たすと判断されている。

　他方、控訴審では、おおむね以下の2点を指摘して、「表示内容の決定に『関与した』事業者か否かというやや広範かつあいまいな概念に該当するか否かについて議論するまでもなく」、アマゾンジャパンが表示行為をしたといえる、と判断された。

①対象5商品の販売業者としてアマゾンジャパン以外の事業者が表示されていない本件において、不当な表示を行って不当な顧客の誘引を行った主体はアマゾンジャパンと考えるほかないこと

②「景表法5条にいう不当な表示をした事業者とは、不当な表示内容を決定した事業者をいうもの、すなわち、措置命令を受けたときに、その不当とされる表示内容を使うことを止める決定をしたり、再び同様なことを行うことを防止するために必要な事項を決定したりすることができる権限を有する事業者でなければならない」ところ、アマゾンジャパンは商品の販売者として顧客誘引のための行為をする権限があり、措置命令を受けた場合に参考価格の表示を中止等する権限を当然に有すること

　ベイクルーズ事件高裁判決（**図表 2-5-2** 参照）では、関係当事者として、八木通商㈱（輸入業者）と㈱ベイクルーズ（アパレルショップ）の2社がいる中で、㈱ベイクルーズも表示行為要件を満たすのか、が争われた。これに対し、アマゾンジャパンの事件は、同社が販売する商品の二重価格表示が問題となり、同社に表示行為要件が認められるか、という点のみが問題となった。このような事実関係の下では、ベイクルーズ事件高裁判決を用いなくても、措置命令を履行する権限を有するか否かで端的に判断できる、と考えられた可能性がある。

　もっとも、アマゾンジャパン事件の控訴審判決は、ベイクルーズ事件高裁判決を否定したわけではなく、今後も、表示行為要件を満たすか否かの判断に際しては、基本的には、表示内容の決定に関与したか否かが判断の軸となると考えられる（小野田志穂「誰が不当な二重価格表示をしたかが争われた事例——アマゾンジャパン事件」東京大学ビジネスロー・ワーキングペーパー・シリーズ No.2021-J-01 が参考になる）。アマゾンジャパン事件控訴審判決後に制定されたステマ運用基準でも、「表示内容の決定に関与」した場合に、「事業者が自己の供給する商品又は役務の取引について行う表示」にあたるとされている（ステマ運用基準第2柱書）。

(8)　事例5／アフィリエイト広告

ア　アフィリエイト広告とは

アフィリエイト広告とは、「アフィリエイトプログラムを利用した成果報酬型の広告」（アフィリエイト広告報告書1頁）を指す。**アフィリエイトプログラムとは**、「インターネットを用いた広告手法の一つ」であり、様々な形態があり得るが、インターネット表示留意事項では、以下のように定義されている（第2の4(1)）。

> 「比較サイト、ポイントサイト、ブログその他のウェブサイトの運営者等」が、当該サイト等に広告主が供給する商品・役務の「バナー広告……、商品画像リンク及びテキストリンク等を掲載し、当該サイトを閲覧した者がバナー広告、商品画像リンク及びテキストリンク等をクリックしたり、バナー広告、商品画像リンク及びテキストリンク等を通じて広告主のサイトにアクセスして広告主の商品・サービスを購入したり、購入の申し込みを行ったりした場合など、あらかじめ定められた条件に従って、アフィリエイターに対して、広告主から成功報酬が支払われるもの」

アフィリエイトプログラムは、広告主が自らシステムを構築してアフィリエイターとの間で直接実行する場合もあるが、広告主とアフィリエイターとの間を仲介してアフィリエイトプログラムを実現するシステムをサービスとして提供する事業者（アフィリエイトサービスプロバイダー〔ASP〕）が存在することが多い。広告主がASPを利用して成功報酬型広告を配信する場合の概要は、例えば下図のとおりである。

図表 2-5-8　アフィリエイト広告の概要（ASP がいる場合のイメージ例）

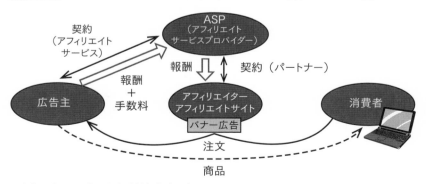

出典：インターネット表示留意事項9頁

イ　アフィリエイト広告と景表法の適用関係

アフィリエイターや ASP は、アフィリエイト広告の対象となる商品を自ら供給しておらず、供給要件を満たさないため、景表法の表示規制の適用を受けない（アフィリエイト広告報告書 49 頁）。

これに対し、広告主は通常供給要件を満たし、アフィリエイターの表示内容の決定に関与している場合（**図表 2-5-2** (a)～(c)のいずれかに該当する場合）には、表示行為をした（表示行為要件を満たす）と判断される。その結果、アフィリエイト広告が景表法5条1号～3号の不当表示に該当する場合、広告主が同条違反行為をしたと判断される。この点は、健康食品留意事項第3の3(3)で示されており、全部改訂版が公表された平成28年当時から示されていた。

消費者庁は、㈱T.Sコーポレーションに対する措置命令（令和3年3月3日）にて、アフィリエイト広告について、同社による優良誤認表示であると判断した。消費者庁がアフィリエイト広告を不当表示と認定して措置命令を行った最初の事例である。

㈱T.Sコーポレーションは、ASP を通じて、対象商品に関するアフィリエイトサイトの「表示内容を自ら決定している」と判断された（**図表 2-5-2** の(c)でなく(a)）。

当該措置命令では、㈱T.Sコーポレーションの自社ウェブサイトは不当表示の対象とされていない。自社ウェブサイトでは不当表示を行わず、アフィリエイト広告のみで不当表示を行っていた可能性があるが、そのような場合でも措置命令の対象となり得る。

以下のように、アフィリエイト広告に関し、着実に執行されている状況にある。

令和2年3月31日	埼玉県	㈱ニコリオに対する措置命令
令和3年11月9日	消費者庁	㈱アクガレージおよびアシスト㈱に対する措置命令
令和4年3月28日	東京都	ツインガーデン㈱に対する措置命令
令和4年4月27日	消費者庁	㈱DYM に対する措置命令
令和5年6月14日	消費者庁	㈱バウムクーヘンに対する措置命令
令和5年12月7日	消費者庁	㈱ハハハラボに対する措置命令
令和6年3月27日	東京都	㈱ヘルスアップに対する措置命令
令和6年3月27日	東京都	㈱ニコリオに対する措置命令

　特に、㈱ハハハラボに対する措置命令では、ASP やアフィリエイターにアフィリエイトサイトの表示内容の「決定を委ねることにより、当該表示内容の決定に関与している」と明示された（措置命令2⑶イ）。**図表 2-5-2** の⒞の場合に表示行為要件を満たすことが、措置命令上でも明らかにされたのである。

　これらを踏まえると、アフィリエイト広告を行う際、「自社でなく ASP やアフィリエイターが作ったものだから知らない、責任を負わない」といった主張が通ることは想定し難い。実務上も、アフィリエイト広告に関する調査・執行が定着しており、**アフィリエイト広告を利用する際には、**「**表示内容の決定に関与していない」と確実にいえる場合でない限り、図表 2-5-2** ⒞**に該当するなど、表示内容の決定に関与したと判断されて表示行為要件が認められ得ることを念頭に、不当表示が生じないよう留意する必要がある**（Column2-5-1）。東京都は、㈱ヘルスアップに対する措置命令に関するリリース文で、「㈱ヘルスアップは、『調査対象のアフィリエイト広告は自社・広告代理店とも関与しておらず、第三者のいたずらや迷惑行為の可能性がある』と回答し、自らの表示責任を一貫して否定していました。そこで、関与した広告代理店を都において特定し、調査を実施したことで、ヘルスアップの回答が虚偽であることが判明しました」と示している。

　さらに、アフィリエイト広告については、優良誤認表示や有利誤認表示に該当しないとしても、基本的に、ステマ告示の適用を受け、禁止対象ステマに当たらないように対応する必要がある。そのため、**アフィリエイト広告を利用している事業主は、ステマ告示に抵触しないよう対応を検討する必要がある**（第6章）。

　広告主としては、それら不当表示が生じないよう、第4部で触れる管理措置指針に沿った対応を検討する必要がある。

少し深掘り Column2-5-1	「広告主とアフィリエイターとの間で当該表示に係る情報のやり取りが一切行われていない」場面はあり得るのか

　インターネット表示留意事項第2の4⑵（注7）では、「アフィリエイターの表示であっても、広告主とアフィリエイターとの間で当該表示に係る情報のやり取りが一切行われていないなど、アフィリエイトプログラム

を利用した広告主による広告とは認められない実態にあるものについては、通常、広告主が表示内容の決定に関与したとされることはない」とされている（管理措置指針第4の3⑵（注5）でも同様）。

　もっとも、どのような場面が「アフィリエイトプログラムを利用した広告主による広告とは認められない実態にあるもの」に該当するかについては、管理措置指針およびインターネット表示留意事項の改正や、ステマ告示・ステマ運用基準の新設に関するパブリックコメント等において疑問が呈されたものの、なお明らかとはいい難い状況である。

　またパブリックコメントでは、「広告主が『アフィリエイターやアフィリエイトプロバイダに表示内容を丸投げ』した場合は、……『アフィリエイターの表示であっても、広告主とアフィリエイターとの間で当該表示に係る情報のやり取りが一切行われていないなど、アフィリエイトプログラムを利用した広告主による広告とは認められない実態にあるもの』には当たりません」と回答されている（管理措置指針に関するパブリックコメント回答16頁、インターネット表示留意事項に関するパブリックコメント回答4頁）。ASPに「表示内容を丸投げ」する場合、文言上は「情報のやり取りが一切行われていない」場面にあたりそうだがそれは否定されているので、注意が必要である。

　上記に関し、アフィリエイト広告に関する検討会の資料上では、楽天グループのアフィリエイト広告について、「広告主である出店事業者とアフィリエイターとの間にコミュニケーションが発生せず、どのサイト／アフィリエイトリンクでどのくらいの成功報酬が発生しているか出店事業者に開示されないため、広告主とアフィリエイターとが手を組んで不適切なアフィリエイト広告を掲載することが困難」などと記載されている（第4回資料3の6頁）。当該アフィリエイト広告は、オンライン・ショッピングモールである楽天市場の出店者が同モール出店規約に基づき（ASPへの積極的な依頼等を行うことなく）常にアフィリエイトサービスの対象となることに伴い、当該出店者が同モールで販売する商品・役務について、アフィリエイターが表示を作成するというものでもあり、本文アで確認したアフィリエイトプログラムとは様相が異なる。

　アフィリエイト広告報告書では明記されなかったが、そのような特殊な場面を念頭において、管理措置指針やインターネット広告留意事項の改正に際し、「広告主とアフィリエイターとの間で当該表示に係る情報のやり取りが一切行われていないなど、アフィリエイトプログラムを利用した広告

主による広告とは認められない実態にあるもの」について言及された可能
性はあるのではないか。

//

第章　ステマ規制
（指定告示に基づく不当表示）

//

1　景表法へのステマ規制の導入

　令和５年10月１日、ステルスマーケティング（ステマ。広告であるにもかかわらず、広告であることを隠す行為）に関する規制が導入された。景表法は従前、ステマ自体を直接禁止していなかったが、デジタル化の進展等の社会環境等の変化を受けてステマに対する規制の必要性が指摘され、ステマ検討会報告書公表を受け、景表法５条３号の規定する指定告示の１つとしてステマ告示が制定された。その結果、ステマ告示により指定された不当表示（以下「禁止対象ステマ」という）については、景表法上直接禁止されている（ステマ告示により指定された表示は、社会一般に想定される「ステマ」の一部でありすべてではないと考えられるが、さしあたりステマに関する規制が導入された）。

　令和５年10月１日より前に行った表示であっても、同日以降継続する場合には、同日以降の表示がステマ告示の対象となる（ステマパブコメ回答 No.194）。

2　ステマ告示の内容およびステマ規制の趣旨

　ステマ告示では、以下の要件１および２を満たす表示が、禁止対象ステマとされている。両方を満たす場合に違反となるので、要件１を満たす場合は、要件２を満たさないようにする必要がある。

・事業者が自己の供給する商品又は役務の取引について行う表示であって（要件１）、
・一般消費者が当該表示であることを判別することが困難であると認められるもの（要件２）

　要件1は表示行為要件を満たすかという問題であり、要件2は事業者が行う表示であることの判別容易性という一般消費者の認識にかかわる問題である。

　ステマ告示による規制趣旨はステマ運用基準第1で示されており、概要以下のものである。

- ✓　一般消費者は、事業者が行う表示であると認識する場合、表示内容にある程度の誇張・誇大が含まれることはあり得ると考え、商品選択の上でそのことを考慮に入れる
- ✓　他方、第三者が行う表示であると認識する場合、その表示内容にある程度の誇張・誇大が含まれることはあり得ると考えない
- ✓　実際には事業者が行う表示であるのに第三者が行う表示であると認識（誤認）する場合は、商品選択における考慮を適切に行えず、一般消費者の商品選択における自主的かつ合理的な選択が阻害されるおそれがある

　上記趣旨を踏まえると、ステマ告示は、事業者が行う表示であるか否か（表示に誇張・誇大が含まれることがあり得るのか否か）が、商品選択の前提となる「取引に関する事項」（景表法5条3号）であるという発想の下で定められたものと考えられる。

　ステマ告示に対応して、ステマ運用基準では、要件1および2の該当性に関する考え方が示されている（ステマ運用基準第2および第3）。ステマ運用基準の構成や内容は必ずしも明解ではないが、実務上の対応を検討する材料が他に見当たらないため、ステマ運用基準について概説する。

　基本的にマーケティング実務上重要な場面に焦点を当てるが、紙幅の関係上すべての場面は検討できないため、実際にステマ告示該当性を検討する際には、以下の記述を参考にしつつ、ステマ運用基準の原文もご確認いただきたい。

<blockquote>
少し深掘り Column2-6-1　WOMJ ガイドライン

　一般社団法人クチコミマーケティング協会（令和5年8月末日までは「WOM マーケティング協議会」）は、ステマ告示導入前から、「これを守っていれば、世の中からステマと言われることはない」と同協議会が考える
</blockquote>

方法を集約したものとして、会員向けの WOMJ ガイドラインを公表して
おり（ステマ検討会第４回資料４の５頁）、ステマ告示導入とともに改訂さ
れた。

　WOMJ ガイドラインでは、「マーケティング主体」と「関係の内容」を
示す「関係性の明示」が求められている。これに対し、ステマ告示では、
要件２該当性を否定するために、マーケティング主体を記載することまで
は求められていない。ただ、一般消費者にとって、マーケティング主体の
記載もあるほうが表示の趣旨を理解できるし、WOMJ ガイドラインに沿っ
た対応をすることがより望ましい。

　このように、異なる内容が規定されているものの、ステマ告示やステマ
運用基準とは目的や内容において重なる部分があり、ステマ告示への対応
を考える際に、WOMJ ガイドラインは参考になり得る。上記協会のウェブ
サイト上で、WOMJ ガイドライン本文・解説、FAQ が公表されている。

3　ステマ運用基準の概要

(1)　「事業者が自己の供給する商品又は役務の取引について行う表示」か否か（要件１）

ア　基本的な判断基準

事業者が「表示内容の決定に関与」した場合には、「事業者が……行う
表示」に当たり、要件１を満たす（ステマ運用基準第２柱書）。要件１は、
（供給要件を満たすことを前提に）表示行為要件を満たすかというものであ
り、ベイクルーズ事件高裁判決を踏まえたものである（ステマパブコメ回
答 No.17、判決の内容は第５章２）。

　ステマ運用基準の案段階では、「第三者の自主的な意思による表示と客
観的に認められる場合」とされていたが、パブコメを経て、「客観的な状
況に基づき、第三者の自主的な意思による表示内容と認められる場合」と
された（下線は筆者による）。事業者が表示内容の決定に関与したかという
問題に対応させて、第三者が自主的な意思により決定したかという問題の
検討対象を、表示を行うこと自体ではなく、表示内容とみる方針が窺える。

　要件１を満たす場合は、供給要件および表示行為要件を満たすため、対
象表示についてステマ告示の要件２を満たすか否かだけでなく、優良誤認

表示や有利誤認表示等の不当表示とならないようにする必要がある（第4部で触れる管理上の措置も講じる必要がある）。

　事業者が表示を行う場合について、ステマ運用基準では、事業者が自ら表示を行う場合と、第三者に行わせる場合の2つに分けて説明されている。

イ　事業者が自ら表示を行う場合

　第三者のウェブサイトを装うような場合（例えば㈱ゼネラルリンクに対する措置命令〔令和2年3月10日〕）のほか、事業者の役員・従業員やグループ会社の従業員等個人が、個人のSNSアカウント等で、当該事業者の商品・役務に関して表示を行う場合に問題になる。その場合、当該役員・従業員の事業者内の地位、立場、権限、担当業務、表示目的等の実態を総合的に考慮し、事業者が**表示内容の決定に関与**したかが判断される。ステマ運用基準では、以下のような例が挙げられている。

「事業者が表示内容の決定に関与した」とされる例（ステマ運用基準第2の1イ(ア)）	「事業者が表示内容の決定に関与した」とされない例（ステマ運用基準第2の1(1)イ(イ)）
(i)商品・役務の販売を促進することが必要とされる地位や立場にある者（例：販売・開発担当の役員、管理職、担当チームの一員等）が、 (ii)当該商品・役務の販売を促進するための表示を行う場合 （商品・役務の画像や文章を投稿して一般消費者の認知を向上させようとする表示を行う場合を含み、商品・役務の内容の優良さを示さなくても該当することに注意）	(あ)「商品又は役務を販売する事業者の従業員や当該事業者の子会社等の従業員ではあるものの、当該商品又は役務の販売を促進することが必要とされる地位や立場にはない者が」、 (い)「当該商品又は役務に関して一般消費者でも知り得る情報を使うなどし」、 (う)「当該商品又は役務の販売を促進する目的ではない表示を行う場合」

　上記は代表例でありイメージしやすいが、境界線は明確ではなく、対応について検討する必要がある。関連して要件2もあわせて検討する。

　一般消費者が「○○の社員です」という表示を見た場合には、純粋な第三者が表示をしている場合に比べ、対象商品と何ら関係のない者が単に感想を述べただけで誇張・誇大が含まれないと考える可能性は一定程度低く、

ステマ規制の趣旨を及ぼすべき場面からは離れる。そのため、上記(あ)～(う)を確実に満たすわけではない一方で(i)および(ii)を満たすことも確実でない場合や、その他要件 1 を満たさないと言い切れない場合には、要件 2 を満たさないための現実的な対応案として、「○○の社員です」と記載させることが考えられる（WOMJ ガイドライン 3 . ウの解説⑤ 4 . (5)）。アカウントの説明欄のみに勤務先と肩書のみを記載させる場合、アカウントのページに遷移しないと当該画面を見ることができないため、不十分と考える。

　これらに対し、上記(i)および(ii)を満たすことが確実な場面は、事業者が自ら表示しているのと同じであるため、ステマ運用基準で明記されている「広告」「PR」等の表示をすることが適切である。

　ウ　第三者に表示を行わせる場合

　前述のとおり、事業者が表示内容の決定に関与している場合、要件 1 を満たすと判断される。

　事業者が表示に関与したとしても、第三者（一般消費者や著名人）が、自らの嗜好等により、特定の商品・役務について表示を行い、「客観的な状況に基づき、第三者の自主的な意思による表示内容と認められる」場合には、事業者が表示内容の決定に関与したとは判断されない（ステマ運用基準第 2 の 2 柱書）。

　「客観的な状況に基づき、第三者の自主的な意思による表示内容」か否かによって要件 1 を満たすか否かが異なるため、その区別は重要である。ステマ運用基準によると、「事業者と第三者との間に事業者が第三者の表示内容を決定できる程度の関係性」があるか否かによって判断される。例として、以下の事情が考慮される（ステマ運用基準第 2 の 1 (2)イ柱書および第 2 の 2 (1)）。

> 事業者と第三者との間の、
> 　(a)表示内容に関する（直接・間接の）情報のやり取りの有無
> 　(b)表示内容に関する依頼や指示の有無
> 　　（「表示の際には、PR などは付さず、もらったことがわからないようにしてほしい」などと伝える場合には、投稿内容を指示することとなる）
> 　(c)表示内容に対する対価提供の有無、対価の内容、その主な提供理由（「対価」

> には、金銭や物品に限らず、イベント招待等の饗応などの経済上の利益も含まれる（ステマ運用基準第2の1⑵イ柱書（注））
> ⒟対価提供に関する過去や将来の関係性

　例えば、事業者がアフィリエイト広告を利用する場合には、通常、（広告代理店やアフィリエイトサービスプロバイダーを通じ）アフィリエイターに対し、自社商品について広告となり得る内容の表示の作成を委託し、⒜直接・間接いずれかにて対象商品に関する情報のやりとりを行い、⒝表示内容に関する依頼・指示はあると考えられ、⒞それに対して対価を提供するので、「表示内容の決定に関与した」と判断される（ステマ運用基準第2の1⑵ア⒱）。

　また、事業者が、第三者にある内容の表示を行うよう明示的に依頼・指示していない場合でも、「高額な物品提供」を行うとき、表示の内容の決定に関与したと判断されやすい（ステマパブコメ回答No.92）。その事情は、⒝表示内容に関する黙示的な指示や、⒞表示内容に対する対価と評価され得る。

　上記⒜～⒟は例示であり、「客観的な状況に基づき、第三者の自主的な意思による表示内容と認められる」か否かは、諸事情を踏まえ総合的に判断されるため、その境界線は曖昧なところが残る。

　そのため、具体的な事例におけるステマ告示への対応を考える際には、ステマ運用基準において挙げられている事例を確認した上で、当該事例との異同を検討しつつ、前述の規制趣旨を踏まえて、対応が求められる場面か否かを判断する必要がある。

⑵　「一般消費者が『事業者が自己の供給する商品又は役務の取引について行う表示』であることを判別することが困難である」か否か（要件2）

ア　基本的な考え方

　一般消費者にとって、⒤事業者が行う表示であることが明瞭である場合や、⒤⒤社会通念上明らかである場合には、「事業者が自己の供給する商品又は役務の取引について行う表示」であることを判別することが困難とは

いえず、要件2を満たさない（禁止対象ステマには該当しない）。当該2つの場合に当たるか否かは、「表示内容全体から判断」される（ステマ運用基準第3柱書）。優良誤認表示や有利誤認表示と同様、表示全体から一般消費者が受ける印象・認識を基に判断されることとなろう。

　上記(i)（明瞭である場合）の例としては、①「広告」、「宣伝」、「プロモーション」、「PR」といった文言を付す場合や、②「A社から商品の提供を受けて投稿している」といった文章を付す場合がある（ステマ運用基準第3の2(1)アおよびイ）。

　ただし、当該文言・文章を使用していたとしても、一般消費者にとって事業者が行う表示であることが明瞭とはいえない場合があり得る。例えば、SNSの投稿に際し、「PR」を示すものの、大量のハッシュタグを付して「PR」を埋もれさせるといった場合は、事業者が行う表示であることが明瞭とはいえない（ステマ運用基準第3の1(2)ク）。一般消費者が「PR」等を認識できるか、認識した際「事業者が自己の供給する商品又は役務の取引について行う表示」であると判別できるか、表示ごとに検討していく必要がある。

　上記(ii)（社会通念上明らかである場合）の例としては、テレビ・ラジオのCMのように広告と番組が切り離されている表示を行う場合などが挙げられる（ステマ運用基準第3の2(2)）。

　事業者（広告主）自身のSNSアカウントから発信した内容を第三者にそのまま引用して発信することを促す、いわゆるリツイート（リポスト）キャンペーンを行う場合、（商品に関するハッシュタグの指定などすれば要件1を満たすものの）、通常、一般消費者にとって「事業者が自己の供給する商品又は役務の取引について行う表示」であることが明瞭であり、要件2は満たさないと考えられる（ステマパブコメ回答No.139）。

　ステマ運用基準第3の2(2)オでは、「事業者自身のウェブサイトであっても、ウェブサイトを構成する特定のページにおいて、当該事業者が行う表示ではないと一般消費者に誤認されるおそれがあるような場合」には、当該第三者の意見は事業者の表示であることを明瞭に表示しなければならないとされている。例えば、「媒体上で、専門家や一般消費者等の第三者の客観的な意見として表示をしているように見えるものの、実際には、事

業者が当該第三者に依頼・指示をして特定の内容の表示をさせた場合」が
ある。その場合の対応として、「弊社から○○先生に依頼をし、頂いたコ
メントを編集して掲載しています」と表示することが例示されている。

　イ　参考となる意識調査結果

　消費者庁が、管理措置指針の改正に関するパブリックコメント手続資料
として添付した「広告である旨の文言の消費者の理解に関する意識調査」
（令和4年3月22日〜同月28日に消費者8万名に対して実施）の結果（**図表
2-6-1**）は参考になる。

図表 2-6-1　　「広告である旨の文言の消費者の理解に関する意識調査」（結果）

参考　広告である旨の文言の消費者の理解に関する意識調査（結果）　　消費者庁

質問：以下の言葉から広告であることを理解できる言葉を選んでください。　（複数回答可）

(n=80,000)

	PR	AD	Promotion	Sponsored	Supported	Ambassador
広告だと思う	57%	22%	20%	16%	9%	6%

	プロモーション	モニター	プレゼントキャンペーン	モニタープレゼント	プレゼント企画	スポンサード	サービス提供
広告だと思う	40%	38%	34%	32%	31%	30%	28%

	アフィリエイト記事	タイアップ	アソシエイト	アンバサダー	サポーテッド	アソシエイトプログラム	プレミアムパートナー
広告だと思う	27%	25%	15%	15%	13%	8%	7%

	広告	広告企画	協賛	提供	物品提供	献本
広告だと思う	80%	45%	37%	44%	20%	5%

消費者庁ウェブサイト（https://www.caa.go.jp/notice/assets/representation_cms216_22051
3_02.pdf）

　ステマ運用基準で例として挙げられているもののうち、「広告」、「プロ
モーション」、「PR」の理解度はそれぞれ、80％、40％、57％である。こ
れらに鑑みると、現時点では、少なくとも40％前後の対象者が広告であ
ると理解できる文言を示していれば、「一般消費者にとって事業者の表示
であることが明瞭となっている」といえそうである。具体的には、「広告

企画」（45％）、「提供」（44％）、「モニター」（38％）、「協賛」（37％）などが挙げられる。「AD」「Promotion」「Sponsored」「Supported」「Ambassador」などの英語の表記は、「PR」を除き理解度が低くなっているため、留意が必要である（ただし、今後認知度が上がってくることによって、状況は変わるかもしれない）。

ただし、これらの文言を付していたとしても、表示内容全体から一般消費者にとって事業者の表示であることが明瞭となっていると認められない場合もあるため、表示の態様については別途検討・確認が必要である。

4 ケース1（インフルエンサーに対する商品無償提供と同インフルエンサーによる SNS 投稿）

> 当社は、SNS でのフォロワー数が一定数以上の影響力がありそうなインフルエンサーを対象に、当社商品を直接プレゼントし、その際、「ぜひ使ってみてください」とだけ伝えることを考えています。SNS 投稿は依頼しないものの、同インフルエンサーが SNS 投稿をする場合、このような施策による口コミは、禁止対象ステマに当たりますか？

(1) 要件1について

本ケースでは、口コミ投稿をするかどうかによって製品を受け取ったインフルエンサーの得る利益に特段の差異が生じず、SNS 投稿の内容に対する対価提供は認められない（(c)）。また、「使ってみてください」と伝えるだけであり、そもそも（ステマ運用基準第2の1(2)イ(ア)や第2の2(1)イと異なり）SNS 投稿の依頼や表示内容についての情報のやり取りも窺えない（(a)(b)）。そうすると、過去に対価を支払ったことのないインフルエンサーのみを対象とする場合には（(d)）、ステマ運用基準の考え方を踏まえると、要件1を欠くといえるのではないか。

もっとも、過去に有償での表示作成を依頼したことがあるなどの場合、その頻度等の関係性によっては、今回、「使ってみてください」とだけ伝え SNS 投稿自体を依頼しないとしても、インフルエンサーにおいて、受領した商品を投稿することが今後の有償での表示作成依頼の条件となり得

ると認識するため、黙示的に特定内容の表示を依頼・指示していると評価
される可能性は否定できない（(d)）。したがって、対象者の選別には留意
が必要である。

　また、過去に対価を支払ったことのないインフルエンサーのみを対象と
する場合であっても、無償提供する製品が高額な物品である場合には、そ
の物品提供自体が当該製品を推薦する内容のSNS投稿を黙示的に指示す
ると評価されるおそれはあり（(a)(b)）、その場合当該提供する物品は当該
投稿の対価ともなり得る（(c)）。したがって、無償提供する製品の選別に
も留意すべきである。

　上記事案とは異なり、「もしSNS投稿をする場合にはPRなどは付さず、
もらったことがわからないようにしてほしい」や「『＃商品名』という
ハッシュタグを付して投稿してほしい」などと伝える場合には、投稿内容
を指示したと判断され得る（(a)(b)）。その場合には、（過去に対価を支払った
ことのないインフルエンサーのみを対象とし、低廉な物品を提供するときでも）
第三者の自由な意思に基づく表示内容とはいえず、要件1が認められる可
能性がある。

(2)　要件2について

　要件1を満たす場合は、要件2を満たさないよう、インフルエンサーに
対し、「PR」や「A社から商品提供を受けました」等を明瞭に示すことを
具体的に指示する必要がある。

　これに対し、要件1を満たさない場合には、法的には、要件2について
対応する必要はない。ただし、例えば、過去に対価を支払ったことのない
インフルエンサーのみを対象にプレゼントする場合、SNS投稿を依頼し
ないときでも、当該インフルエンサーが投稿（表示）を行うこと自体につ
いては一定の影響を及ぼすと考えられ、「A社から商品提供を受けました」
「いただきました」といった表示をさせることが望ましい。社会的には特
定のインフルエンサーに対して商品を無償提供する場合は「ステマ」であ
るというような認識があると考えられ、ステマ規制の執行事例が見当たら
ない中、消費者庁がこのような場合でも要件1を満たすとして行政指導な
どをする可能性は否定しきれないことを踏まえると、上記表示をさせる対

応が適切であると考える。

ケース２（アフィリエイト広告利用時の対応）

> 当社では、ASP であるQ社との間でアフィリエイトサービスに関する契約を締結
> した上で、Q社に対し、当社製品Aを紹介するアフィリエイト広告の作成案件を提
> 示し、その際、「PR」と明示することを、アフィリエイト広告の報酬およびQ社手
> 数料の支払条件としています。Q社からは、アフィリエイターとの間でパートナー
> 契約を締結する際にアフィリエイト広告に「PR」と示すことを求めていること、当
> 社の広告案件への参加（提携）を募集する際に当社の上記支払条件を明確にしてい
> ることを確認していました。
> 　当社は、多くのアフィリエイト広告を利用しているため、Q社とパートナー契約
> を締結し、当社の上記アフィリエイト広告案件に参加（提携）しているアフィリエ
> イターが実際に「PR」と示しているかを確認することは難しいのですが、どのよう
> な対応が考えられるでしょうか。

(1)　要件１該当性

　ステマ運用基準では、アフィリエイト広告に関し、「第三者の表示内容
の決定に関与している場合」に当たる例と当たらない例について下表のよ
うに整理されている。この内容を踏まえると、例外的な事情に該当しない
限り、アフィリエイト広告を利用する場合、「事業者が表示内容の決定に
関与」していると判断される。

当たる例 →要件１を満たす	当たらない例 →要件１を満たさない
事業者がアフィリエイトプログラムを用いた表示を行う際に、アフィリエイターに委託して、自らの商品又は役務について表示させる場合（ステマ運用基準第２の１(2)ア(ウ))	アフィリエイターの表示であっても、事業者と当該アフィリエイターとの間で当該表示に係る情報のやり取りが直接又は間接的に一切行われていないなど、アフィリエイトプログラムを利用した広告主による広告とは認められない実態にある表示を行う場合（ステマ運用基準第２の２(1)ウ)

　右欄は、アフィリエイト広告に関するインターネット表示留意事項第2の4(2)（注7）や管理措置指針第4の3(2)（注5）と同様の内容であり、該当場面が明らかでないことは前述のとおりである（パブリックコメントにて、広告主が「アフィリエイターやアフィリエイトプロバイダに表示内容を丸投げ」した場合も右欄には当たらないと回答されたことを含め、前記第5章3(8)）。

　アフィリエイト広告に関し、「事業者と当該アフィリエイターとの間で当該表示に係る情報のやり取りが直接又は間接的に一切行われていないなど、アフィリエイトプログラムを利用した広告主による広告とは認められない実態にある表示」に当たる場面はきわめて限定的と解される。

(2)　要件2該当性

　前記(1)を受けて、アフィリエイト広告を利用する場合、禁止対象ステマに該当しないよう、アフィリエイターに「PR」等の表示をさせる必要がある。適切に「PR」等の表示が行われるよう、（広告代理店やASPを通じて）アフィリエイターに表示作成を委託する事業者としては、管理措置指針にも沿った対応を行う必要がある。

　後述するように（第4部第3章3）、管理措置指針の「別添」では、アフィリエイトプログラムを利用した広告を行う場合にアフィリエイター等の作成する表示等を確認する際の対応が例示されている。原則として事前に確認することに加え、事前の確認が困難である場合には、(i)表示後可能な限り早い段階ですべての当該表示内容を確認すること、(ii)成果報酬の支払額または支払頻度が高いアフィリエイター等の表示内容を重点的に確認すること、(iii)ASP等のほかの事業者に表示内容の確認を委託すること等が例示されている（管理措置指針「別添」3(4)）。

　また、契約内容に違反して不当表示等を生じさせた場合、あらかじめ契約で定めた報酬の支払停止等を行うことも示されている（同「別添」2、7(2)）。

(3)　ケース2について

　これらを踏まえ、ケース2では、要件1を満たすことを前提に、要件2

を満たさないようにする必要がある。その際、実情を踏まえ、管理措置指針に沿った実効的な措置を講じる必要がある。

　（なお、校了後、医療法人社団祐真会が、同法人の運営する診療所〔「マチノマ大森内科クリニック」〕において供給する診療サービスに関し禁止対象ステマを行ったことを理由とする、ステマ告示に関する初の措置命令〔令和6年6月7日〕に接した。）

第 3 部

景表法による景品規制

第1章　景品規制の概要

1　景品規制の趣旨・概要

　景表法の景品規制の趣旨は、（時代によって景品類の顧客誘引効果に変化はあるものの）事業者が過大な景品類の提供を行うと、一般消費者がその景品類につられて選択をし、品質や価格による自主的かつ合理的な選択を阻害されるおそれがあるため、適切な景品類の提供を確保する点にあると整理し得る。

　景表法では、当該趣旨を踏まえ、内閣総理大臣は、事業者が「**景品類**」を提供する場合の最高額等の制限や禁止を告示によって行える、と定められている（法4条、6条）。それを受け定められた告示の内訳は、次のとおりである。

---

(1)**定義告示**（正式名称：「不当景品類及び不当表示防止法第2条の規定により景品類及び表示を指定する件」）

(2)**懸賞制限告示**（正式名称：「懸賞による景品類の提供に関する事項の制限」）

(3)**総付制限告示**（正式名称：「一般消費者に対する景品類の提供に関する事項の制限」）

(4)**業種別告示**

　現存するのは次の4つの業種に関するものである。

　①新聞業、②雑誌業、③不動産業、④医療用医薬品等業

　各告示に関して、考え方を明確にするため、それぞれ**運用基準**が設定されており、現在消費者庁においても当該運用基準に沿った運用が行われている。そのため、事業者が取引の相手方に経済的利益を提供するに当たっては、当該告示および運用基準の考え方を理解する必要がある。

　景品規制について基本的な内容を定める告示は、上記(1)〜(3)の3つである。これに対し、(4)業種別告示は、基本的には、上記(1)〜(3)の告示を前提

に、景品類の最高額を調整（増減）すること等を内容とする。そのため、上記(1)～(3)の3つの告示を理解すれば、あとは個別に(4)業種別告示の①～④を直接読むことで、規制内容をおおむね把握し得る。そこで、本章では、上記(1)～(3)の告示の考え方について説明し、業種別告示に関する説明は省略する。

　当該(1)～(3)の告示および運用基準を踏まえた景品規制のエッセンスは、**図表 3-1-1** のとおりである。

図表 3-1-1　　景品規制のエッセンス

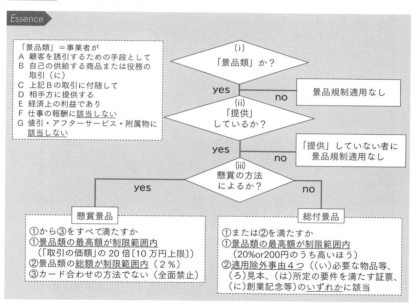

　上図のように、(i)事業者が提供しようとするものが「景品類」に該当しない場合には、景品規制の適用を受けない。また、(ii)景品類を「提供」したといえない事業者には、景品規制は適用されないと考えられる。

　(iii)「景品類」を提供する場合であっても、常に提供が禁止されるわけではなく、特定の禁止された方法を用いる場合や、景品類の最高額や総額が規制限度を超える場合に禁止される。具体的な規制内容は、景品類の提供

に当たり「懸賞」の方法を用いるか否かにより異なる。

　詳細は後述するが、「懸賞」とは、①くじその他偶然性を利用して定める方法または②特定の行為の優劣または正誤によって定める方法によって、景品類の提供の相手方または提供する景品類の価額を定めることをいう（懸賞制限告示１）。なお、従前から、事業者向けに懸賞の方法を用いて利益を提供する場合は懸賞制限告示の対象になると考えられており、現在消費者庁もそのように整理している（景品Ｑ＆ＡのＱ56）。現在の景表法の目的に照らすとこの整理には疑問があるが、本書では一般消費者向けの企画を念頭に検討するので、これ以上立ち入らない。

　本章後記２では景品規制に違反した場合のリスクを概観し、第２章以下では、次のような順番で説明を行う。

- ・第２章　景品規制の対象となる「景品類」とは何か
- ・第３章　経済上の利益を提供しているのは誰か（提供要件）
- ・第４章　景品類を提供する場合に受ける具体的な制限
- ・第５章　若干の事例研究

2　景品規制に違反した場合のリスク概観

　消費者庁や都道府県は、事業者が、景品規制に違反した場合（＝懸賞制限告示や総付制限告示による制限を超えて過大な景品類を提供した場合や禁止されるカード合わせを行った場合）に、必要があるときには、措置命令を行うことができる（景表法７条１項）。

　令和６年４月までに、消費者庁が景品規制違反を理由に措置命令を行った事例は存在しない。公正取引委員会が所管していた時代をみても、業種別告示に関するものを除くと平成11年３月30日付排除命令（ジャパンエンバ㈱に対する排除命令。平成11年３月30日・平成11年(排)第３号）が最新である（業種別告示に関するものを含めても、平成12年３月15日付排除命令〔朝日新聞サービスアンカー湯浅こと佐藤均、産経新聞湯浅専売所こと新家雅文、毎日新聞湯浅販売所こと平田博己、読売新聞ＩＣ湯浅こと池邊正晴に対する排除命令。平成12年３月15日・平成12年(排)第２号・第３号・第４号・第５号〕が最新）。

　平成 25 年度以降の消費者庁による景品規制に関する行政処分および行政指導の件数は**図表 3-1-2** のとおりである。

図表 3-1-2　景品規制に関する行政処分および行政指導件数

		平成25年度	平成26年度	平成27年度	平成28年度	平成29年度	平成30年度	令和元年度	令和2年度	令和3年度	令和4年度
措置命令	（懸賞・総付・業種別）	0	0	0	0	0	0	0	0	0	0
行政指導	懸賞	12	8	15	6	9	14	3	7	8	5
	総付	10	11	12	5	5	9	15	3	6	4
	業種別	2	0	1	1	0	0	0	1	0	0
計		24	19	28	12	14	23	18	11	14	9

消費者庁が毎年公表する「景品表示法の運用状況及び表示等の適正化への取組」を基に作成

　もっとも、当該図表だけをみて、景品規制違反のリスクが低いと判断するのは早計である。

　まず、大阪府は、総付制限告示による制限を超えて過大な景品類を提供したことを理由に、㈱産業経済新聞社、産經新聞松原南専売所運営者および産経新聞若江岩田・花園専売所運営者（計3名）に対する措置命令（平成31年3月19日）、毎日新聞瓢箪山南販売所、同北山本販売所、および同八尾北販売所運営者（1名）に対する措置命令（令和元年12月10日）を行った。令和5年3月30日にも、㈱産業経済新聞社に対する措置命令が行われている。

　また、以下のようなリスクもある。

(1)　キャンペーンが景品規制に違反する場合

　近時、景表法が消費者にとって身近な存在となりつつあり、景品企画と景品規制との関係に関心を有する者も増えているように思われる。また、SNS 等の発達により、消費者の発信力が高まっている。他方、事業者においても景品規制を意識しており、特に競争事業者が当該規制に違反して景品類提供を行おうとする場合にけん制を行うことがある。

　そのため、事業者が、景品類を提供するキャンペーンを実施する場合に

は、消費者が SNS 等で問題（と思われる点）を指摘したり、消費者や競争
事業者が消費者庁等に対し違反の疑いを報告したりする（その後消費者庁
から違反の疑いの指摘を受ける）可能性がある。その場合、実際に景品規制
に違反しているときには、当該キャンペーンを中止・変更せざるを得ず、
事後的な対応には多大な労力や金銭的支出を伴う可能性がある。このよう
に、事業者が景品規制に違反した際に被る可能性のある損害は決して小さ
くなく、リスクを軽視することはできない。

　例えば、令和 5 年には、航空会社の子会社が、沖縄のホテルに関して、
1 万円弱のプランを販売する一方で、「1 万マイル付プラン」を約 3 万
3,200 円で販売した事例が報道で話題になった。マイルは複雑であるため
具体的な把握が難しいが、特定商品への交換が可能なものは値引や自他共
通割引証票としての整理が難しく、また 1 マイルは 1 円超の価値を有する
可能性があり、上記プラン販売に伴うマイル提供は、総付制限告示による
制限を超えるのではないかが問題とされた（宿泊プランにマイルが付くのは
取引本来の内容ではないし、セット商品といえる表示でもなかった）。報道に
よると、上記子会社は、一般の旅行客から指摘を受け、対象プランの販売
を停止した模様である。

(2)　事業が景品規制により制限を受ける場合

　また、リスクはこれだけにとどまらない。事業内容自体の見直しを迫ら
れることもある。

　例えば、いわゆるコンプリートガチャ（コンプガチャ。第 4 章 5 ）は、消
費者庁がコンプガチャは禁止対象である旨を公表したことに伴い（消費者
庁「オンラインゲームの『コンプガチャ』と景品表示法の景品規制について」
〔平成 24 年 5 月 18 日〕）、終了または変更等を迫られた。

　このほかにも、例えば、参加費を支払うマラソン大会の上位入賞者に賞
金を支払うという場合のように、いわゆる「おまけ」とは異なり一見景表
法とは関係なさそうなものも、実は景品規制（上記の例では懸賞制限告示）
との関係を検討する必要があるものもある（景品 Q&A の Q28）。

　一般消費者に経済上の利益を提供することを内容とする事業を行おうと
する際には、景品規制等との関係で問題がないか、検証する必要がある。

総付制限告示の意義

　景表法が制定された昭和37年ころに比べ、現在は、物があふれる時代であり、商品やそれを選択する価値観も多様化している。そのような中、景品付商品が販売された場合、一般消費者としては、「景品」＋「商品」の客観的な価値を（比較サイトや口コミサイト等の確認も経るなどして）検討した上で自ら納得して当該景品付商品を購入することが多いように思われる。

　そのため、少なくとも現代社会においては、懸賞以外の方法による景品類の提供について、一般消費者の自主的かつ合理的な選択を阻害するおそれがあるのか、一般消費者保護の観点から総付制限規制が必要なのか（一般消費者は、取引に際し認識したとおり商品および景品類を入手するのであり、不利益を被らないのではないか）、疑問がなくはない。

　これは、景品規制に関する消費者庁の執行状況からも窺える。（色々な事情が考慮されていることとは思われるが）行政処分を行うことが適切ではないと考えられるからこそ、長年措置命令が行われていないのだろう。

　懸賞の方法により景品類を提供する場合は、一般消費者の射幸心を過度に煽る可能性があり、外国でも厳格に規制されていることが多い。そのため、懸賞制限告示は維持する必要はあるだろう。他方、総付制限告示はその必要性を見いだし難いため、あり方を見直すことも必要なのではないかと考える。報道によれば、特に平成31年の大阪府による措置命令は、背景として、合理的とは言えない長期間の契約の締結などの不適切な勧誘に際し、制限を超える景品類が提供されたという事情があったようである。消費者問題に関する不当景品規制の活用例として挙げられるが、直接的に、当該勧誘行為に関する規制を活用するなどの対応も考えられるのではないか。

　もっとも、現在は、事業者が懸賞以外の方法で景品類を提供する場合には景表法（総付制限告示）による規制の適用を受けるため、本書では、総付制限告示に関する説明も行う。

景品規制の対象となる「景品類」とは何か

景表法の景品規制は、事業者が「**景品類**」を「**提供**」する場合を対象とする（法4条、懸賞制限告示2〜4、総付制限告示1）。そこで、本章では「景品類」とは何かについて説明し、第3章では、経済上の利益を「提供」しているのは誰か（誰が景品規制の適用を受けるのか）について説明する。

1　「景品類」とは何か

「景品類」とは、「顧客を誘引するための手段として、方法のいかんを問わず、事業者が自己の供給する商品又は役務の取引に附随して相手方に提供する……経済上の利益」をいい、「正常な商慣習に照らして値引き又はアフターサービスと認められる経済上の利益及び正常な商慣習に照らして当該取引に係る商品又は付属すると認められる経済上の利益」は含まれない（定義告示1）。これを分解すると、次のA〜Gの要件をすべて満たすものは「景品類」に該当する。1つでも満たさない場合には「景品類」に該当しない（その場合には景品規制の適用を受けない）。

> A 顧客を誘引するための手段として（顧客誘引性）
> B 自己の供給する商品・役務の取引に（供給要件）
> C 上記Bの取引に付随して（取引付随性）
> D 相手方に提供する（提供の相手方）
> E 経済上の利益であり
> F 仕事の報酬に該当しない
> G 正常な商慣習に照らし、値引・アフターサービス・附属物と認められる経済上の利益のいずれにも該当しない

上記要件A〜Gについて、それぞれ概説する。

要件Ａ：顧客を誘引するための手段として行うものか （顧客誘引性）

　「顧客を誘引するための手段」として行うものか否か（顧客誘引性）は、（表示規制と同様に）提供者の主観的意図やその企画の名目を問わず、客観的に顧客誘引のための手段になっているかによって判断される（定義告示運用基準1(1)）。

　例えば、事業者が顧客に対する謝恩や社会的儀礼として提供を行った場合であっても、客観的に顧客誘引の効果を発生させているのであれば、「顧客を誘引するための手段」として行ったものと判断される。SDGsの流れから、自社商品の容器の持参者に対して抽選で金品を提供するという企画を行う場合も、客観的に顧客誘引のための手段となっていると判断されよう。

　新たな顧客の誘引に限らず、取引の継続または取引量の増大を誘引するための手段も、「顧客を誘引するための手段」に含まれる（定義告示運用基準1(2)）。

　他方、顧客に事前に全く告知せず、1回だけ経済上の利益を提供するという場合には、当該顧客が当該利益を得るために商品・役務を購入する行動を行うことは考え難いので、客観的に、「顧客誘引のための手段」とならないと考えられる（景品Q&AのQ3）。例えば、高速道路の利用者100万人目に、事前告知なしに記念品を提供するといった場合である。

　ただし、事前告知を行わない場合であっても、事業者が当該利益を提供する企画を継続的に実施したり、提供を受けた消費者のSNS投稿が拡散されたりして当該提供が周知の事実となっているようなときには、顧客は当該利益を得るために商品・役務を購入する行動を行う可能性がある。その場合には、「顧客誘引のための手段」として行うものと判断され得る。

要件Ｂ：自己の供給する商品・役務の取引といえるか （供給要件）

　「景品類」は、自己の「供給」する商品・役務の取引に付随して経済上

の利益を提供し、値引等に当たらない場合に該当する。そのため、特定の事業者が、自己の供給しない商品・役務の取引に付随して経済上の利益を提供しても、（当該事業者との関係では）「景品類」には該当しない。

　この「供給」要件について、法律や告示では定義されていないが、表示規制に関してみたように、定義告示運用基準では、「『自己の供給する商品又は役務の取引』には、自己が製造し、又は販売する商品についての、最終需要者に至るまでのすべての流通段階における取引が含まれる」とされている（同3⑴）。例えばA社（メーカー）→B社（小売事業者）→一般消費者という流通過程を経る商品に係るB・一般消費者間の取引は、B社のみならずA社にとっても、「自己の供給する商品……の取引」に該当する。

　実務上、景品規制との関係では、無償取引を条件として経済上の利益を提供する場合には、（ほかの事情が無い限り）取引付随性（要件C）を満たさないと考えられている。

　例えば、オンライン・ショッピングサイトの「無料の会員登録」をした者を対象に経済的利益を提供する場合は、原則として（懸賞に応募しようとする者が自社商品・役務を購入すること〔取引〕につながる蓋然性が高いときを除き）、取引付随性は否定される（景品Q&AのQ15）。

　また、スマートフォン等で利用される無料のアプリをダウンロードした者に対し経済上の利益を提供する懸賞企画についても、取引付随性は認められない（景品Q&AのQ17）。

　加えて、SNSアカウントのフォローやリポストのみを条件に賞品を提供する場合も、取引付随性は認められない（ただし、商品画像を投稿することも条件とする場合は、取引の相手方を主たる対象として提供するので、取引付随性が肯定される。景品Q&AのQ18）。

　これらは、景品規制との関係では、（消費者から対価を徴収しないという意味での）無償取引は「自己の供給する商品又は役務の取引」に該当しない、ということを前提としていると考えられる。景表法は、表示規制・景品規制について「自己の供給する商品又は役務の取引」と同じ文言を用いているので、景品規制との関係でも無償取引は「自己の供給する商品又は役務の取引」に当たりそうだが、総付制限告示や懸賞制限告示が取引価格を基礎に規制を設けているので、翻って「自己の供給する商品又は役務の

取引」に当たらないとの整理が提案されている（染谷隆明「景品表示法の『取引』概念の再検討──無償契約は『取引』か」公正取引834号41頁を参照）。さしあたり、景品Q&Aの表現に沿って、通常、無償取引を条件とする場合は取引付随性を欠く（景品規制は適用されない）、という整理を基に進める。

　上記に関連して、定義告示運用基準では、「銀行と預金者との関係、クレジット会社とカードを利用する消費者との関係等も、『取引』に含まれる」と示されている（同3(3)）。例えば、銀行・預金者間の融資取引のほか、銀行・預金者間の預金取引も（自己の供給する役務の）「取引」に含まれると解されている。当該取引との関係には手数料が発生することは想定し難く、景品規制の適用対象となる。上記のような、自己の供給する商品・役務の「取引」は有償取引であるとの整理とは整合しないようにも思えるが、定義告示運用基準に沿って対応することが求められよう。

　また、表示規制との関係でみたように、古本の買入れ等のように、自己が商品等の供給等を受ける場合であっても、役務を供給しているといえる場合、供給要件は満たし得ると整理された（第2部第5章1(6)）。（消費者から対価を徴収しないという意味での）無償取引を条件とする企画は取引付随性を欠くという消費者庁の整理との整合性が問題にはなり得るが、万一取引付随性が肯定されるとしても、「自己の供給する商品又は役務の取引」と認められる役務（査定サービス等）の取引価額は通常観念し得ないため、当該役務の利用のみを条件とする場合は、（商品販売店舗への来店等を条件とすれば別途取引付随性が肯定されるが）基本的に景品規制の適用は受けないだろう。

4　要件C：取引に「付随」して提供するものか（取引付随性）

(1)　基本的なイメージ

　取引に「付随」して提供するものか否か（取引付随性）は、「景品類」該当性を判断するに際し重要な要件である。

　基本的な場面を整理すると **図表3-2-1** のとおりである。このうち、「取引

そのもの」または「取引に付随しない」に当たる場合には、取引付随性は
認められない。

図表 3-2-1　取引付随性整理表

	取引そのもの	取引に付随	取引に付随しない
懸賞	宝くじ、競馬、パチンコ等…(あ)	A商品購入者の中から抽選で○○名にB商品をプレゼント…(い)	商品の購入にかかわらずネットでの申込者に抽選でB商品プレゼント…(う)
総付	A商品を○○円で販売、A商品とB商品をセットで××円で販売…(え)	A商品購入者にもれなくB商品をプレゼント…(お)	街頭でティッシュを配る…(か)

深町正徳「割引券の提供に関する景品表示法の考え方について」(公正取引587号40頁) を
基に作成

(2)　取引付随性が認められる場合

　取引付随性の要件は、取引に「付随」すれば足り、認められる場面は相
当広い。次の（Ⅰ）・（Ⅱ）いずれかに該当する場合には、取引付随性が認
められる（定義告示運用基準 4(1)〜(3)）。

（Ⅰ）取引を条件として提供する場合
（Ⅱ）経済上の利益の提供を、顧客の購入の意思決定に直接結び付く可能性のある
　　　形で行う場合
　　（Ⅱ-1）取引の相手方を主たる対象として提供する場合
　　（Ⅱ-2）取引の勧誘に際して、相手方に、利益を提供する場合

　上記（Ⅱ）の場合、取引に付随しない提供方法を併用しても、取引付随
性が肯定される（定義告示運用基準 4(2)柱書かっこ書）。この考え方（取引付
随性のある提供方法と取引付随性のない提供方法を併用する場合に取引付随
性はあると判断される）は、取引を条件とする企画を行う場合も同様と考え
られる。

ア　取引を条件として提供する場合（Ⅰ）

上記（Ⅰ）の典型例は、商品の購入者に対して経済上の利益を提供する場合である。事業者が、取引を条件とせず広く応募を受け付け、抽選の結果、当選者に対し賞品を提供する場合であっても、当選者が賞品を受領するには同事業者の商品を購入する必要があるときには、（Ⅰ）に当たり、取引付随性は肯定される（景品 Q&A の Q23）。

イ　取引の相手方を主たる対象として提供する場合（Ⅱ-1）

「取引の相手方を主たる対象として提供する場合」としては様々な場面があり得るが、定義告示運用基準では、以下の i ～iv が例示されている（定義告示運用基準4⑵ア～ウ参照）。 i ～iv は例示であり、ほかにも「取引の相手方を主たる対象として提供する場合」と認められることはあり得る。

i　商品の容器包装に経済上の利益を提供する企画の内容を告知している場合
　（例）　商品の容器包装にクイズを出題する等応募の内容を記載している場合

（コメント）商品の容器包装に応募条件等を記載する場合、それを書き写すのでなく購入してしまおうと考える一般消費者が多いだろうという発想の下、取引付随性は肯定されている。

　　景品 Q&A の Q22 では、お菓子メーカーによる懸賞企画について、「通常、ホームページや SNS から誰でも応募できる懸賞企画であれば、商品・サービスを購入することに直ちにつながるものはありませんが、本件では、商品Aのパッケージに応募要領等が記載されていることから、商品Aの取引の相手方を主たる対象として行われているとみられ、取引に付随することになります。」とされている。

　　商品のパッケージに応募要領を記載しても、「ホームページや SNS から誰でも応募できる懸賞企画」であれば、商品を購入しなくても、パソコンやスマートフォンで容易に応募できるのであり、買ったほうが早いといった事情もないはずである。そのような場合にも「取引の相手方を主たる対象として提供」しているのか、疑問がある。

　　とはいえ、実際には、商品のパッケージに「ホームページや SNS から誰でも応募できる懸賞企画」であることを簡潔に記載し、応募要領はホームページ等で示す（パッケージに記載しない）という場面が多いと思われる。企画について指摘を受けて無用なやり取りを回避する観点からは、そのように対応することが望ましいだろう。

ii　商品・役務を購入することにより、経済上の利益の提供を受けることが<u>可能または容易になる場合</u>

　（例）新聞紙上で出題したクイズの正解者に対して提供するが、商品を購入しなければ正解やそのヒントが分からない場合

（コメント）取引に伴い経済上の利益を得られる可能性が生じるまたは高まるような場合には、相当程度広く取引付随性が肯定されている（Column3-2-1）。

iii　<u>小売・サービス業者が、入店者に対し経済上の利益を提供する場合</u>

　（例）小売・サービス業者が、①入店者に対してその場で提供する場合、②応募用紙や応募箱を自己の店舗に置く場合、③新聞紙上で出題したクイズの解答者に提供するが来店することで回答が判明・容易になるような場合、④企画の告知を店頭にて行う場合、⑤当選者に対する商品の引渡しを店頭で実施するような場合等が挙げられる（緑本6版205～206頁）

（コメント）この趣旨は、いったん入店した消費者は、商品を購入する蓋然性が高い点にある。厳密には、飲食店のように入店者はほぼ必ず取引すると考えられる業種がある一方で、書店のように商品を購入しない入店者が相応にいる業種もあるが、業種や対象商品ごとに購入の蓋然性を個別に判断することはせず、入店者に対し利益を提供する企画は、一律に取引に付随すると考えられているようである。そのような理解を前提としても、商品・役務の取引を条件とせず、誰でもウェブサイト等から参加できるような企画について、④のように店頭で告知をするだけで取引付随性が肯定されるのかは、疑問がある。

iv　<u>メーカー等が、次の(a)から(c)のように特定の関連がある小売・サービス業者の店舗への入店者に対し提供する場合</u>（(a)から(c)は例示であり、他にも該当する場合はあり得る）

　(a)自己が資本の過半を拠出している小売・サービス業者

　(b)自己とフランチャイズ契約を締結しているフランチャイジー

　(c)その小売・サービス業者の店舗への入店者の大部分が、自己の供給する商品・役務の取引の相手方であると認められる場合の小売・サービス業者（例：ガソリンスタンド運営会社にガソリンを販売する石油業者）

（コメント）逆に、メーカー等の小売業者以外が、特定の関連がない一般的な小売業者の店舗への入店を条件に経済的利益を提供する場合は、取引付随性は認められない（ただし、その場合小売業者に取引付随性・顧客誘引性はあり、小売業者に提供要件が認められないか検討が必要となる）。

ウ　取引の勧誘に際して、相手方に利益を提供する場合（Ⅱ-2）

　取引の勧誘に際し相手方に利益を提供する場合、勧誘に応じて取引を行う者が存在するか否かにかかわらず、取引付随性は認められる（緑本6版205頁）。取引をするか否かを条件としないものの、勧誘を受ける際に景品を受け取ると取引を断れない人が少なくはないだろうという発想と考えられる。

　運用基準や景品Q&A等では「取引の勧誘に際して」に当たる場面は明示されていないが、例えば、訪問販売事業者が、消費者宅で商品の勧誘に際し消費者に対し物品を提供する場合は、対象商品を購入しない消費者がいても「取引の勧誘に際して」提供していると判断されるだろう。特定の商品・役務の見積りを条件に経済上の利益を提供する場合も、見積提示時に具体的な条件を示し勧誘するときには、「取引の勧誘に際して」提供しているとされ得る。

少し深掘り
Column3-2-1　**eスポーツ大会の賞金と取引付随性**

　上記 ⅱ に関し、ネットワークを介して異なる機器間で対戦できる機能を有するアクションゲームを一般消費者に供給することを想定している企業が、そのゲームを用いた大会の優勝者に対し賞金を提供するという内容の企画に関して消費者庁に照会を行い、消費者庁は以下の回答を行った（平成28年9月9日付回答〔消表対第1306号〕。当該回答は、消費者庁ウェブサイトから「消費者庁ホーム＞法令＞法令適用事前確認手続」とたどり閲覧できる）。

（照会事実概要）
・対象ゲームは、家庭用ゲーム機向けソフトを購入するか、ゲームセンターに設置されているアーケードゲームに金銭を支払うことによりプレイできる
・大会参加料はユーザーから徴収しない
・大会賞金の受領に当たり照会者との取引を条件とせず、本件企画の実施会場において主催者・協賛者が供給する商品・役務について販売行為等は行わない
・当該ゲームの技術向上のためには、原則的に繰り返しのゲームプレイが必要であるため、有料ユーザー以外の者が「成績優秀者」として賞金を獲得する可能性は低い

（回答）

　想定されたゲーム大会は、「有料ユーザーが賞金という経済上の利益を受けることが可能又は容易になる企画」であり、照会者が当該大会において成績優秀者に提供する賞金は、「取引に付随」して提供する経済上の利益に当たり、「景品類」に該当する。

　このように、取引に伴い経済的利益を得られる可能性が生じるまたは高まるような場合には、相当程度広く取引付随性が肯定されている点には注意が必要である。

　上記回答を契機として、無料でプレイでき、課金の有無が勝敗に影響を及ぼさないゲームを除き、eスポーツ（「エレクトロニック・スポーツ」の略で、広義には、電子機器を用いて行う娯楽、競技、スポーツ全般を指す言葉であり、コンピューターゲーム、ビデオゲームを使った対戦をスポーツ競技として捉える際の名称）の大会を開催する場合には、景表法の景品規制の適用を受け、賞金の最高額は懸賞制限告示に基づき10万円となる、という考え方が急速に広まり、多くの大会において賞金額が大幅に減少されるという事態が生じた。

　もっとも、その後、「仕事の報酬」に当たり「景品類」に当たらない場合があるという考えが示され（後記7）、景品規制に関する議論は落ち着き、他の法令や実務面での整備が行われ、様々な企画が検討・実施されている。

(3)　取引付随性が認められない場合（取引の本来の内容をなす場合、セット販売の場合）

ア　取引の本来の内容をなす場合

　景品類は、取引本来の内容とは別に、おまけとして提供されるものである。そのため、正常な商慣習に照らして取引の本来の内容をなす経済上の利益の提供は、取引付随性を欠き、「景品類」に該当しない（定義告示運用基準4(4)）。

　上記運用基準では、「宝くじの当せん金」、「パチンコの景品」、「喫茶店のコーヒーに添えられる砂糖・クリーム」が例示されている。例えば宝くじの当せん金は、宝くじの購入という取引の本来の内容であるため、取引付随性を欠き、「景品類」に該当しない。もっとも、定義告示運用基準が示す例以外には、「取引本来の内容」と認められる具体例は明らかでなく、

また「取引本来の内容」と認められるための具体的要件も明らかにはされていない。

景表法による景品規制の趣旨は、過大な景品類提供により顧客を不当に取引に誘引することを禁止し、一般消費者の自主的かつ合理的な選択を確保する点にある（景表法1条）。そのため、一般消費者が取引本来の内容であると認識するか否か、という観点から判断すべきものと考えられる。

例えば、年始に販売されることの多い「福袋」は、通常、同じ金額でも中身が異なるので「懸賞」にあたりそうだが、中身がわからない商品として販売され、歳末などの商慣習上の商品となっており、一般消費者もそのように認識しているので、取引本来の内容であり、「景品類」には当たらないと考えられる（最近は、中身がわかる福袋が販売されているが、こちらについても、取引本来の内容またはセット販売に当たり、取引付随性を欠く）。

また、ある会員サービスを提供し、無料会員と月会費を支払う有料会員がいる場合に、有料会員には提携施設を優待価格で使用できるという特典を付すとき、その特典は、「通常、有料会員の月会費の取引に付随して提供される景品類ではなく、そのような特典のある有料会員サービスに月会費を支払って提供された」のであり、取引本来の内容と認められ得る（景品Q&AのQ26）。従前から存在する商品・役務は、一般消費者がその内容を認識しやすいため、何かを追加した際も取引本来の内容であるとはいい難いが、そうでない商品・役務（特に役務）については、表示の仕方等により取引本来の内容と構成する余地があるだろう（景品Q&AのQ27も同様の発想ではないか）。

ただし、「景品類」に該当しない場合であっても、他法令により禁止・制限されることはあり得る。例えば、宝くじの販売は特別法により認められており、通常の事業者がクジや抽選権を販売する場合には、景品類には当たらないものの（景品Q&AのQ25）、富くじ罪（刑法187条）に該当するおそれがある。報道によると、地方公共団体が、当選者に旅行券等を提供することを想定した「くじ」を、1口200円で販売するという企画を検討したものの、途中で問題点を認識し実施を取りやめたというケースがあるとのことであり、注意が必要である。

　イ　セット販売等の場合

　ある取引をした相手方に2つ以上の商品・役務を提供する場合、次の①
〜③のような組み合わせ（セット）であるときは、原則として、取引付随
性を欠く（「景品類」に該当しない。定義告示運用基準4⑸柱書本文）。①で
シャンプー単体メニューを提供していなくても、「カット（シャンプー付
き）」はセット商品であるといえると思われる。そのため、独立して販売
されていないものもセット商品とする余地はあるものの、認められる範囲
は広くはなさそうである。

> ①商品・役務を2つ以上組み合わせて販売していることが明らかな場合
> 　(例)「ハンバーガーとドリンクをセットで○○円」、「ゴルフのクラブ、バッグ等
> 　の用品一式で○○円」、美容院の「カット（シャンプー、ブロー付き）○○円」
> 　といった販売の場合
> ②商品・役務を2つ以上組み合わせて販売することが商慣習となっている場合
> 　(例)乗用車販売時にスペアタイヤを併せて販売する場合
> ③商品・役務が2つ以上組み合わされたことにより独自の機能、効用を持つ1つの
> 　商品・サービスになっている場合
> 　(例)玩菓、旅行用の化粧品セット、パック旅行

　ただし、上記①〜③に該当する場合であっても、(a)「懸賞」により提供
する場合または(b)提供方法から取引の相手方に景品類であると認識される
ような仕方で提供する場合には、取引付随性ありとされる（定義告示運用
基準4⑸柱書ただし書）。

> (a)「懸賞」により提供する場合
> 　(例)ハンバーガーを購入した者にくじを引かせ、当たりが出た者にドリンクを
> 　併せて提供する場合
> (b)提供方法から取引の相手方に景品類であると認識されるような仕方で提供する場
> 　合
> 　(例)「○○プレゼント」、「××を買えば○○が付いてくる」、「○○無料」と表示
> 　して提供する場合

　特に上記(b)の観点から、取引本来の内容と同様、セット商品であるか否
かに関し、表示内容は重要である。例えば、家電リサイクル法の対象機器
の購入者に対し、リサイクル料金、収集運搬料金を「無料」「タダ」など

と表示する場合は、上記(b)に当たると考えられる（「家庭電気製品業における景品類の提供に関する公正競争規約」運用基準9）。ただし、「○○プレゼント」といった特定の文言のみにとらわれるのではなく、提供の方法・形態を総合的にみて、取引の相手方に景品類であると認識されるか否かを判断する必要がある」との指摘がある（緑本6版210頁）。

　また、定義告示運用基準で示された、セット商品に関する上記①〜③の例からはイメージしにくいが、景品Q&AのQ30では、「イベント企画会社である当社が主催して誰でも参加できる有料のイベントを実施する」場合に、「イベントの入場チケット代金は5,000円で、イベント来場者には必ずTシャツが配布され」るとき、「Tシャツ付き入場チケットとして販売するなど、イベントの参加とTシャツがセットで5,000円であることが明らかであれば、原則として取引に付随する提供に当たらず、景品規制の対象とはなりません」とされている。当該Q30を確認する限りでは、消費者庁はセット商品を緩やかに認めようとしている可能性がある（序論3(5)で紹介した植村弁護士のブログ〔2023年10月30日〕でも指摘されている）。

(4)　ネット販売事業者が自社ウェブサイト上で懸賞企画を実施する場合

　ネット販売事業者が自社ウェブサイト上で懸賞企画を実施する場合には、①懸賞の告知や応募の受付を行う懸賞サイトが商品の販売を行う商取引サイト上にあるときや、②商取引サイトから懸賞サイトへのリンクが張られていて商取引サイトを見なければ懸賞サイトを見ることができないときであっても、取引付随性を欠くと考えられている（「インターネット上で行われる懸賞企画の取扱いについて」〔平成13年公正取引委員会〕1）。社会生活のデジタル化が進む昨今、商取引サイトを訪れる場合に取引付随性を否定する発想の合理性は乏しくなっているように思われるが、特段動きがない限りは上記考えに沿って実務対応を行うことで足りるだろう。イメージは図表 3-2-2 のとおりである。

図表 3-2-2　　インターネット上での懸賞企画イメージ

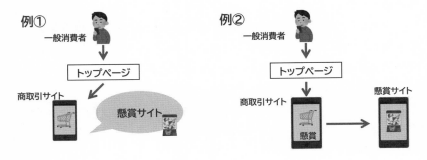

　ただし、商取引サイトにおいて商品・役務を購入しなければ懸賞企画に応募できない場合や、商品・役務を購入することにより経済上の利益の提供を受けることが可能または容易になる場合には、取引付随性があると判断される。

　例えば、自動車販売事業者が、自動車の購入に興味を持つ一般消費者を対象として、「カーナビプレゼントキャンペーン」と称して、ウェブサイトで広く告知し、自動車の購入を条件とせず、ウェブサイト上において応募を受け付け、応募者の中から抽選でカーナビゲーションシステムを提供する場合を想定すると、当該企画は、応募時点では自動車の購入を条件としておらず、ウェブサイト上で応募を受け付けるため来店も必要としていないので、基本的には取引付随性を欠く。

　しかし、例えば、当該企画の当選者が当該物品（カーナビ）の提供を受けるためには自社で自動車を購入する必要があるといった条件を付す場合には、取引を条件として経済上の利益を提供する場合に当たり、取引付随性が肯定される（景品 Q&A の Q23 では、「経済上の利益の提供が取引の相手方を主たる対象として行われる」場合に当たるとされているが、賞品であるカーナビは、自動車の購入を条件として提供されるので、（Ⅱ-1）でなく（Ⅰ）に当たるだろう）。

5　要件D：「取引の相手方」に提供するものか

　基本的に、経済的利益の提供について顧客誘引性および取引付随性がある場合には、その経済上の利益の提供は、取引の相手方に対して行うものである。

　また、前述のように、例えばA社（メーカー）→B社（小売事業者）→一般消費者という流通過程を経る商品に係るB・一般消費者間の取引は、B社のみならずA社にとっても、「自己の供給する商品……の取引」に該当する（定義告示運用基準3(1)）。そのため、A社が一般消費者に経済上の利益を提供する場合には、「取引の相手方」に提供するものといえる。この点は、メーカーが実施する企画の値引き該当性や「取引の価額」を検討する際に重要となる。

図表 3-2-3　メーカーの供給要件と取引の相手方の関係性イメージ

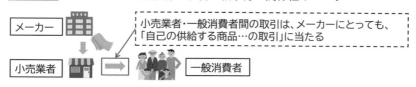

　したがって、事業者が、顧客を誘引する手段として、このような取引に付随して経済上の利益を提供する場合、提供の相手方が問題となることは通常あまりない。

　ただし、例外的な場面ではあるが、取引の相手方ではない第三者に対し経済上の利益を提供する場合であっても、取引の相手方に間接的に経済上の利益がもたらされると客観的に認められるときには、当該取引の相手方に対して景品類を（間接的に）提供したと判断されるので（緑本6版220頁）、留意が必要である。

> **少し深掘り**
> **Column3-2-2**　「お年玉付き年賀はがき」について

　日本郵便㈱発行の「お年玉付き年賀はがき」について、令和6年の1等は、現金30万円、選べる電子マネーギフト「EJOICA（イージョイカ）セ

レクトギフト」31 万円分、令和 5 年発行特殊切手集と現金 20 万円のセットの 3 種類が用意されている。懸賞景品の最高額（取引価額× 20 倍と 10 万円のうち低い方）に抵触しないのか、疑問があるかもしれない。

　「お年玉付き年賀はがき」には「お年玉付郵便葉書等に関する法律」が適用され、賞品の最高額ははがき料金の 5,000 倍、総額上限ははがきの発行総額の 5 ％と定められている。現在、お年玉付き年賀はがきの金額は 63 円であり、提供できる賞品の最高額は 31 万 5,000 円となる。同法は景表法の特別法としての位置づけであり、景表法の景品規制は適用されないと考えられる。

　仮に、景品規制との関係を考える場合には、年賀はがきは自分で自分に送ることができ、当選者は年賀はがきの差出人であることはあり得ることから、（「通常、年賀はがきの差出人（購入者）ではなく、受取人である」としても）「景品類」に該当しないといい切るのは難しいだろう。

6　要件E：「経済上の利益」か否か

　提供を受ける者の側からみて、通常、経済的対価を支払って取得すると認められるものは、「経済上の利益」に含まれる（定義告示運用基準 5(1)）。例えば、「1 等　有名俳優と半日散歩」のようなものであっても、芸能人は通常経済的対価を得て役務を提供するので、提供を受ける者の側からみて通常経済的対価を支払って取得するものであり、「経済上の利益」に該当する。

　また、商品・役務を通常の価格よりも安く購入できる利益は、「経済上の利益」に含まれる（定義告示運用基準 5(2)）。自社との取引に付随して、自社の取引代金を減額する場合は値引に当たるが、第三者の取引代金を減額する割引券を提供する場合は値引に当たらず、「景品類」に当たる。

　これに対し、何らかの商品を購入できる権利は、通常、経済的対価を支払って取得するものではなく、「経済上の利益」には当たらない。もっとも、その商品が「非常に入手困難で、購入できる権利が通常経済的対価を支払って取得すると認められるものといえるような事情がある場合には、経済上の利益に該当する」可能性がある（景品 Q&A の Q33）。

　経済的対価を支払って取得すると認められないもの（例えば、表彰状、

222

表彰盾、表彰バッジ、トロフィー等のように相手方の名誉を表するもの）は、「経済上の利益」に含まれない（景品Q&AのQ32）。ただし、例えば有名な大会の優勝者に交付されるトロフィーのレプリカのようなものは、「経済上の利益」に該当すると考えられる。

7 要件F：仕事の報酬か否か（該当すれば「景品類」に当たらない）

　取引に付随して、その相手方に経済上の利益を提供する場合であっても、「仕事の報酬等」と認められるときは、景品類の提供に当たらない（定義告示運用基準5(3)）。

　例えば、自社商品の購入者の中から募集し選定したモニターに対して、モニターとしての作業内容に相応する報酬を支払う場合が挙げられる。もっとも、例えば5問程度の簡単な質問事項とそれぞれに対応する3種の回答を記載したアンケート用紙を用いて「該当する回答欄に○印」を付すというように、一般消費者の作業量と経済上の利益が相応せず過大なときには、「仕事の報酬」とは認められない（その場合は総付制限告示の制限を受ける）。また、例えばアンケート回答をした一般消費者全員のうち抽選で当選した一般消費者に対してのみ経済上の利益を提供したり謝礼額に差を設けたりする場合、当該利益は偶然の事情により得られる利益であり、「仕事の報酬等」とはいい難い（その場合は懸賞制限告示の制限を受ける。景品Q&AのQ52）。

　いわゆるeスポーツ大会で提供する賞金についても、個々の大会の実態から、仕事の報酬等と認められる場合は、景品類の提供に当たらないとされている（景品Q&AのQ54、令和元年9月3日付回答〔消表対第620号〕）。この考え方は、白石忠志「eスポーツと景品表示法」（東京大学法科大学院ローレビュー12号86頁）の影響を受け整備されたものと認識している（ウェブサイト上で公表されており、eスポーツに限らず、景品規制を検討するに際し示唆に富む内容であり、参照いただきたい）。

8 要件G：値引・アフターサービス・附属物と認められる経済上の利益か否か（いずれかに該当すれば「景品類」に当たらない）

　正常な商慣習に照らして値引・アフターサービス・附属物と認められる経済上の利益は、「景品類」に該当しない（定義告示1ただし書）。

　事業者が値引をする場合、一般消費者は、それが商品・役務自体の価格・品質等に含まれることを前提に商品の選択判断を行うことができ、その値引という利益の提供により一般消費者の自主的かつ合理的な選択は阻害されないため、景品規制の対象外とされている（緑本6版213頁）。

　そうすると、値引は、一般消費者基準では、基本的には取引本来の内容をなすものと考えられ、また、アフターサービスおよび附属物についても同様である。そのため、値引・アフターサービス・附属物は、本来的に「景品類」には該当せず、定義告示では、確認的にこれらが規定されていると整理できる（東京高判昭和56年4月2日〔昭和52年(行ケ)第195号〕も同様の判断を示している）。

　「正常な商慣習に照らして」値引等と認められる否かについて、定義告示運用基準6(1)では「公正な競争秩序の観点から」とされている。もっとも、現在の景表法の目的に照らし、当該製品の特徴、その経済上の利益の内容、提供の方法等を勘案した場合に、一般消費者による自主的かつ合理的な選択の確保という観点からみて容認し得るか否かという観点から判断される（緑本6版214頁）。当該業界に現に一般化し、常態化している商慣習があるとしても、その商習慣が直ちに「正常な商慣習」であるとされるわけではない。

(1)　値引

　値引には、（Ｉ）減額・キャッシュバック、（Ⅱ）増量値引の2つの類型がある。それぞれ分けて説明する。

　ア　減額・キャッシュバック（類型（Ｉ））

　取引の相手方において「支払うべき対価を減額」する場合や、当該相手方に対し支払代金の「割戻し」をする場合には、「値引と認められる経済

上の利益」に該当し、「景品類」に該当しない（定義告示運用基準６(3)ア、イ）。「割戻し」はキャッシュバックを意味し、現金以外のポイント等を提供する場合は「割戻し」には当たらない。

　複数回の取引を条件として減額・割戻しをする場合を含むとされており、例えば、取引に付随して、次回使える100円割引券や、次回取引時に100円キャッシュバックすることを約束するクーポンを提供する場合も、「値引」に当たる（「複数回の取引を条件として減額・割戻しをする場合を含む」は平成８年の定義告示運用基準改正時に追加された。それまでは、上記割引券やクーポンは「値引と認められる経済上の利益」に該当しないと考えられていた）。

　自己との取引の対価でなく、第三者との取引の対価を減額する割引券を提供する場合、それは「値引」ではなく、「景品類」に当たる。

　減額・キャッシュバックとしての「値引」に該当する例としては、次のものが挙げられる。

□対価減額
・「×個以上買う方には、○○円引き」

（複数回の取引を条件とする場合）
・「×××円お買上げごとに、次回の買物で○○円の割引」
・「100円お買上げごとに１ポイント！」（後日１円／ポイントで利用可能の場合）
（ポイントプログラムについては第５章２も参照いただきたい）

□割戻し（キャッシュバック）
・「1,000円お買い上げごとに後日100円キャッシュバック」

（複数回の取引を条件とする場合）
・「商品シール○枚ためて送れば○○円キャッシュバック」

　もっとも、(a)懸賞による場合、(b)減額・割り戻した金銭の使途を制限する場合、(c)同一の企画において景品類の提供を併せて行う場合のいずれかに当たれば、「値引」には該当しない（定義告示運用基準６(4)ア）。

　まず、(a)懸賞による場合の例は、以下のとおりである。

①紳士服等の購入者に、購入1品ごとにスピードくじ1本を引かせ、購入価格の9割・6割・2割・1割のいずれかに相当する金額を購入価格から値引く（公正取引委員会の関西服装㈱に対する排除命令〔昭和50年10月21日〕）

②キャンペーン終了後、期間中の特定の日を抽選により決め、当日の買い物代金の全額を払い戻す（公正取引委員会の㈱新潟大丸および㈱山下家具店に対する排除命令〔昭和44年6月5日・昭和44年（排）第19号・第20号〕）

（上記②は、事前に企画を告知している場合など、一般消費者が施策内容を認識して取引する可能性がある場合に、顧客誘引性を満たす）

　次に、(b)減額・割り戻した金銭の使途を制限する場合の例は、減額・割り戻した金銭を旅行費用に充当させる場合である。「金銭の使途を制限する場合」はわかりにくいが、「本来、減額し又は割り戻した『金銭』は自由に使用できるにもかかわらず、特定の商品を購入するためにしか使うことができないという条件を付して減額する又は割り戻す場合は、値引とは認められない」というものであり、「金銭」以外は対象ではない。そのため、「商品A（1,000円）を10個購入した方全員に、当店で商品Bを購入するときに使用できる3,000円割引券」は、商品Bの購入時に使用できる割引券であり、金銭ではないため、「減額・割り戻した金銭の使途を制限する場合」には当たらず、値引に当たる（景品Q&AのQ47）。万一、商品Bの代金が3,000円である場合は、単にBを景品類として提供することになる。

　また、(c)同一の企画において景品類の提供を併せて行う場合の例は、値引・キャッシュバックか景品類のいずれかを選択させる、というものである（1つの取引に付随して、値引と景品類提供を両方行う場合には、上記(c)には当たらない）。本来的には、値引という選択肢も用意しつつ結局景品類を提供するような場面が想定されるが、商品A（1,000円）を10個購入することを条件として、「1,500円相当の物品又は2,500円のキャッシュバックのどちらかを選んでもらい提供する企画」も、（キャッシュバックの金額が高くそちらを選択される可能性が高いとしても）、(c)に該当し、いずれも景品類に当たると判断される（景品Q&AのQ48）。上記事例の取引価額は1万円であり、景品類の最高額は2,000円であるため、これを上回る上記キャッシュバックは行えない。後記第5章2のように、ポイントプログラムを検討する際も、この点を意識する必要がある。

　前述のように、メーカーにとって、小売業者・一般消費者間の取引は「自己の供給する商品……の取引」に該当するため、メーカーが、同メーカーについて供給要件を満たす小売業者・一般消費者間の商品取引に付随してキャッシュバックを行う場合も、「値引」にあたると考えられる。複数回の取引を条件とする場合も同様である。

　イ　増量値引（類型（Ⅱ））

　商品・役務の購入者に対し、同じ対価で、それと同一の商品・役務を付加して提供する場合には、「値引と認められる経済上の利益」に該当する（定義告示運用基準6(3)ウ）。増量値引と呼ばれる。

　「複数回の取引を条件」として付加して提供する場合、「実質的に同一の商品又は役務を付加」して提供する場合、それらを組み合わせる場合いずれも、増量値引として「値引」に当たる。

　増量値引としての「値引」に当たる例として、次のものが挙げられる（ⅱ、ⅲ、ⅳ、ⅵは定義告示運用基準6(3)ウ）。値引の場合は、「プレゼント」「サービス」「進呈」といった表現を用いることも想定されている。

ⅰ「大福1個購入したら、もう1個おまけ」

　（複数回の取引を条件とする場合）

ⅱ「コーヒー5回飲んだら、コーヒー1杯無料券をサービス」

　（実質的に同一の商品・役務を付加して提供する場合）

ⅲ「CD同時に3枚買ったらもう1枚進呈」
　　（完全に同じCDではないが、実質的に同一）

ⅳ「背広1着買ったらスペアズボン無料」
　　（背広とスペアズボンは実質的に同一）

ⅴ「ワゴンセールで、1組300円で販売している靴下を4組購入したらもう1つプレゼント」
　　（ワゴン内で販売することにより各靴下の個性が希薄化し、実質的に同一と考えられる〔景品Q&AのQ44〕）

　（複数回の取引を条件とし、実質的に同一の商品・役務を付加して提供する場合）

ⅵ「当社便○○マイル搭乗の方に××行航空券進呈」
　　（航空サービスという点で実質的に同一）

付加される商品・サービスがどのようなものであれば「実質的に同一」

とみられるかどうかは、一般消費者が増量値引と認識するか否かという観点から判断されるが、定義告示運用基準からは厳格な考えが窺える。例えば、上記 iii で、CD 3 枚購入者に付加されるもう 1 枚の CD が別のタイトルのものであっても、「実質的に同一」の商品の付加であるといえる。これに対し、「コーヒー10 回飲んだらジュース 1 杯無料券をサービス」、「ハンバーガーを買ったらフライドポテト無料」等の場合は、「実質的に同一」の商品の付加には当たらない（定義告示運用基準 6 (3)ウただし書）。上記 iv と異なり、「背広 1 着買ったら、コート無料」といった場合には、「実質的に同一」の商品の付加には当たらないと判断され得る。

　同じ対価で、それと同一の商品・役務を付加して提供する場合であっても、(A)懸賞によるときまたは(B)同一の企画において景品類の提供を併せて行うときには、「値引」に当たらない（定義告示運用基準 6 (4)イ）。ポイントやマイルを景品類と交換できるような設計とする場合、(B)に当たると判断され得る。

(2)　アフターサービス

　アフターサービスは、基本的に取引の本来の内容をなすものであり、「景品類」に該当しない。前記のとおり、「景品類」に該当しないことが確認的に規定されている。例えば、機械・器具の一定期間の点検・修理サービスや、パソコン等、取扱いの難しい機器の使用サポート等について、一般消費者が当該サービスも含めて対価を支払っているといえる場合には、取引の内容をなすものと認められるであろう。

　不良品の取換えなどは、契約の履行として行うものであり、取引の内容そのものであり、景品類に該当しない。

(3)　附属品

　附属品は、基本的に取引の本来の内容をなすものであり、基本的に「景品類」に該当しない。前記のとおり、「景品類」に該当しないことが確認的に規定されている。

　例えば、弁当についてくる割り箸や紙ナプキン、商品の内容物の保護や品質の保全に必要な限度内の容器包装やドライアイスが挙げられる。

第3章

経済上の利益を提供しているのは誰か
（提供要件）

1 基本的な考え方

　誰が経済上の利益を「提供」しているか（誰が提供要件を満たすのか）について、運用基準や景品 Q&A 上では明らかにされていないものの、緑本では、次の(a)〜(c)を「総合的にみて判断する」とされている（緑本6版220頁）。

(a)顧客誘引性が認められる取引は何か、取引付随性が認められる取引は何か

(b)企画の立案（具体的には、主商品の選定、景品類の種類、額、実施期間、実施地域、売上予定の算定、その企画の宣伝方法等）を行ったのは誰か

(c)経費の負担者は誰か

　上記(b)について、企画実行に不可欠な行為をしたのは誰か、という観点での検討も必要だろう。上記(c)については、直接的な金銭負担だけでなく、金銭的評価が可能な作業等の負担も考慮され得ると考える。

　また、上記判断時には、これに加えて、実務上、（客観的な視点ではないが最初の指標として）(d)一般消費者からして誰が景品企画を実施していると見えるか、という観点も勘案されていると考えられる。

　景品規制が適用される場面であるかの検討を行う際、提供する利益が「景品類」であるかという問題と、経済上の利益を「提供」しているのは誰かという問題のいずれを先に検討しても差支えない。ほかに、総付の方法で200円未満のものを提供するという場合は、「景品類」該当性や提供要件を考慮することなく景品規制との関係で問題ない、と結論づけることも可能である。

具体例 ─────────────────────────────

(1) メーカー実施企画について小売業者が一切関与しない場合（小売業者は提供要件を満たさない）

例えば、メーカーが、小売業者を通じて一般消費者に供給している商品について、メーカー費用負担の下、出荷段階から商品の包装箱にオマケ（経済上の利益）を同封する場合を考える。

この場合に、小売業者がその仕入れた包装箱の状態のまま販売しているとき、メーカーが当該オマケ（経済上の利益）を提供していることには争いない。

他方、小売業者についてみると、(a)当該経済上の利益は、小売業者にとっても顧客誘引性があり、取引付随性が認められるが、(b)当該小売業者は企画立案に一切関与せず、(c)経費も負担していないのであれば、当該小売業者は、当該オマケ提供の実施内容について決定しておらず、実施についてイニシアティブをとっていないため、景表法上は、経済上の利益を提供しているとはいい難い。

したがって、そのような場合には、上記メーカーは提供要件を満たし景品規制の適用を受ける可能性があるのに対し、上記小売業者は提供要件を満たさず規制の適用を受けない（緑本6版219頁）。

(2) メーカー実施企画について小売業者が一定関与する場合（小売業者も提供要件を満たす）

メーカーが小売業者にスピードくじを渡し、当該商品の購入者に対し小売業者の店舗で抽選して、当選者に対し、小売業者が自己の供給するその他商品を賞品として提供する場合を考える。

その場合には、(a)小売業者にとっても顧客誘引性・取引付随性が認められるほか、(b)当該小売業者は自ら企画を立案していないものの、メーカーから受け取ったスピードくじを商品の購入者に対し交付するとともに賞品を自ら提供しており、企画実行に不可欠な行為を自ら行っている。さらに、(c)小売業者は、当該企画の実施に当たり、商品の選定を行うだけでなく、顧客に対しスピードくじを交付するために従業員を配置する等するほか、

当該企画用の業務フローや顧客との質疑応答マニュアルを作成したり従業員の指導を行ったりする必要があり、それらに伴う経費負担は少なからずあるだろう。

そのような場合には、個別事情によるものの、メーカーだけでなく当該小売業者も、経済上の利益を提供しているとされ、景品規制の適用を受ける可能性がある（緑本6版219頁）。

(3)　小売業者と供給要件を満たさない第三者が共同して景品企画を実施する場合

商品Xを販売する小売業者A社と、当該Xについて供給要件を満たさないB社が、商品X購入者にもれなく景品を提供する企画を検討する場合、当該B社については（供給要件を満たさないので）取引付随性は認められず、景品規制は適用されない。

他方、A社についてみると、(c)当該企画の告知や景品の受け渡しをB社が行うとしても、(a)A社にとって顧客誘引性・取引付随性があり、(b)A社は共同して企画を検討している以上企画の立案に関与しているため、（A社が）提供していると判断される可能性は相応にある（景品Q&AのQ12）。

事案を変えて、A社が「共同」しているとまでは主体的に関与していない場合はどうか。その場合、A社の提供要件を肯定する事情は薄まるが、ただ、(a)取引付随性や顧客誘引性はA社に認められるのであり、実質的に(b)(c)の事情を検討してA社も提供している、と判断される可能性は否定できず、慎重な検討が必要だろう（特に、〔後記(4)のように疑問はあるが〕景品Q&AのQ13では(a)のみで提供要件を肯定するかのような記述が行われており、注意が必要である）。

(4)　プラットフォーム運営事業者が出店事業者との取引を条件に景品を提供する場合

プラットフォーム運営事業者A社が、消費者は無料会員登録のみで利用できる、掲載事業者と消費者をマッチングするプラットフォームを提供している場合に、A社が、当該プラットフォーム上のマッチングで掲載事業者と成約した消費者にもれなく景品を提供する、という事例を考える。

　上記事例では、Ａ社と消費者との間で有償取引は生じず、消費者庁の運用によればＡ社について（供給要件を欠くため）取引付随性は否定される。そのため、Ａ社には景品規制は適用されない。

　それでは、この場合、掲載事業者に景品規制が適用されるか。景品Q&Aでは、掲載事業者との「成約件数の増加につながるものであることから、……相談者と掲載事業者が特定の協力関係にあり、共同して経済上の利益を提供していると認められる可能性が高い」とされている（景品Q&AのQ13。おそらくQ125も同様の発想と思われる）。

　掲載事業者との成約件数の増加につながるということは、(a)の取引付随性・顧客誘引性が認められることを示すが、その他の(b)(c)の事情について一切検討せずに、「特定の協力関係にあり、共同して経済上の利益を提供している」とまでいえるのか。前記1でみた、(a)〜(c)を総合的にみて提供要件を満たすかを判断するという緑本6版の考え方と整合するといえるのか、疑問がある。

第4章 景品類を提供する場合の具体的な制限

第4章では、懸賞景品規制と総付景品規制の概要を説明し（後記1）、いずれであっても検討が必要な「取引の価額」および「景品類の価額」について説明し（後記2・3）、さらに懸賞景品規制・総付景品規制固有の問題についてそれぞれ説明する（後記4以降）。

1 懸賞景品規制と総付景品規制の概要

(1) 懸賞景品規制

ア 一般懸賞

事業者が、商品の購入者等に対し「懸賞」の方法を用いて景品類を提供する場合には、景品類の額について、共同懸賞に該当する場合を除き、**図表3-4-1** のとおり制限される（懸賞制限告示2および3）。

「懸賞」とは、(1)くじその他偶然性を利用して定める方法または(2)特定の行為の優劣・正誤によって定める方法により、(a)景品類の提供の相手方または(b)提供する景品類の価額を定めることをいう（懸賞制限告示1）。取引を条件に全員に対し景品類を提供する場合でも、抽選により提供内容を変えるなど、顧客が取引をする際にどの景品を獲得できるかわからないときは、(b)に当たり懸賞となる（景品 Q&A の Q89）。

図表 3-4-1 　一般懸賞景品に関する規制

取引の価額	景品類限度額	
	①最高額	②総額
5,000 円未満	「取引の価額」の 20 倍	懸賞に係る 売上予定総額×2 %
5,000 円以上	10 万円	

　また、「2 以上の種類の文字、絵、符号等を表示した符票のうち、異なる種類の符票の特定の組合せを提示させる方法」（カード合わせ）を用いた懸賞は、景品類の価額の大小を問わず、全面的に禁止されている（懸賞制限告示5）。

　イ　共同懸賞

　一定地域の同業者の「相当多数」や商店街の「相当多数」が共同実施する場合には、図表 3-4-2 のとおり景品類の制限額は若干緩和される（懸賞制限告示4）。もっとも、後記6のとおり共同懸賞に該当するための要件は厳格であり、例えば複数名で共同して実施すれば直ちに共同懸賞に該当するわけではない。実際には、共同懸賞に該当する場合は多くないと考えられる。

図表 3-4-2 　共同懸賞景品に関する規制

取引の価額	景品類限度額	
	①最高額	②総額
不問	30 万円	懸賞に係る売上予定総額×3 %

(2)　総付景品規制

　懸賞以外の方法により景品類を提供する場合（総付景品）については、図表 3-4-3 のとおり、景品類の最高額が制限される（総付制限告示1）。懸賞以外の方法としては、例えば、(i)商品の購入者に対し購入額に応じて提供する方法、(ii)購入額の多少を問わないでもれなく提供する方法、(iii)店舗への入店者に対して商品の購入を条件とせずもれなく提供する方法、(iv)購

入や入店の先着順によって提供する方法が挙げられる。

図表 3-4-3　総付景品に関する規制

取引の価額	景品類限度額	
	①最高額（除外事由あり）	②総額
1,000 円未満	200 円	制限なし
1,000 円以上	「取引の価額」× 20%	

　なお、総付制限告示は、景品類の最高額について、上表の金額以内であることに加え、「正常な商慣習に照らして適当と認められる限度」を超えないことも要件としている。

⑶　「先着順」で提供する場合について

　原則として、商品の購入者や来店者に対し、先着で景品類を提供する場合には、「懸賞」に該当せず、総付制限告示との関係を検討する必要がある（懸賞運用基準 3）。

　ただし、例えば、ウェブサイト上で「○名先着限定」と明示した企画を実施する場合に、「○名」に達した時点で直ちに申込みができなくなるようにしないとき、「○名＋α」の申込みを受け付け、そのうち「○名」が経済上の利益の提供を受けることとなる。その場合には、「先着」と示しているものの、一般消費者にとっては、申込時点で景品類の提供を受けられるかを認識できず、偶然の事情により提供の有無が決まるため、総付景品規制ではなく懸賞景品規制が適用される可能性がある（景品 Q&A の Q112。その場合には最高額は緩和される一方で総額規制を受けることとなる）。

> 少し深掘り
> Column3-4-1　**懸賞なのか、総付なのか**
>
> 　事案によっては、懸賞・総付いずれの方法による提供なのかの判断が難しい場合もある。
> 　基本的には、取引付随性が認められる「取引」（「景品類」該当性を基礎付ける取引）はどれかを把握した上で、当該取引に付随して懸賞の方法で

提供するのか、それとも懸賞以外の方法で提供するのかを検討すると整理できるのではないかと考えられる（景品Q&AのQ23はこの考え方に近い）。

　具体的な事案を基にしたほうがわかりやすいので、例えば、高級果物店の運営事業者Zが、Zの自社ウェブサイトで無料会員登録をした者に対し、（購入の有無にかかわらず）抽選で1,000円の高級スプーンを提供する、ただし、当該スプーンの引渡しは果物店で行う（来店させる）ことを内容とする「無料会員登録で5名様に高級スプーンプレゼント！」という企画を実施する場合を想定する。

(1)　「景品類」該当性

　当該事案において取引付随性は認められるか。

　当該事案における抽選対象者は、購入者に限定されず、「無料」で会員登録した者とされているため、抽選申込みに関し取引付随性は認められない。もっとも、当選者はZの店舗を訪れないと当該スプーンを受領できない。そのため、来店に誘引するという点で取引付随性は認められる。

　スプーンを店の外の賞品引換場で引き渡すような場合は顧客誘引性を否定することがあり得るものの、店舗で引き渡す場合は、当該企画により提供する経済上の利益は、「景品類」に該当すると考えられる。

(2)　懸賞なのか、総付なのか

　上記事案では、当該スプーンを受領できるか否かは、事業者Zが行う抽選によって決まる。そのため、一見、懸賞を用いて提供している場面に当たるように思われる。

　もっとも、当該事案で取引付随性が認められるのは、景品類を獲得するには来店が必要であるという点である。そのため、当該事案では、顧客の来店に対し提供する経済上の利益について景品類規制が適用されることとなる。

　事業者Zは、当選者に対してのみ当該スプーンを提供するものの、当選者のうち来店者に対しては何らの制限なしに当該スプーンを提供するので、懸賞以外の方法により提供するものである。したがって、総付制限告示との関係を検討する必要があると考えられる。

　上記の結論（顧客誘引性を認めることを含む）については議論があり得、景品Q&AのQ23でも直接的には示されていないが、現時点において、消費者庁はこのような整理を行っていると考えられる。

2 景品類最高額算定の基礎となる「取引の価額」─────

(1) 基本的な考え方

　景品類の最高額算定の基礎となる「取引の価額」の算定方法は、次のとおりである（総付制限告示運用基準1(1)〜(4)、懸賞運用基準5(1)）。いずれも、消費税込みの価格を用いる（景品Q&AのQ60）。

①購入者を対象とし、購入額に応じて景品類を提供する場合（例：購入金額の○％の景品類を提供する）

　→当該購入額

②購入者を対象とするが、購入額の多少を問わず景品類を提供する場合（例：自店で何か購入した者を対象に景品類を提供する）

　→原則100円

　　ただし、「通常行われる取引の価額のうちの最低のもの」が100円を超える場合→当該最低額

③購入を条件とせずに、来店者に対して景品類を提供する場合

　→原則100円

　　ただし、「通常行われる取引の価額のうちの最低のもの」が100円を超える場合→当該最低額

　　「特定の種類の商品又は役務についてダイレクトメールを送り、それに応じて来店した顧客に対して景品類を提供する等の方法によるため、景品類提供に係る対象商品をその特定の種類の商品又は役務に限定していると認められるとき」→その商品・役務の価額

④景品類の提供者が

　・小売業者、サービス業者の場合→対象商品・役務の実際の取引価格を基準

　・メーカー、卸売業者の場合→景品類提供の実施地域における対象商品・役務の通常の取引価格を基準（セール価格ではない）

(2) 「通常行われる取引の価額のうち最低のもの」

　前記(1)の②または③に当たる場合、「通常行われる取引の価額のうち最低のもの」が重要になる。

　例えば、ジュエリー販売店にて、全商品を3万円以上で販売している場合には、最安商品の販売価格3万円が「通常行われる取引の価額のうち最低のもの」となる。他方、飲食店の平均飲食代が5,000円である場合であっても、一般的に単品注文されるメニューの最低額が500円である場合

には、「通常行われる取引の価額のうち最低のもの」は 500 円とみる必要
がある。平均値は採用できない（景品 Q&A の Q65）。

　ア　飲食店での「通常行われる取引の価額のうち最低のもの」

　参考事例として、公正取引委員会による㈱葵丸進に対する排除命令（昭
和 46 年 7 月 9 日・昭和 46 年（排）第 24 号）を取り上げる。

　飲食業を営む㈱葵丸進は、「開店 25 周年記念謝恩ジャンボクイズ」と称
し、昭和 46 年 2 月 1 日〜昭和 47 年 1 月 31 日の間、飲食店本店において、
飲食金額の多少にかかわらず飲食した者に対しクイズの応募用紙を与えて
応募させる等した上で、正解者の中から 2 か月に 1 回抽選を行い、1 回の
抽選でカラーテレビ（15 万 8,000 円相当）を 40 台、期間中 240 台（総額
3,792 万円相当）を提供する企画を実施した。

　当該事案において、公正取引委員会は概要次のように判断し、排除命令
を行った。

○「葵丸進における最低の取引価額は、香の物またはご飯の 60 円であるが、通常
　葵丸進において単独で飲食される最低の価額は、玉子丼の 150 円である。」
　→当該懸賞企画に関する取引の価額は 150 円。
　→懸賞により提供できる景品類の価額の最高額は 3,000 円。
　→カラーテレビの価額は、この制限を超える。
○また、当該懸賞に係る取引の予定総額は 7 億 2,000 万円であり、懸賞により提供
　することができる景品類の価額の総額は 1,440 万円であったが、景品類の価額の
　総額は、この制限を超える。

　当該排除命令を前提とすると、食事処のような飲食店が景品類を提供す
る場合における「通常行われる取引の価額のうち最低のもの」は、顧客が
その店舗で通常単独で飲食する料理のうち最低の価額であるといい得る。

　これに対し、店舗においてドリンクや料理を複数注文することが予定さ
れている居酒屋のような店舗については、「通常行われる取引の価額のう
ち最低のもの」について、さらに具体的な検討を要する。

　上記排除命令は昭和 40 年代の事案であり、「クイズの応募用紙」を与え
るといった企画が行われていたが、例えば、自社ウェブサイトでクイズの
問題を公表しつつ、店舗で飲食した者に対しシリアル ID を発行して、当
該ウェブサイトにて当該 ID を入力した者だけが懸賞に参加できるという

企画を実施する場合も同様に考えられる。

　イ　ガソリンスタンドでの「通常行われる取引の価額のうち最低のもの」

　参考事例として、公正取引委員会の昭和石油㈱に対する排除命令（昭和45年3月11日・昭和45年（排）第12号）を取り上げる。

　石油精製業および石油製品販売業を営む昭和石油㈱は、「昭石びっくりセール」と称して、昭和44年7月1日～同年9月30日、同社系列の給油所にクイズを記載した応募用紙を置き、給油所へ主として自動車に給油するために来る者に、当該応募用紙または官製はがきに当該応募用紙に記載されているクイズの回答を書かせて応募させる企画を実施した。その際、当該企画の対象期間中毎月抽選を行い、1等カラーテレビ（14万9,000円相当）を3名に提供する等のほか、更に、応募者全員について抽選を行い、特賞いすゞ1600スポーツ2ドア（69万2,000円相当）を1名に提供する等した。

　当該事案において、公正取引員会は概要次のように判断し、排除命令を行った。

「同社の自動車用ガソリンは、1リットル当りの小売価格が約50円であり、通常自動車の最低給油量は、約10リットルである。」
→当該懸賞に係る取引の価額は約500円。
→懸賞により提供できる景品類の価額の最高額は1万円。
→1等、2等および特賞の景品類の価額はこの制限を超える。

　通常、石油精製・販売事業者は、給油所経営者との間で、他の石油メーカーの商品は取り扱わない旨の特約店契約を締結し、自社製品だけを取り扱わせる専売店制度を採用している。当該専売店制度を採用している場合には、石油精製・販売事業者にとって、給油所という「店舗への入店者の大部分が、自己の供給する商品・役務の取引の相手方であると認められる」といえる。そのため、当該給油所の入店者に経済上の利益を提供する場合には、取引付随性は認められる。

　上記事案においても、「系列の給油所」の来店者にクイズを記載した応募用紙を交付する方法で懸賞企画が実施されているので、取引付随性は認

められると判断された。

　また、給油所でのガソリン取引に誘引しているため、「取引の価額」は、給油所での、ガソリンに関し通常行われる取引の価額のうち最低のものを基礎として判断される。

　自動車用ガソリン給油取引の最低単位は1リットルであるものの、上記排除命令では、通常の最低給油量が約10リットルであると認定した上で、当該給油量の対価が「通常行われる取引の価額のうち最低のもの」であると判断された。具体的な最低給油量は時代や店舗ごとに異なり得るが、発想は参考になる。

　また、最低単位をどのようにみるかに加えて、ガソリンの価格は期間中変動するということも考慮する必要がある。この点については、「価格が変動する商品をいつ購入しても同じ景品類の提供が受けられる場合には、景品類の提供を受けるのに必要な取引のうち最低の金額」を把握する必要がある。事前にガソリンの小売価格を確定させることは難しいが、このような場合、「合理的な算定根拠をもって価格を算出」する必要がある（景品Q&AのQ67）。

　ウ　継続的サービスに関する「通常行われる取引の価額のうち最低のもの」

　継続的な提供が予定された月額払いのサービスに関し、「通常行われる取引の価額のうち最低のもの」は基本的に1か月分の利用料金である。ただし、取引の実態や契約内容から一定期間継続して利用すると認められる場合には、その期間の利用料金の合計額を取引の価額として考えることができる（景品Q&AのQ68）。

　例えば、契約期間の定めがなく、継続的に提供することを想定した月額サービス（初期費用あり）の契約を条件として、新規契約者に対して景品類を提供する場合、基本的な「通常行われる取引の価額のうち最低のもの」は初期費用と1か月分の月額料金の合計であるが、例えば半年未満で解約する者は通常いないといえる実績があるような場合には、「通常行われる取引の価額のうち最低のもの」は初期費用と6か月分の月額料金の合計と把握し得る。

　エ　クレジットカードの入会者についての「通常行われる取引の価額の
　　うち最低のもの」

　クレジットカードに関しては、「特段の事情のない限り、通常、１年程
度は契約を継続する」と考えられ、入会を条件として経済的利益を提供す
る企画においては、（入会費や年会費のほか）１年間における利用額の合計
のうち通常考えられる最低のものを取引の価額として把握し得る（景品
Q&A の Q69）。

(3)　複数事業者の取引を条件とする共同企画の取引価額

　例えば、Ａ社とＢ社が、共同して、Ａ社の供給する対象商品の中から１
つ購入し、さらにＢ社の供給する対象商品の中から１つ購入することを条
件に、もれなく景品類を提供する企画を行う場合、両社に供給要件・取引
付随性や提供要件が認められ、両社に景品規制が適用される（両社が供給
要件を満たす点で、前記第３章２(3)の事例と異なる）。

　上記企画は、Ａ社の対象商品１つとＢ社の対象商品１つを両方購入して
初めて景品類が提供されるので、同企画について取引付随性のある取引は、
「Ａ社の対象商品１つの購入＋Ｂ社の対象商品１つの購入」という取引で
あり、取引価額は、上記計算による合計額のうち最も安い金額となる（景
品 Q&A の Q66）。

(4)　スタンプラリーによる景品企画の取引価額

　スタンプラリーによる景品企画を行う場合の取引価額について、景品
Q&A の Q70、Q71-1、Q71-2 に言及がある。現在は、スタンプを実際に
押すのではなく、デジタルスタンプを集める企画や、特定の景品と交換で
きるポイントを集める企画なども行われており、それらにも当てはまる。

（Q70）

Q：近隣の複数の小売店 10 店舗においてスタンプラリーによる景品提供企画を考え
　ています。各店舗で 1 回 1,000 円以上購入するとスタンプが押され、スタンプを
　3 個集めるともれなく景品を提供するというものです。
　　この場合の取引の価額はどのように算定すればよいでしょうか。

A：（略）本件で景品類の提供を受けるのに必要な取引のうち最低の金額となるのは、
　3 個のスタンプを集めるために 1,000 円のお買い物を 3 店で実施することとなり
　ますので、合計 3,000 円が取引の価額になります。

　ここまでお読みになった読者の方々は、上記回答はご理解いただけるものと思う。

（Q71-1）

Q：土産物店 3 店舗、有料観光施設 2 施設、無料の観光スポット 3 か所を巡るスタ
　ンプラリーによる懸賞企画を考えています。スタンプを押す条件は、土産物店は
　商品を購入すること、観光施設は入場チケットを購入すること、観光スポットは
　来場することです。応募のために必要なスタンプは、4 個又は 8 個ですが、スタ
　ンプ 8 個で応募する場合は、スタンプ 4 個での応募はできません。
　　なお、土産物店で販売する商品のうち最も安い商品の価格はいずれも 200 円、
　有料観光施設の入場料金は 500 円又は 700 円です。また、無料の観光スポットで
　販売行為はありません。
　　この場合の取引の価額はどのように算定すればよいでしょうか。

　上記設例では、懸賞に応募するために必要な取引価額を検討する必要がある。

　4 個スタンプを集めるために必要な取引のうち最低のものは、無料の観
光スポットを 3 か所巡り、土産物店で 200 円の賞品を 1 個購入した場合で
あり、取引の価額は 200 円である。

　8 個スタンプを集めるために必要な取引のうち最低のものは、無料の観
光スポットを 3 か所巡り、土産物屋 3 店舗で 200 円の商品を 1 個ずつ購入
し、有料観光施設の入場料 500 円と 700 円を支払った場合であり、取引の
価額は合計 1,800 円となる。

　スタンプ 8 個に応募する際にはスタンプ 4 個の応募はできないため、最
高額および総額について、同一の取引に付随して 2 以上の景品類を提供す

る場合として合算して検討する必要はない。

少し深掘り
Column3-4-2 取引付随性を欠く条件のみでスタンプを集められる
場合の取引価額

　問題は、上記設例で、スタンプ3個で応募できる場合すなわち無料のスポットだけで集められる場合である。

　その場合、無料の観光スポットを3か所巡れば取引を行うことなく応募することが可能ではあるが、他のスタンプを押す条件は取引が条件となっている。そのため、取引に付随しない提供方法を併用しているとして、スタンプ3個であっても取引に付随すると考えられる。

　その場合の取引価額は、無料の観光スポットを2か所巡ってスタンプを2個集め、取引付随性のある取引のうち最低価額のものに関し1個スタンプを集める場合の金額である。具体的には、土産物店で200円の商品を1個購入した場合であり、取引の価額は200円となる（景品Q&AのQ71-2）。

　現実的に実施されている企画について整理が困難なものがあるかもしれないが、理論的には上記Q71-2のような結論になろう。例えば、無料の会員登録、誕生日の登録、来店、雨の日の買い物などで異なるポイント数のポイントを提供し、一定ポイントと景品を交換するような場合には、無料の取引だけでポイントを集めることが可能であるものの、取引付随性のある取引があり、そのうち最低価額のものを1つだけ経てポイントを集める場合を取引価額として把握する必要が生じる。

　別の例でも考える。八百屋を営む事業者が、単独で、「①リンゴを買うorリンゴ農園に行ったことがある人は感想文を提出する、②メロンを買うorメロンのキャッチコピーを提案する、③バナナを買うorバナナの絵を提出する」という3つの条件をすべて満たす場合に景品類を提供する企画を行う場合を考える。

　仮に、①②③をそれぞれ別々に条件とした企画を行う場合、①②③はいずれも取引付随性のない提供方法と取引を条件とする企画を併用するものであり、取引付随性が認められる可能性がある（少なくとも、①③については買ったほうが早いと考える一般消費者が相応にいるであろう）。

　①②③すべてを満たすことを条件とする場合も、取引付随性のある提供方法が併用されているとして、取引付随性は肯定されると考えられる。当該企画は、「①②③」すべてを満たすことを条件とするので、「①②③」を

分解するのではなく、一体的に検討する必要がある。

　そのため、「①②③」の取引価額は、上記景品 Q&A の Q 71-2 を踏まえると、①②③の中で、当該企画について取引付随性を認め得る場合の、取引付随性の認められる取引の最低額と考えられる。具体的には、①②③の有償取引のうち、最低のもの１つの価額となってしまうであろう。条件をどのように設計するか、慎重に検討する必要がある。

3　景品類の価額

　景品類の価額は、次のとおり算定される（景品類価額算定基準１）。景品類の価額も、提供を受ける者が通常購入するときの価格によるため、消費税込みの金額で考える（景品 Q&A の Q77）。

---

①景品類と同じものが市販されている場合
　→景品類の提供を受ける者が、それを通常購入するときの価格
②景品類と同じものが市販されていない場合
　→景品類を提供する者の入手価格、類似品の市価等を勘案し、景品類の提供を受ける者が、それを通常購入することとしたときの価格
　　（景品 Q&A の Q76 では、「仕入価格や、景品類の製造コスト、景品類を販売することとした場合に想定される利益率などから」上記価格を算定するとされている）

　例えば、特定の商品購入者に対し宝くじを提供する場合の景品類の価額は、当該宝くじの販売価格（１枚数百円）であり、当選金の額を考慮する必要はない（景品 Q&A の Q84）。

　旅行に招待するという景品類の価額の算定は、その旅行がいわゆるセット旅行である場合や、景品類自体はセット旅行でないものの同一内容のセット旅行がある場合には、そのセット旅行の価格による（景品類価額算定基準２(1)）。その際、旅行代金は時期により価格が変動するため、提供時期を考慮する必要がある。仮に、提供時期を設定せずに海外旅行を提供する場合には、提供時の価格が繁忙期価格になる可能性があるので（高いものを提供する可能性があるので）、繁忙期価格を基に企画を設計する必要がある。

これに対し、セット旅行でなく、また同一内容の他のセット旅行が他にない場合には、旅行提供者の入手価格、類似内容のセット旅行の価格等を勘案し、景品類の提供を受ける者がそれを通常購入するときの価格を算定する（同2(2)。上記②と同様の発想である）。

同様に、例えば、プロサッカー選手のサイン入りサッカーボールを景品類として提供しようとする場合、当該景品類の価格は、上記②に沿って、提供者が（単なるサッカーボールの取得費用でなく）当該サイン入りボールの取得費用を基に、利益率を勘案する等して算定することとなろう。

4　懸賞での景品類提供に関する総額規制

(1)　景品類の総額規制概要

懸賞の方法により景品類を提供する場合には、景品類の最高額に加えて総額の規制もあり、総額は「懸賞に係る取引の予定総額」×2％以内とする必要がある（懸賞制限告示3）。この「懸賞に係る取引の予定総額」は、「懸賞販売実施期間中における対象商品の売上予定総額」を指す（懸賞運用基準7）。この「対象商品」は、懸賞企画において取引付随性が認められる商品・役務を指すと考えられる。

そのため、「対象商品の売上予定総額」は、「懸賞企画において取引付随性が認められる取引」の予定総額を意味する。それは懸賞に参加する条件となる取引の予定総額であるので、実際に懸賞に参加した者の取引分には限られない。

例えば、①キャンペーンに事前エントリーし、かつ、②対象商品を購入した者を対象として抽選で景品を提供するという場合、①の事前エントリーは、②の取引をした者のうち懸賞に参加できるものを選別するものではあるものの、それ自体取引付随性が認められる取引ではない。そのため、当該企画の「対象商品の売上予定総額」は、①②両方を満たす者の取引予定総額ではなく、当該企画で取引付随性が認められる取引＝②の取引総額（①事前エントリーをするか否かは問わない）と整理し得ると考える。

また、例えば、スーパー運営事業者が、単価3,000円以上の商品を購入した顧客に限定した抽選キャンペーンを行う場合には、取引付随性は当該

3,000 円以上の商品を購入する取引となる。そのため、その場合の懸賞に係る売上予定総額は、単価 3,000 円以上の商品を購入する顧客について見込まれるキャンペーン期間中の売上予定額となる。

　他方、抽選対象をキャンペーン実施期間中に合計で 3,000 円以上（レシート合算で 3,000 円以上）購入した顧客に限定した場合には、スーパーで販売されるすべての商品の取引が対象となる。したがって、この場合の懸賞に係る売上予定総額は、合計 3,000 円以上購入する顧客から見込まれるキャンペーン期間中の売上予定額となる（3,000 円以上の商品を購入する顧客に限られない）。

　このように、1 度に 3,000 円以上の購入を条件とするか、キャンペーン期間中に合計 3,000 円以上の購入を条件とするかによって、「対象商品の売上予定総額」の算出方法が異なる（景品 Q&A の Q90）。条件を購入金額ではなく購入個数で設定する場合も、同様に区別して整理し得る。

(2)　算定した売上予定総額と実際の相違

　懸賞の方法により景品類を提供しようとする場合には、事前に客観的にみて合理的な売上予定総額を算定し、景品類の総額がその 2 ％の範囲内に収まるように企画を立てる必要がある。ただし、客観的にみて合理的な売上予定総額に基づいているのであれば、何らかの理由で実際の売上総額が予定を下回り、結果的に景品類の総額が 2 ％を超過したとしても、懸賞制限告示上直ちには問題とされない（景品 Q&A の Q91）。

　当然ではあるが、景品類を多く提供したいために、根拠のない過大な売上予定総額を設定し、それに基づいて景品類を提供してはならない。

5　懸賞での景品類提供時の「カード合わせ」の全面禁止

　「2 以上の種類の文字、絵、符号等を表示した符票のうち、異なる種類の符票の特定の組合せを提示させる方法」（いわゆる「カード合わせ」の方法）を用いた懸賞を行うことは、提供する景品類の価額の大小を問わず、全面的に禁止されている（懸賞制限告示 5）。

　いわゆる「コンプガチャ」（一般的には、「ガチャ」によって、例えば、特

定の数種類のアイテム等を全部そろえると、オンラインゲーム上で使用することができる別のアイテム等を新たに入手できるという仕組み）は、この「カード合わせ」に該当する（消費者庁「オンラインゲームの『コンプガチャ』と景品表示法の景品規制について」〔平成24年5月18日〕）。

「カード合わせ」は、コンプガチャ以外でも当たり得る。令和2年度にはゲーム以外の事例で指導が行われ、「景品表示法の運用状況及び表示等の適正化への取組」に2件概要が示されている。

事例①　A社は、音楽イベントでのグッズ販売にあたり、1度にグッズを○○点以上購入した者に対し、会計時のレシートにランダムで特定の△△文字のうち1文字を印刷して提供した。その印刷された文字で特定の言葉を完成させた者に対し、先着□□名に特別グッズを提供することを企画し、実施した。

事例②　B社は、音楽データのダウンロード用カードを販売する際、ランダムで特定の絵柄を表示させている。特定グループの音楽データ販売にあたり、××種類の絵柄を用意し、絵柄ごとに任意のグループメンバーと面会できる購入者特典を付し、絵柄をすべてそろえて応募した者に対し、当該購入者特典の面会時間を▼▼分間延長して提供することを企画し、実施した。

事例①でグッズを購入した際のレシートには特定の「文字」が印刷され、事例②の音楽データのダウンロード用カードには特定の「絵柄」が示されていた。当該「文字」や「絵柄」は、偶然性により決定され、文字や絵柄ごとに人気が異なることはあり得るだろうが、商品購入時に当然渡される「レシート」や、商品である「音楽データのダウンロード用カード」自体に付されたものである。そのため、レシートの「文字」やカードの「絵柄」は、「取引本来の内容」といえ、取引に付随せず、景品類に該当しないと考えられる。

もっとも、事例①は、グッズ購入に伴い（発行されるレシートに印刷された文字で特定の言葉を完成させた場合に）特別グッズを提供する企画であり、特別グッズ提供はグッズ購入取引に付随する（景品類に該当）。また、事例②は、音楽データ購入に伴い（付いてくる「○○種類の絵柄」をすべてそろえた場合に）購入者特典の面会時間を延長する企画であり、面会時間延長は音楽データ購入取引に付随する（景品類に該当）。

そのため、いずれもの事例も「カード合わせ」を用いた懸賞に該当し、禁止される。キャンペーン設計時には、このような指導事案もあることを

念頭に、慎重を期す必要がある。

　事例②では、グループメンバーとの面会時間が提供された。この点につき、芸能人は通常経済的な対価を得て役務を提供するので、「面会時間の延長」も「経済上の利益」に当たる（第2章6）。一般消費者が、事例②の仕組みで提供される「面会時間の延長」の獲得まで何度も音楽データのダウンロード用カードを購入し相当の費用を掛けるという実態が認められるような場合には、その点も「経済上の利益」に当たる理由となる（消費者庁ウェブサイトの「インターネット上の取引と『カード合わせ』に関するQ&A」のQ21）。

6　共同懸賞での景品類提供（制限緩和）

　次の①～③のいずれかに該当する共同懸賞の方法により景品類を提供する場合には、景品類の最高額および総額ともに制限が緩和される（懸賞制限告示4の1号～3号）。他の事業者の参加を不当に制限する場合には、共同懸賞に該当せず、一般の懸賞の制限を受ける（同4本文ただし書）。

　もっとも、共同懸賞の要件は厳格であり、共同懸賞に該当する場合はあまり多くないと考えられるので、本書では簡単に説明する。

---

①一定の地域における小売業者・サービス業者の相当多数が共同して行う場合
　　（例）「○○市観光祭り」、「○○市雪祭り」等
　　　　（市の商工会議所が主催するような全市を挙げての規模と性質を有する大売出し）
②一の商店街に属する小売業者・サービス業者の相当多数が共同して行う場合（中元、年末等の時期において、年3回を限度とし、かつ、年間通算して70日の期間内で行う場合に限る）
　　　　（例）「○○駅前商店街中元大売出し」等
③一定の地域において一定の種類の事業を行う事業者の相当多数が共同して行う場合
　　（例）一定の地域において営業する寿司屋が共同して行う「○○市寿司祭り」や、カメラメーカーやカメラ卸売業者が共同して行う「全国カメラ祭り」等

---

(1)　「相当多数」（上記①〜③共通）

「相当多数」は、その地域における小売業者・サービス業者または一定の種類を行う事業者の過半数である場合や、通常共同懸賞に参加する者の大部分である場合に認められる（懸賞運用基準10）。

(2)　「一定の地域」（上記①・③）

「一定の地域」とは、景品類提供事業者が小売業者・サービス業の場合には、通常、その店舗・営業施設の所在市町村（東京：特別区 or 市町村）の区域を指す（懸賞運用基準8(1)）。

これに対し、景品類提供事業者が、小売業者およびサービス業者以外の場合には、その懸賞販売の実施地域を指す。例えば、茨城県の納豆メーカーの相当多数が参加しても、それらの者が東京で実施する場合は、東京において販売されている納豆メーカーの相当多数でない限り、①や③に当たらず（商店街ではないので②も当然当たらない）、共同懸賞に該当しない（緑本6版229頁）。

(3)　「商店街」（上記②）

「商店街」は、現実に存在する商店街を指す。そのため、インターネット上のショッピングモールのような仮想の商店街は、「商店街」に該当しないと考えられている（景品 Q&A の Q108）。

「一の商店街」は、原則として、30店以上の小売業者またはサービス業者が近接して商店街を形成している場合や、30店舗以上の小売業者・サービス業者が入居しているいわゆるテナントビル、ショッピングビル等の場合に認められる（ただ例外はあり得る）。「相当多数」の要件は別途検討が必要である（景品 Q&A の Q104）。

7　総付景品規制に関する４つの適用除外事由

事業者が懸賞以外の方法で景品類を提供する場合に、次の①〜④のいずれかに該当し、正常な商慣習に照らして適当と認められるときには、最高額制限の適用を受けない（総付制限告示2の1号〜4号）。

> ①商品の販売・使用やサービス提供のため必要なもの
> ②見本その他宣伝用の物品またはサービス
> ③自己の供給する商品または役務の取引において用いられる割引券その他割引を約する証票（金額証・自他共通割引証票）
> ④開店披露・創業記念等の行事に際して提供するもの

　「正常な商慣習に照らして適当と認められる」か否かについて、総付運用基準では、「公正な競争秩序の観点から判断する」との記載があるが（2、3(1)、4(1)）、これは景表法の目的の改正前の記載が残っているものである。現在は、提供される物品・サービスの内容、提供方法、関連業種における取引実態等を勘案した上で、一般消費者による自主的かつ合理的な選択の確保という点からみて容認し得るか否かという観点から判断される（緑本6版237頁）。

　公正競争規約が設定されている場合には、当該「正常な商慣習」の解釈等の総付制限告示の運用に当たり、公正競争規約の定めが参酌される（総付運用基準5）。

(1)　①商品の販売・使用やサービス提供のため必要なもの

　例えば、講習の教材、電化製品の電池、劇場内で配布するパンフレットや、重量家具の配送、交通の不便な場所にある旅館の送迎等で適当な限度のものが挙げられる（総付運用基準2）。これらは、取引本来の内容をなすものが多く含まれており、そもそも基本的には「景品類」に該当しないと考えられる（総付景品規制も適用されないことが確認的に規定されている）。

　また、オンライン・ショッピングサイトで購入した商品等の配送は、通常、そのサイトにおける商品の販売等のため必要なサービスであると考えられる。通常有料としている送料を一定期間にする場合も、それが正常に商慣習に照らして適当と認められるときは、商品の販売のため必要なサービスであると考えられている（景品Q&AのQ118）。これはオンライン・ショッピングの特色を踏まえたものであり、実店舗での購入を条件に自宅へ無料配送する場合は、同様の整理は行いにくいだろう。

(2)　②見本その他宣伝用の物品またはサービス

ア　基本的な考え方

　自己の供給する商品・役務について、その内容、特徴、風味、品質等を試食、試用等によって知らせ、購買を促すために提供する物品・役務は、原則として、「見本その他宣伝用の物品又はサービス」に該当し、総付制限告示の規制を受けない。例えば、食品や日用品の小型の見本・試供品、食品売場の試食品、化粧品売場におけるメイクアップサービス、スポーツスクールの１日無料体験等で適当な限度のものが挙げられる（総付運用基準３(2)）。提供する物品・役務は、見本・試供用として特別に製作されたものに限らず、通常販売・提供している物品・役務であってもよい。ただし、その場合には、最小取引単位のものであって、試食、試用等のためのものである旨を明確に表示する必要がある。

　事業者名を広告するために提供する物品・役務で適当な限度のものも、原則として、「見本その他宣伝用の物品またはサービス」に該当する（例：社名入りのカレンダー、メモ帳、ボールペン等。総付運用基準３(3)、景品Q&AのQ121）。

　さらに、他の事業者の依頼を受けてその事業者が供給する見本その他宣伝用の物品・役務を提供する場合も、原則として、「見本その他宣伝用の物品またはサービス」に該当する（総付運用基準３(4)）。

イ　「見本」といえない場合

　「見本」とは、商品の性質、内容等を一般消費者に知らせるために必要な程度のものであって、取引の有無にかかわりなく提供されるもの、または、取引に付随して提供される場合であっても取引額の多寡によらず提供されるものをいう。そのため、「見本」という表示をしても、次の(a)～(c)に該当する場合には、「見本」に該当せず、総付制限規制が適用されると考えられる（公正取引委員会事務局取引部長から日本化粧品工業連合会宛「化粧品業界における景品類の提供について（回答）」〔昭和52年12月16日公取指第965号〕）。

> (a)一定額以上の商品を購入した者にのみ提供する場合
> (b)商品の購入額のランクにより提供する物品に差異を設ける場合
> (c)複数の物品を詰め合わせることにより、独自の使用価値が生じる場合

(3)　③自己の供給する商品または役務の取引において用いられる割引券その他割引を約する証票

　総付制限告示の適用を受けない「証票」には、(a) 金額を示し対価の支払いに充当される「金額証」と、(b)自社との取引および他社との取引の両方に利用できる「同額の割引を約する証票」（自他共通割引証票）の２つが含まれる（総付運用基準４(2)）。自社との取引についてのみ割引を約する証票も含まれ得るが、それはそもそも値引となり「景品類」に該当しない（前記第２章8(1)ア）。

　まず、(a)「金額証」について、特定の商品・役務と引換えでしか用いることができないものは含まない（総付運用基準４(2)かっこ書）。特定の商品・役務と引き換える金額証を交付することは、結局その物を景品類として交付しているのと同じだからである。

　次に、(b)自他共通割引証票に該当するものとしては、例えば、自社と他社で共通して使用する同額の割引を行う、クーポン券、ポイントカード、マイレージサービス等が挙げられる。(ⅰ)使用日時の限定（例：月末３日間のみ）、(ⅱ)使用品目の限定（例：バッグのみ使用可）、(ⅲ)使用限度額の設定（例：5,000円ごとに1,000円引きを１枚使用可）があっても、自他共通割引証票に該当し得るおそれがある。

　「同額」の割引を約する必要があり、例えば、他の事業者との取引に用いた方が割引率が大きいものである場合や、（商品価格が異なることを前提に）20％割引券のように割引率を示す場合は、自他共通割引証票とはいえず、総付制限告示の規制対象となる。仮に普段は「同額」の割引を約するとしても、特定期間は当該証票による自社割引額が1.2倍となるキャンペーンを行うような場合、「同額」の割引を約する証票ではなくなってしまうと考えられる。

　総付運用基準では、(b)自他共通割引証票について、特定商品・役務と引

換えでしか用いることができないものは含まないということは明記されていない。もっとも、「金額証」について特定の商品・役務と引換えでしか用いることができないとする趣旨は、(b)自他共通割引証票にも妥当する（景品 Q&A の Q122）。

　他方、値引の場合と異なり、景品類の提供を併せて行う場合は除外されておらず、景品類と交換できるように設計しても、全体として「同額の割引を約する証票」に当たらない、とは考えられていない。もっとも、当該証票が景品類との交換に用いられた場合、結局景品類を提供していたこととなり、総付規制の適用を受ける（景品 Q&A の Q49。取引価額の 20％以内の景品類を提供したかが問題となる）。

　ポイントプログラムに関して、後記第5章2で検討する。

(4)　④開店披露・創業記念等の行事に際して提供するもの

　例えば、新規開店の披露のため入店者に対してもれなく進呈する粗品、創業 50 年や 100 年を記念するために商品購入者の全員に対して贈呈する記念品等が挙げられる。日本ではこのような場合における経済上の利益の提供が商慣習化しており、一般消費者を不当に誘引する可能性が低いことが考慮されたものである。

　前記①〜③と異なり、④については総付運用基準において具体的な考え方は示されておらず、「正常な商慣習」に照らして検討する必要があるが、現存する公正競争規約の定めは参考になるだろう。例えば、出版物小売業、指定自動車教習所業や家電製品業に関する公正競争規約などで、開店披露や創業記念の行事に関する定めがある。それらを概観する限りでは、「創業記念」においてもそれほど高い景品類を提供することは想定されておらず、来場者や取引者に対して、総付制限告示の最高額制限は少し超える程度の粗品や記念品などを提供することで、ささやかなお礼を行うことを許容することが想定されている。

同一の取引に付随して２以上の景品類提供や２回以上の抽選を行う場合の考え方

⑴　**同一の取引に付随して景品類を提供する場合における景品類の最高額（および総額）**

「同一の取引」に付随して、どちらも懸賞または総付の方法により２以上の景品類提供が行われる場合には、別々の企画によるかどうかにかかわらず、

　①同一の事業者が行う場合は、それらを合算した額の景品類を、

　②他の事業者と共同して行う場合は、各事業者が合算額の景品類を、

　③他の事業者が全く独自に景品類を追加する場合は、追加した事業者が

　　合算額の景品類を、

それぞれ提供したことになる（懸賞運用基準５⑵、総付運用基準１⑸）。

　ただし、総付・懸賞いずれの場合も、１つの企画しか適用されないようにする（重複提供を制限する）場合には、特定の取引に付随して１つの景品類を提供することになる。その場合は、上記を考慮する必要はなく、取引付随性のある取引の価額に基づき単純に最高額や総額を算定すれば足りる。

　また、同一取引に付随して、懸賞の方法と総付の方法でそれぞれの景品類を提供する場合には、各景品類についてそれぞれ懸賞景品規制と総付景品規制を遵守するよう検討すれば足りる（景品Q&AのQ96）。その場合は以下のア～エの考慮は不要である。

　ア　「同一の取引」

　どのような場合に、「同一の取引」に付随して景品類を提供することとなるか。

　告示や運用基準において、「同一の取引」の定義やどのような場合に「同一の取引」であると認められるかに関する解説は見当たらないが、例えば、小売事業者が、①1,000円以上の店舗での取引を条件とする景品企画と②2,000円以上の同じ店舗での取引を条件とする景品企画を同時期に行う場合（重複適用を排除しない場合）、その店舗で1,000円の取引をすれば①および②が重複して適用されるので、「同一の取引」に該当する。

メーカーと小売業者について、消費者庁は、概要次のような解説を行っている（景品 Q&A の Q95-1）。

・メーカーが、商品A（1,000 円）の購入者を対象に抽選により景品を提供するキャンペーンを実施し、同時期に、小売店が、メーカーが行う懸賞とは別に、商品Aを必ず含んで、1,500 円分以上の商品を購入した者を対象に抽選により景品を提供するキャンペーンを実施する場合には、「同一の取引」に付随して景品類を提供する場合に該当する。

・他方で、小売店が、商品Aの購入を条件とせず商品を一定額以上購入した者を対象に懸賞を行う場合は、購入商品の中にたまたま商品Aが含まれていたとしても、メーカーの企画と「同一の取引」に付随して提供するとは認められない。

　小売店のキャンペーンは、メーカーのキャンペーン対象商品の購入の意思決定も誘引するだろうし、理論上は、結果として「同一の取引」に付随して2以上の景品類提供が行われる場合に該当しそうではある。もっとも、小売店がメーカーのキャンペーンをすべて把握することは困難であるため知らずに違反することを抑止しようとする趣旨の下、同一条件でない場合には、「たまたま」重複することがあっても同一取引ではない、と政策的に取り扱おうとするものであり、発想としては合理的なものであると考える。本書では、この考え方を前提として検討する。

イ　同一の事業者が行う場合

(ア)　考え方

　同一の事業者が、同一の取引に付随して、どちらも懸賞または総付の方法により2以上の景品類を提供する場合には、当該事業者は、合算額の景品類を提供したことになる。

　具体的には、同一の取引に付随して、総付の方法で2以上の景品類を提供する場合、当該景品類をすべて受領する場合の景品類合計額が、すべてを受領する際の最低の「取引の価額」の20%または200 円のいずれか高い金額を超えないようにする必要がある（ただし総付景品規制は、景品類の上限額に限界を設けていないので、各企画について検討すれば足りる）。

　他方、同一の取引に付随して、懸賞の方法で2以上の景品類を提供する場合、当該景品類をすべて受領する場合の景品類合計額が、すべてを受領する際の最低の「取引の価額」の20 倍または10 万円のいずれか低い金額

を超えないようにする必要がある。

　また、その場合、懸賞制限告示運用基準には明示されていないが、全企画の景品類の総額合算は、すべてを受領するのに必要な取引の売上予定総額×2％を超えないようにする必要がある（重複分を調整する必要がある）。重複分を調整する必要性について、他の事業者と共同して行う場合の景品総額に関しては、景品Q&AのQ95-2にて明示されている（後記ウ）。

　㈠　具体例

　例えば、スーパー運営事業者が、①食品X（500円）購入者に抽選でトースター（1万円相当）を提供する企画と、②食品Xを含め3,000円以上購入者に抽選で電子レンジを提供する企画を同時に実施する場合を想定する。この場合に、当該①企画と②企画の重複当選を制限しないときには、食品Xを含め3,000円以上購入した者は、①トースターと②電子レンジが重複して当たる可能性がある。そのため、当該重複を考慮して企画を設計する必要がある。

　具体的には、景品類の最高額について、①企画と②企画の各景品類が各企画に関する「取引の価額」（500円と3,000円）の20倍を超えないようにするとともに、景品類合算額が両企画に該当する場合の最低の「取引の価額」（3,000円）の20倍を超えないようにする必要がある。トースターが1万円である場合には、電子レンジとして提供できる景品類は、6万円（＝3,000円×20倍）から1万円を控除した5万円を超えてはならない。

　また、景品類の総額に関し、両企画の景品類の総額合計額が、両企画の売上予定総額×2％に収まるようにする必要がある。例えば、①企画の景品類総額はキャンペーン期間中の商品Xの売上予定総額×2％に抑えるとともに、②企画の景品類総額は、「②企画に係る売上予定総額×2％－①企画で提供する景品類の価額」に収めることが必要となる。

　ウ　他の事業者と共同して行う場合

　2以上の事業者が、共同して、同一の取引に付随して、どちらも懸賞または総付の方法により2以上の景品類提供を行う場合には、当該複数の事業者は、合算額の景品類を提供したことになる。具体的な計算等は前記イと同様である。

　例えば、①メーカーが、食品X（500円）購入者に懸賞の方法により

トースターを提供する企画を実施し、②スーパー運営事業者が、食品Xを含め3,000円以上購入者に懸賞の方法により電子レンジを提供する企画を同時に実施する場合において、重複当選を制限しないときはこの類型に該当する。メーカー・スーパー間で、景品類として提供するトースターと電子レンジの価格をそれぞれ何円と設定するか、または重複当選を制限するか等を協議する必要がある。

　景品総額の検討も必要である。例えば、企画①について、メーカーは懸賞販売実施期間中における商品Xの売上予定総額×2％以内に収める必要がある。企画②について、スーパー運営事業者は、「同期間中商品Xを含み1回の取引で3,000円以上購入する者の売上予定総額×2％－企画①に基づきメーカーが提供した景品類の総額」に収める必要がある（景品Q&AのQ95-2）。

　エ　他の事業者と共同せずに行う場合

　2以上の事業者が、共同せず、同一の取引に付随して、どちらも懸賞または総付の方法により2以上の景品類提供を行う場合には、追加した事業者が、合算した額の景品類を提供したこととなる。

　共同せずに行う場合であるため、重複提供をしないよう設定することは難しい。

　また、特に後続で懸賞の方法により景品類を提供しようと考える事業者が、先行企画を実施している事業者の懸賞に係る売上総額を把握することは通常きわめて困難である。

　すでに特定の事業者が実施している景品類提供企画と同一の取引に付随して、別の景品類提供企画を実施しようとする事業者は、このような難点があることを十分考慮した上で、企画の内容等を慎重に検討する必要がある。

（2）　ダブルチャンス

　同一の取引に付随して、1回目の懸賞の当選者に景品類を提供するとともに、1回目の懸賞に外れた者のみを対象として2回目の懸賞を行う（1回目の懸賞と2回目の懸賞で同時に当選することはない）企画について、「ダブルチャンス」と呼ばれることがある（景品Q&AのQ94）。

当該企画において、当選者は重複しない。そのため、景品類の最高額は、1回目の懸賞および2回目の懸賞について、それぞれ取引の価額の20倍または10万円のいずれか低いほうとなる。

他方、景品類の総額については、1回目の懸賞および2回目の懸賞で提供するすべての景品類の価額を合算した金額が、これら懸賞の実施期間中における、懸賞に係る商品の売上予定総額の2％以内になるようにする必要がある。

例えば、小売業者が、商品A（1,000円）の購入者を対象に、懸賞の方法により景品を提供し、1回目の懸賞に外れた者を対象として別途懸賞を行う場合を想定すると、景品類の最高額は、1回目および2回目の懸賞それぞれについて、1,000円×20＝2万円となる。また、景品類の総額は、1回目および2回目の懸賞で提供するすべての景品類の価額を合算した金額が、当該懸賞の実施期間中における、商品Aの売上予定総額の2％以内になるようにする必要がある。

(3) 複数回の抽選権付与

一定期間における同一の取引に付随して複数回の抽選権を付与する企画を実施する場合、重複して当選する者が現れる可能性がある。そのため、その場合には、景品類の最高額について、各抽選により提供する景品類の合計額が、取引の価額の20倍または10万円のいずれか低いほう以下となるよう設定する必要がある。

また、景品類の総額については、全期間における懸賞に係る売上予定総額の2％となるよう設定することはもちろん、抽選対象取引期間ごとに、当該期間における懸賞に係る売上予定総額の2％となるよう設定する必要がある。

例えば、小売業者が、令和7年3月1日から同年4月30日までの商品A（1,000円）の購入者を対象に、同年3月31日と4月30日に抽選を行い、それぞれ当選者に景品類を提供する場合（重複当選を制限しない場合）を想定する。

この場合、景品類の最高額は、「取引の価額」1,000円×20倍＝2万円である。そのため、例えば1回目の懸賞で当選者に1万5,000円相当の景

品類を交付する場合には、2回目の懸賞で当選者に交付できる景品類は5,000円相当に限られる。仮に、2回目の懸賞で当選者に交付する景品類を1万円相当とすると、2万5,000円（1万5,000円＋1万円）相当の景品類を受領する当選者が現れる可能性があるため、景品類の最高額を超えてしまうこととなる。

　また、景品類の総額は、懸賞に係る売上予定総額の2％以内にする必要があり、具体的な考え方は**図表 3-4-4** のとおりである。

図表 3-4-4　　複数回の抽選権付与の場合の景品類の総額の考え方

・1回目＝3月1日〜3月31日の売上予定総額の2％
・2回目＝3月1日〜4月30日の売上予定総額の2％ −1回目の景品類総額

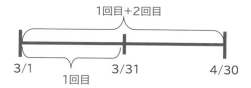

第5章　若干の事例研究

　景品規制に関する基本的な考え方は第4章までに見てきたとおりであるが、具体的な事例においては、1つの要件のみが問題となることは少なく、複数の要件を検討する必要のあることが多い。

　本章では、事例を2つ取り上げ、具体的な検討を試みる。

 事例①（雑誌に掲載されたクーポン券持参者に対する経済上の利益の提供）

　サントリー㈱は、公正取引委員会に対し、「事業者等に係る事前相談」に基づき、次の企画についてそれぞれ景表法上問題がないか否かの相談を行った（以下「本企画」という）。

　サントリー㈱は、コンビニエンスストアチェーンA（以下「A店」という）で販売されている飲料B（通常販売価格350円）のクーポン券を雑誌に掲載し、同クーポン券をA店に持参した者を対象に飲料Bを提供するという、同社とA店との共同企画を考えており、同クーポン券の態様として以下のケースを想定している。
　①「無料引換券」とし、これをA店に持参した者全員に飲料Bを提供する。
　②「120円引券」とし、これをA店に持参した者全員に飲料Bを120円値引きする。
　③「見本引換券」とし、これをA店に持参した者全員に飲料Bを提供する。なお、飲料Bは容量が1種類のみのため最小容量のものであるが、飲料B自体に試供品である旨は表示しない。

　当該相談を受け、公正取引委員会は、「本件企画は、景品表示法上の景品類の提供に該当する」と示した上で、本企画①〜③について景品規制との関係を説明した（「雑誌に掲載されたクーポン券持参者に対する景品提供について」〔平成15年2月6日付回答〕）。

　もっとも、当該回答は、（「A店の取引に付随する」というヒントは示しているものの）そもそも景品規制が適用される可能性があるのは誰か（取引付随性や提供主体性が認められるのは誰か）を明確に示していない。そこで、⑴上記相談事例において取引付随性や提供主体性が認められるのは誰かを検討した上で、⑵本企画①〜③について、それぞれ景品規制に違反しないかを確認する（当該相談事案を整理したものが**図表 3-5-1** である）。

図表 3-5-1　　サントリー㈱による相談事案

メーカーXは、コンビニAで販売されている飲料B（通常販売価格 350 円）について、クーポン券を雑誌に掲載し、同券をコンビニAに持参した者を対象に飲料Bを提供するという、X社とコンビニAとの共同企画を考えている

→公正取引委員会の回答：
「**本件企画は、景品表示法上の景品類の提供に該当する**」

　不当景品類規制の適用を受ける可能性があるのは誰か？
←（1）供給要件を満たすのは誰か、取引付随性があるか
　　（2）経済上の利益を提供しているのは誰か

⑴　景品規制が適用される可能性があるのは誰か

ア　サントリー㈱について

　サントリー㈱は、飲料Bを一般消費者に供給しているが、本企画①および③は、飲料Bの購入を条件とするものではない。また、A店はコンビニエンスストアであり、サントリー㈱との間に親子会社関係やフランチャイズ関係はない。また、A店が取り扱っている商品の大部分がサントリー㈱製であるといった特別の事情も見当たらない。そのため、サントリー㈱との関係では、A店への来客誘引という点を含め、当該企画について取引付随性は認められない。

　したがって、本企画①および③は、サントリー㈱との関係では「景品類」に該当せず、同社が直接景品規制の適用を受けることはない。

　これに対し、本企画②については、飲料Bの購入を条件として飲料Bの120円引という経済上の利益を提供するものであり、サントリー㈱との間でも取引付随性が認められる。

　また、本企画①～③についてA店と共同企画を考えているので、通常、当該企画について費用を負担し、景品類の選別等にも関与していると考えられ、経済的利益を「提供」しているといい得る事情は多い。そのため、当該②の企画については、サントリー㈱との関係でも「景品類」に該当し、同社が景品類を提供しているとして、景品規制の適用を受ける可能性がある。

　イ　A店について

　A店は、サントリー㈱から飲料Bを仕入れて一般消費者に供給している。また、本企画②は、飲料Bの購入を条件として飲料Bの120円引という経済上の利益を提供するものであり、取引付随性が認められる。

　本企画①および③については、飲料Bの購入は条件とされていないが、一般消費者は、経済上の利益の提供を受けるためには必ずA店を訪れる必要があり、この点においてA店との関係では取引付随性が認められる。

　それでは、A店は経済上の利益を「提供」しているか。

　この点を判断するには具体的な事情が不足しているが、(a)当該企画はA店との関係で取引付随性があり、顧客誘引性も認められる。また、上記照会および回答は、サントリー㈱とA店が「共同企画」を行うことを前提としており、(b)A店も企画の立案に関与していると考えられる。さらに、(c)単純にメーカーが小売業者に応募箱を設置してもらい一般消費者に当該箱に応募用紙を投函させるといった企画を実施する場合とは異なり、A店において、本企画に沿った商品交換対応を行うほか、本企画用の業務フローや顧客との質疑応答マニュアルを作成したり従業員の指導を行ったりする必要があり、それらに伴う経費負担は少なからずあるだろう。

　公正取引委員会は、これらを考慮し、総合的に、A店が（も）経済上の利益を「提供」していると判断したと考えられる。

　ウ　小　括

　以上のとおり、本企画①～③を通じて景品規制の適用を受ける可能性があるのはA店であり、メーカーであるサントリー㈱は、本企画①および③

については景品規制の適用を受けるとはいい難い。

　もっとも、本企画①および③のように、小売業者が、特定メーカーの製品を景品類として提供する企画を行う場合には、当該製品のメーカーが主導的に立案・実施するものであることが相応にあるだろう。そのような景品企画が景品規制に違反するものであれば、景品類提供主体である小売業者に不利益が生じる。そのため、実質的に中心となって企画立案を行うメーカーとしては、仮に本企画①および③のように、直接景品規制の適用を受けることはなくても、当該規制を意識して慎重に企画を立案・実施する必要がある。

(2)　各企画は景品規制に違反しないか

ア　①「無料引換券」をＡ店に持参した者全員に飲料Ｂを提供する企画（Ａ店との関係）

　小売業者が特定の商品の無料引換券を発行し、当該無料引換券を持参した来店者に引換対象商品を交付する場合には、自己の店舗に顧客の来店を誘引するものである。また、その場合には、来店時の取引に付随した景品類（引換対象商品）の提供となる。

　そのため、本件企画におけるＡ店による飲料Ｂの提供には、総付制限告示が適用される。

　コンビニエンスストアでは様々な商品が販売されており、100円未満の商品も相応に存在する。そのため、通常行われる取引の最低額が100円を超えるとは認め難い。

　したがって、本企画①の「取引の価額」は100円となり、景品類の最高額は200円となる。しかし、無料引換券との引換対象商品である飲料Ｂの価格は350円であり当該200円を超えるため、Ａ店が当該景品類（飲料Ｂ）を提供することは、景表法4条の規定による総付制限告示に基づく制限に違反する。

イ　②「120円引券」をＡ店に持参した者全員に飲料Ｂを120円値引きする企画（Ａ店およびサントリー㈱との関係）

　本企画②を実施する場合には、「120円引券」をＡ店に持参した一般消費者について飲料Ｂを120円値引きすることとなる。また、当該120円の

値引が正常な商慣習に照らし適当でないといった事情は見当たらない。

　したがって、本企画②において、A店に「120円引券」を持参した者全員を対象とする飲料Bの120円値引は、A店およびサントリー㈱にとって、「景品類」に該当しないと考えられる（なお、公正取引委員会は、当該企画について、「割引券」に該当し総付制限告示が適用されないと示しているが、A店やサントリー㈱が「120円引券」を持参したA店来店者に対し提供するのは、割引券ではないように思われる）。

　ウ　③「見本引換券」をA店に持参した者全員に飲料Bを提供する企画
　　（A店との関係）

　前記アと同様、小売業者が特定の商品の見本引換券を発行し、当該見本引換券を持参した来店者に引換対象商品を交付する場合には、自己の店舗に顧客の来店を誘引するものである。また、その場合には、来店時の取引に付随した景品類（引換対象商品）の提供となる。

　本企画③においては、「見本引換券」と引換えに提供する飲料Bが、総付告示の適用除外対象の1つである「見本」に該当するかが問題となる。

　前記のとおり、見本品として商品または役務そのものを提供する場合には、最小取引単位のものであって、試食、試用等のためのものである旨が明確に表示されていなければならない。

　本企画③においては、飲料Bの提供に当たり試供品であることが明記されていない。そのため、総付告示の適用除外対象の1つである「見本」に該当しないと考えられる。

　したがって、当該飲料Bの提供には総付制限告示が適用される。前記①の企画と同様、A店が当該景品類（飲料B）を提供することは、総付制限告示に基づく制限に違反する。

2　事例②（ポイントプログラム関連）

　「ポイント」といっても様々な内容があり得、実際にポイントプログラムを設計する際にはポイントの内容等を個別に検討する必要があるが、実務上多く見かけると思われるものについて少し整理する。

(1)　自社との取引対価を減額するプログラム

　例えば、Ａ社が、自社と取引した一般消費者に対し、後日１ポイント１円相当で次回の自社との取引代金から減額するポイントを、取引（購入）代金100円ごとに１ポイントずつ提供する場合、当該ポイントは、「複数回の取引を条件として」代金の減額を行うものである。その場合、「正常な商慣習」から外れない限り、値引に該当する。

　もっとも、次回以降の自社との取引代金に充当できるポイントであっても、当該ポイントを利用して本来の取引対象である商品・役務以外の景品とも交換できる場合は、同一の企画において景品類の提供を併せて行う場合に当たり、値引に当たらない（定義告示運用基準６(4)）。概念上は、(i)(a)次回の取引代金充当に利用される分は自他共通割引証票、(b)景品交換に利用される分は景品類を提供していたことになるという整理の余地はある（景品Q&AのQ49）。しかし、ポイント提供時に、交換対象景品が、ポイント提供時の取引価額の20％に収まるよう、ポイント提供数および商品交換レートを管理する必要があり、複雑化してしまう。現実的には、(ii)景品交換を選択できるようにする場合には割引証票に該当しないと整理して、ポイント提供時の取引価額×20％の範囲内に収まるよう、代金減額レートに合わせてポイントを提供し、そのレートに応じてポイント交換対象景品を選別することがわかりやすいだろう。

　また、次回以降の自社との取引代金に充当できるポイントを、他社であるＢ社との取引代金にのみ充当できるポイントに交換できる場合も、値引に該当しない。ただ、自社（Ａ社との取引）と、交換を経て他社（Ｂ社）との取引のいずれにも代金充当できるポイントに該当するので、交換前後のポイントのレートが同じであれば、自他共通割引証票に当たり得る（景品Q&AのQ124）。

(2)　自社・他社共通して取引対価を減額するプログラム

　Ｃ社が、自社と取引した一般消費者に対し、購入代金100円ごとに１ポイントを提供する場面を想定する。

　仮に、Ｃ社が、当該ポイントの消費と引換えに（Ｃ社との取引の代金の減額は受けられず）後日１ポイント１円相当でＤ社との取引代金の減額を

受けられるというポイントプログラムを運営する場合、Ｃ社の付与するポイントは、第三者であるＤ社の代金減額を約するものであり、「値引きと認められる経済上の利益」には該当せず、「景品類」に該当する。

　他方で、Ｃ社の提供するポイントについて、一般消費者が、Ｃ社やＤ社との取引時に、当該ポイントの消費と引換えに同一レート（例えば１ポイント１円相当）で代金減額を受けられる（代金充当できる）という場合、そのポイントは「景品類」には該当するが、自他共通割引証票に該当し、正常な商慣習に照らして適当と認められる限り総付制限告示は適用されない。その場合、基本的には、当該ポイントを提供する際、取引価額の20％の範囲内に収める必要はない。しかし、当該ポイントを利用して本来の取引対象である商品・役務以外の景品とも交換できる場合、理論上は、景品交換に利用される分は景品類を提供していたことになる。昨今、様々なポイントプログラムやマイルプログラムが存在し、その用途も多様であり複雑化しているが、上記を意識した整理が求められよう。

⑶　ポイントの利用レートを途中で一時的に変更する場合

　自社との取引対価を減額するプログラム（前記⑴）を運用する事業者が、「期間限定！１ポイント＝３円レートで利用可！」という企画を実施する場合はどのように考えるか。

　値引が「景品類」に該当しない理由は、一般消費者としては、値引が商品・役務自体の価格・品質等に含まれることを前提に商品の選択判断を行うことができ、かかる利益の提供により一般消費者の自主的かつ合理的な選択が阻害されることはないという点にある（第２章８）。これに対し、懸賞の方法を用いて代金を減額するという場合には、減額される金額が購入後の偶然の事情によって決定され、一般消費者は、商品・役務選択時においてどのくらい減額されるかを認識できず、それが商品・役務自体の価格・品質等に含まれることを前提に商品・役務の選択判断を行うことはできない。そのため、形式的には代金から減額するという場合であっても、その方法が懸賞によるときは、「正常な商慣習に照らして値引と認められる経済上の利益」には該当しない。

　１ポイント１円相当の値引を受けられるポイントを提供した後に、偶然

の事情によって1ポイント当たりの価値を変える懸賞を行うという場合も、一般消費者からすると商品・役務選択時にどれくらい減額されるかを認識できないという点で、懸賞の方法を用いた代金減額と変わらない。そのため、同様に、「正常な商慣習に照らして値引と認められる経済上の利益」には該当しないと考えられる。

したがって、例えばE社が「期間限定！1ポイント＝3円相当で利用可！」という企画を実施する場合には、理論上は、当該企画に利用し得るポイント提供について、懸賞景品規制の適用を受ける可能性がある（ポイント付与時に遡って取引価額との関係を検討する必要が生じるが、現実的には難しい）。

これと同様に、自社・他社共通して取引対価を減額するポイントプログラム（前記(2)）に関し、同ポイントにより同一の利用レートで代金充当を行えるとするC社またはD社が、「期間限定！1ポイント＝3円相当で利用可！」というキャンペーンを実施する場合には、当該ポイントは懸賞の方法を用いて提供するものとなり、当該ポイントの提供についても懸賞制限告示が適用される可能性がある。

(4)　ポイントを消費して懸賞企画に参加できるプログラム

例えば、F社が、自社との取引をした一般消費者に対し、購入代金100円ごとに1ポイント提供し、100ポイントを1口として抽選への応募を行い当選した者に対し物品を提供するという企画を実施する場合を想定する。

この場合、F社は、商品の購入者全員に対しポイントを発行するが、一般消費者としては当該ポイントを用いて抽選への応募を行えるのみであり、当該ポイント自体には経済的価値を見出し難い。そのため、F社が当該景品企画により提供する経済上の利益は、（ポイントではなく）抽選実施に伴い提供する物品であるといえる。

したがって、その場合には、当該抽選に伴う物品の提供行為に景品規制が適用されると考えられる。一般消費者が当該抽選参加に要するポイントを獲得するために必要な取引額等を基に、懸賞制限告示に基づき提供可能な景品類の最高額および総額を考慮する必要がある。

第 4 部
事業者が講ずべき管理上の措置

「必要な措置」（管理措置）を講じる義務

第1章

・有事を防ぐ、管理措置（ガバナンス）
・事故は起こり得る→管理措置は有事の備えにもなり得る

1　景表法22条の定め

　自己の供給する商品・役務について、一般消費者向けの表示をする事業者や景品類を提供する事業者は、違反行為をしないよう、必要な体制の整備その他の「必要な措置」を講じる義務を負う（景表法22条1項）。その措置の適切かつ有効な実施を図るため、管理措置指針が公表されている（同条4項）。

　事業者は、表示規制や景品規制に違反してはならないので、上記義務規定がなくても「必要な措置」を講じる必要があるが、平成25年の秋に社会問題化したホテル・レストラン等におけるメニュー表示問題を契機として、景表法コンプライアンスの徹底を図るという趣旨から、平成26年6月の景表法改正によって当該義務規定が新設された。

　管理措置指針は、事業者が表示をする場合だけでなく景品類を提供する場合も想定したものであり（指針Q&AのQ4）、第4部では、事業者が行う表示および提供する景品類を、併せて「表示等」ということがある。

2　「必要な措置」を講じない場合の景表法上のリスク

(1)　指導・助言等

　消費者庁は、事業者が講じた措置が不十分である場合、指導・助言を行うことができる（景表法23条）。また、事業者が正当な理由なく必要な措

置を講じていないときには勧告を行うことができ（同法24条1項）、事業者が当該勧告に従わない場合は公表することができる（同条2項）。

　上記指導・助言や勧告は、いずれも行政指導であり、事業者はそれにより直接に義務を受けたり権利が制限されたりするものではないが、仮に公表された場合には、公表された事業者の信用やブランド価値が低下するといったレピュテーションリスクがある（ただ、公表は、勧告に従わない場合に限り行われるのであまり想定し難い。令和6年4月までに公表された事例は存在しない）。

　実務上、措置を講じているか否かの一般的な調査は行われず、不当表示被疑事案に関する調査に際し、講じている措置の内容についても併せて調査が行われている。その結果、不当表示行為を認定して措置命令を行うのではなく、行政指導（表示対策課課長名義）を行う際に、必要に応じ、併せて措置に関する「指導及び助言」（消費者庁長官名義）が行われている。

(2)　措置命令

　そもそも、必要な措置を講じていない場合、景品規制や表示規制に違反し、その結果、措置命令を受ける可能性がある（景表法7条1項）。その際、通常、今後同様の違反行為を行わないように必要な措置を講じること及びとった措置を消費者庁に報告することが命じられる。当該命令を受ける場合には、管理措置指針に基づく「必要な措置」が不十分であることの指摘を受けることと実質的に等しい。

(3)　課徴金納付命令

　措置命令を受ける場合、通常、課徴金納付命令を受ける（景表法8条1項）。

　優良誤認表示または有利誤認表示をする行為（課徴金対象行為）をした事業者が、「課徴金対象行為をした期間を通じて」当該課徴金対象行為に係る表示が著しく優良または著しく有利であると示す表示であることを「知らず、かつ、知らないことにつき相当の注意を怠った者でないと認められる」場合には、課徴金は課されない（同項ただし書）。当該事業者が、必要かつ適切な範囲で、管理措置指針に沿うような具体的な措置を講じて

いた場合には、「知らず、かつ、知らないことにつき相当の注意を怠った者でないと認められる」と考えられている（課徴金ガイドライン第５の１）。

　逆に、必要な措置を講じていない場合には、「知らず、かつ、知らないことにつき相当の注意を怠った者でないと認められる」として課徴金を免れることはできない。

3　管理措置を講じることの意義

　前記２の裏返しではあるが、「必要な措置」は違反行為をしないように講じるものであるから、事業者が管理措置指針に沿って「必要な措置」を具体的に講じれば、通常、景表法に違反することはないはずである。そのため、管理措置を講じることは、指導および助言等を受けないというだけでなく、景表法違反を防ぐために重要な意義を有する。

　また、万一不当表示行為をした場合に、確約手続の対象外となることを防ぎ得る。加えて、課徴金を課されない可能性がある。

　これらのように、管理措置指針に従って措置を講じることは、「平時」における対応として当然重要であるが、仮に「有事」が生じた場合、事業者自身の身を守る効用を有するという点においても重要な意義を有する。

　事業者としては、法律上の義務を履行するために仕方なく対応するのではなく、自らの身を守り得るきわめて重要なものであるので積極的に対応することが望ましい。

第2章 管理措置指針概要

　景表法や管理措置指針は、各事業者が講ずべき「必要な措置」を一律には定めていない。<u>各事業者には、その規模や業態、取り扱う商品・役務の内容等に応じて、それぞれ必要な措置を講じることが求められる。</u>管理措置指針では、「指針で例示されているもの以外にも不当表示等を防止する措置は存在する」ともされている（同第4柱書）。

　また、管理措置指針には「別添」が付されており、そこでは、具体的事例が「参考として」記載されている（同「別添」柱書）。具体的な措置の内容について、その「別添」で記載されている具体的事例をそのまま履践しなければならないものではなく、それらを基に、各事業者の規模や業態、取り扱う商品・役務の内容等に応じて、必要な措置を個別具体的に講じることとなる。また、当該具体的事例をそのまま履践したとしても、それだけでは必要な措置に該当しないこともあり得る。

　管理措置は、違反行為を防ぐものであり、ガバナンスの構築に他ならない。事業者は、それぞれ自社の事情に応じてガバナンス体制を整えているだろうから、それと同様に、管理措置も自社の事情に応じて整えることが肝要である。

　とはいえ、少なくとも、管理措置指針に示されている次の7つの事項に沿った措置を講じることは必要である（同第4の1〜7、指針Q&AのQ14）。

①景品表示法の考え方の周知・啓発
②法令遵守の方針等の明確化
③表示等に関する情報の確認
④表示等に関する情報の共有
⑤「表示等管理担当者」（表示等を管理する担当者または担当部門）を定めること
⑥表示等の根拠となる情報を事後的に確認するために必要な措置をとること
⑦不当な表示等が明らかになった場合における迅速かつ適切な対応

　前記のとおり、「必要な措置」を講じる義務を定める景表法22条が、メニュー表示問題に端を発して新設されたことと関連して、管理措置指針別添の内容は、食品や外食業界に関するものが比較的多いが、それだけでなく一般的な業種にかかわるものもある。また、管理措置指針は令和4年に主にアフィリエイト広告に焦点を当てて改正されたが、当該改正により追加された箇所は、アフィリエイター以外の第三者に表示の作成を委託するような場合にも当てはまる部分がある。自社の取り扱う商品・役務や表示方法等によって必要な措置は変わり得るので、定期的に現状を確認し、管理措置指針に照らして適切な対応やルールを見直すことが肝要である。

　本章では、まず、事業者が自ら表示等を行うような場面を念頭に、管理措置指針で示された7つの事項について概説する。その上で、第3章で、アフィリエイターやインフルエンサーに表示作成等を依頼する場合に必要な措置について、ステマ告示も踏まえ概観する。

1　①景表法の考え方の周知・啓発

> 　事業者は、景表法の考え方について、表示等に関係している役員や従業員に、その職務に応じた周知・啓発を行うこと（管理措置指針第4の1）

　景表法を遵守するには、まず景表法の考え方を理解し、実効的な「情報の確認」等を行えるようにする必要がある。周知・啓発は、その他の措置の土台となるという点で、重要である。また、1人で事業を行っているのでない限り、審査担当者だけでなく、表示等の担当者や、商品・役務の企画・調達・生産・提供にかかわり表示等の担当者に情報を共有する者が、それぞれ、景表法の考え方を理解する必要がある。

　それでは、どのような内容を、どの程度周知・啓発すればよいか。管理措置指針では、「その職務に応じた」周知・啓発が求められている。審査担当者や後述の表示等管理担当者には景表法への深い理解が求められる一方、表示等の作成担当者や企画・調達・生産・提供の各担当者に対し景表法をすべて深く理解することを求めることは、現実的でない。説明しすぎるとかえって理解を阻害することもあるだろう。

　例えば、表示の作成者には、景表法の基本的な考え方（原理原則）を伝え、自社の取り扱う商品・役務について、自社が行う一般消費者向け表示方法や表示方針ごとに、問題が生じ得る主な場面を紹介し、情報の確認方法や表示の仕方など対応方針を解説すること、それと異なり複雑な場面には法務部などに相談して欲しい旨を伝えることなどが考えられる（指針Q&AのQ15も参考になる）。

　これに対し、法務担当者を含む審査担当者については、上記解説に加え、少人数で集まり、自社が取り扱う商品・役務や今後取り扱おうとする商品・役務に関する表示等に関して参考になりそうな措置命令の考え方を検証するほか、社内で過去検討した表示案や対応（外部専門家への相談事例や対応を含む）について意見交換を行うなど、より深い理解を促すことが適切だろう。

2　②法令遵守の方針等の明確化

> 事業者は、景表法を含む法令遵守の方針や法令遵守のためにとるべき手順等を明確化すること（管理措置指針第4の2）

　一般的な事業者は、法令遵守の方針等を定めているだろう。もっとも、実効的な法令遵守体制を整えるためには、すべての役職員に、法令遵守を最優先するという意識を根付かせる必要がある。そのためには、代表者や担当役員が、法令遵守を最優先する方針を、明確に繰り返し伝えることが重要である。

　「法令遵守のためにとるべき手順等」としては、「禁止される表示等の内容、表示等を行う際の手順等を定めたマニュアルを作成」することが有用である（管理措置指針「別添」2の5点目）。

　前記1と同様の発想の下、表示作成者向けのマニュアルには、まずは基本的な考え方を示すことがよいだろう。その際、新商品や新訴求を行う場合に合理的根拠資料があるといえるかを検討する場面や、動画広告・期間を示すキャンペーンの設計を行う場面のように、慎重に検討する必要がある事項については、注意喚起する記号を示すとともに「表示委員会の事前

審査を受けること」「法務部に相談すること」と記載することなどが考えられる。

　マニュアルの整備や、事前審査・社内協議の概要を記録することに伴い、特定の表示作成者や審査担当者の異動が生じた後にも、必要な確認事項が明確となり、円滑に「情報の確認」等を行うことが可能となろう。

　マニュアルを策定した後も、事業者の取り扱う商品・役務は随時更新されていくだろうし、原料、仕入先、関係法令・行政庁のガイドライン、関係技術など、商品・役務に関する諸事情も随時変化する。これらに対応して、当該マニュアルの内容を随時見直していくことも重要である。名称については、「チェックリスト」や「社内表示ガイドライン」など様々あり得る。

　景品類に関しても、チェックリストやマニュアルを整備することで効率化や法令遵守を担保し得ると考える。

3　③表示等に関する情報の確認

> 事業者は、
> ・商品・役務の内容等について積極的に表示を行う場合には、当該表示の根拠となる情報を確認すること
> ・景品類を提供しようとする場合、違法とならない景品類の価額の最高額・総額・種類・提供の方法等を確認すること（管理措置指針第4の3）

　景品規制との関係で求められる措置は、比較的具体的である。

　表示規制との関係で求められる措置について、「積極的に表示を行う場合」や「当該表示の根拠となる情報」が指す内容について検討する。

　これから表示を行おうとする場合に、「当該表示の根拠となる情報」の「確認」を行わずに、表示内容と実際との間の相違の有無を含め景表法に違反しないかを判断することは、きわめて困難である。そのため、「表示の根拠となる情報」の「確認」は、違反行為をしないように講じる措置の中でも特に重要である。課徴金ガイドラインでも、「相当の注意を怠った者でないと認められる」か否かに関し、表示行為以前にどの程度の「確認」を行っていたのかに焦点が当てられている（課徴金ガイドライン第5の

3　想定例①～⑤）。

　表示を行う場合には、(a)単純に記載されている商品・役務の内容・取引条件だけでなく、(b)商品・役務の内容・取引条件について「表示内容全体から一般消費者が受ける印象・認識」が何かを検討し、(c)上記(a)および(b)と、実際の商品・役務の内容・取引条件に相違がないか、(d)当該相違が社会一般に許容される程度を超えて、一般消費者による商品・役務の選択に影響を与えるのかを確認すべきである。管理措置指針も、このような考え方に沿って読む必要があるだろう。

　そのため、「積極的に表示を行う場合」とは、事業者自身が積極的に訴求したいと考えるポイントを示す場合を指すのではなく、表示内容全体から一般消費者が受ける印象・認識を基に、一般消費者による商品・役務の選択に影響を与える事項を表示する場合を指すと考えられる（実際には、事業者自身が積極的に訴求したいと考えるポイントと重なることが多い）。「当該表示の根拠となる情報」も、上記(a)のみならず、上記(b)についての根拠となる情報（資料）があるかの確認が求められる。

　また、表示開始時は表示と実際が整合していても、それ以降の事情変更により、実際と表示に相違が生じた際には、速やかに表示を修正・削除する必要がある。そのため、情報の確認は、表示等の開始時のみならず、表示を継続する間求められる。表示内容が実際と対応しているか、適宜確認する運用が望ましい。

4　④表示等に関する情報の共有

> 　事業者は、その規模等に応じ、前記3のとおり確認した情報を、当該表示等に関係する各組織部門が不当表示等を防止する上で必要に応じて共有し確認できるようにすること（管理措置指針第4の4）

　複数の従業員が表示等に関与する場合には、通常、前記③の「表示等の根拠となる情報」の「確認」を行う前提として、情報の共有が行われると考えられる。そのため③と④は通常セットで行うことになる。

　ただ、表示に関する情報を確認した後に、商品・役務の内容を途中で変

更する場合には注意が必要である。その場合に、当該変更の情報共有が不十分なため不当表示が生じることがあり、措置命令事例も相応にある（例えば、アップリカ・チルドレンズプロダクツ㈱に対する措置命令〔平成25年12月26日〕。前記第2部第2章3(6)）。

　そのため、商品開発時だけでなく、表示行為を継続する間は情報共有を継続的に行えるよう意識することが必要である。例えば、当該情報の保有部門と表示作成部門（開発部門など）が異なる場合には、表示作成部門が、情報保有部門に対し、「積極的に表示」を行った部分（一般消費者が優良であると認識する部分）を伝え、当該部分について原材料や製造方法等に変更が生じた際には共有して欲しい旨を伝えることが考えられる。

5　⑤表示等を管理するための担当者等を定めること

> 事業者は、表示等を管理する担当者または担当部門（「表示等管理担当者」）をあらかじめ定める必要があること（管理措置指針第4の5）

　表示等管理担当者を定める際は、対象者について以下の4要件を満たすことが必要である。表示等管理担当者は、必ずしも専任の担当者・担当部門である必要はない。「チラシ等の販売促進に関する表示等については営業部門の長を表示等管理担当者と定め」ることもあり得る（管理措置指針「別添」5②の2点目）。

> (1)自社の表示に関して監視・監督権限を有していること
> (2)複数存在する場合、それぞれの権限または所掌が明確であること
> (3)景表法に関する一定の知識の習得に努めていること
> (4)社内において周知する方法が確立していること

　マニュアル整備と共通するが、景表法に精通した役職員が存在しても異動する可能性があるので、特定人を表示等管理担当者とするのではなく、特定の部門において表示等管理担当者を担う、または、複数の部門から表示等管理担当者の窓口を選任し、同人らをして表示の管理を担当する委員会を設置するといったことが望ましい。

⑥表示等の根拠となる情報を事後的に確認するために必要な措置をとること

> 事業者は、前記3のとおり確認した表示等に関する情報を、表示等の対象となる商品また役務が一般消費者に供給され得ると合理的に考えられる期間、事後的に確認するために、例えば、資料の保管等必要な措置をとること（管理措置指針第4の6）

　資料の保管方法は、紙媒体・電子媒体いずれの保管も有り得るが、担当者等が個人的に保管しているだけでは不十分である。退任・退職に伴い散逸するような事態を防ぐためにも、表示等の根拠となる情報を共有し、企業として保管することが重要である。

　製品メーカーは、原材料メーカー等に問い合わせることで表示等の根拠を確認できるのであれば、自ら原資料を保管せずとも、原材料メーカーに問合せができる体制を構築することにより、表示等の根拠となる情報を事後的に確認するために必要な措置を講じていると評価され得る（指針Q&AのQ31）。

　管理措置指針では、商品・役務が「一般消費者に供給され得ると合理的に考えられる期間」の保管が求められているが、消費者庁等の調査対応を行う可能性があること等を考慮し、より長期間保管することが望ましいだろう。

⑦不当な表示等が明らかになった場合における迅速かつ適切な対応

> 事業者は、特定の商品または役務に景表法違反又はそのおそれがある事案が発生した場合、その事案に対処するため、次の措置を講じること（管理措置指針第4の7）
> (1)当該事案に係る事実関係を迅速かつ正確に確認すること
> (2)上記(1)における事実確認に即して、不当表示等による一般消費者の誤認排除を迅速かつ適正に行うこと
> (3)再発防止に向けた措置を講じること

　実際に不当表示等の疑いを認識する有事に至る前から、万一の事態を想定して、疑いを認識した際にとることが想定される検討・調査・対応の過程や体制を整備しておくことが重要である。現実にどのような対応をとるかは、不当表示の原因や故意・過失の有無、表示内容や一般消費者への影響度合い等を勘案して個別具体的に検討する必要がある。まずは、有事における情報伝達体制や方針決定権限者などを明確にしておきたい。

　管理措置指針の別添では、上記(1)～(3)のほかに、内部通報制度の整備等が記載されている。法令上、常用労働者が300名を超える事業者には内部公益通報対応体制整備義務が課されている（公益通報者保護法11条2項）。当該体制整備は、自社の違反行為を速やかに発見し、早期に調査・是正することにつながるため、景表法コンプライアンスの観点からも重要である。

第3章 第三者に表示作成等を依頼する場合の措置

　令和4年6月、主にアフィリエイト広告に焦点を当てて、管理措置指針が改正された。また、その後令和5年10月から、ステマ告示が施行されている。これらに伴い、アフィリエイターやインフルエンサー等の第三者に表示作成等を依頼する場合には、前記第2章で確認した基本的な考え方を踏まえつつ、管理措置指針で改正された箇所等を考慮した措置を講じることが必要である。その際は、当然、ステマ告示に基づく不当表示に当たらないようにするだけでなく、優良誤認表示や有利誤認表示に当たらないようにすることを意識する必要がある。

　以下では、管理措置指針に示されている7つの事項のうち①〜④および⑦に関し、アフィリエイト広告を念頭に、管理措置指針改正に際し「別添」に追加された事例の一部を確認する。管理措置指針ではアフィリエイト広告が念頭に置かれているが、インフルエンサー等の第三者に表示作成等の依頼を行う場合も基本的には同様に考えられる。

　これらの前提として、そもそも、アフィリエイターやインフルエンサーに表示を依頼する際には、以下を念頭に、適切なASPやインフルエンサー等を選別することも必要である。

　なお、上記改正に際し、管理措置指針の別添には、「8　前記1から7まで以外の措置の例」が追加され、アフィリエイトサイト上で、広告主とアフィリエイターとの関係性を理解できるような表示を行うようアフィリエイターに対し求めるという対応が示されている（別添8(1)）。その対応の際、「広告」であることを明示することが望ましいとされている。

　もっとも、「広告」と明示するか否かは、ステマに当たるか否かの問題である。上記管理措置指針の改正後にステマ告示が施行されているので、現時点では、「必要な措置」を講じる際に、管理措置指針の別添8は考慮対象外とし、ステマ告示に抵触しないような措置を検討する必要がある。

①景表法の考え方の周知・啓発 ─────────

（管理措置指針「別添」1に記載された事例）
・自ら又は ASP 等を通じて、アフィリエイター等に対しても景表法の考え方の周
　知・啓発を行うこと

　具体的には、自社の表示等に関するガイドラインを制定している場合、
そのうち必要な箇所を抜粋・要約したものを ASP を通じアフィリエイ
ターに共有する、適宜インフルエンサーに共有する、などが考えられる。

2　②法令遵守の方針等の明確化 ─────────

（管理措置指針「別添」2に記載された事例）
・自ら又は ASP 等を通じて、あらかじめこれらのアフィリエイター等との間で、不
　当表示等を行わないよう確認するなど、法令遵守の方針等を明確にしておくこと
・アフィリエイター等が上記の法令遵守の方針に違反した場合における、債務不履
　行を理由とする成果報酬の支払いの停止や契約解除等の具体的な措置内容につい
　て、自ら又は ASP 等を通じて、あらかじめアフィリエイター等との間で明確に
　しておくこと

　1点目について、具体的には、自社表示に関するアフィリエイター・イ
ンフルエンサー向けガイドラインを制定し、同ガイドラインにおいて、景
表法違反行為（「広告」である旨を明瞭に記載しないことや、優良誤認表示・
有利誤認表示を含む）その他の法令違反行為、不適切な表示内容を行うこ
とを禁止する旨を明示するといったことが考えられる。その際、分かりや
すいよう例示も行うことが適切だろう。
　2点目については、禁止行為に該当する場合、報酬を支払わないまたは
報酬相当額の支払いを求める旨を明示する（アフィリエイターについては、
ASP からそのような対応をとられる可能性がある旨を示す）ことが重要であ
る。不当表示等が生じ、適切な削除・修正を行わない場合や再発防止が期
待できない場合は、それ以降依頼しない、といったことの明示が考えられ
る。禁止行為に該当しないかについて、自社（または自社の委託を受けた

ASP）が確認を行うことも明示しておきたい。

3　③④情報の確認・共有

> （管理措置指針「別添」3に記載された事例）
> ・不当表示等を未然に防止する観点から、アフィリエイター等が作成する表示内容を事前に確認すること
> ・自社の人員体制の制約等の理由により、全ての当該表示内容を事前に確認することが困難である場合には、例えば、表示後可能な限り早い段階で全ての当該表示内容を確認することや、成果報酬の支払額または支払頻度が高いアフィリエイター等の表示内容を重点的に確認することや、ASP等の事業者に表示内容の確認を委託すること
>
> （管理措置指針「別添」4に記載された事例）
> ・不当表示等を未然に防止する観点から、表示内容の方針や表示の根拠となる情報等をアフィリエイター等と事前に共有しておくこと
> ・アフィリエイター等に作成を委ねた自社の表示について、自社の人員体制の制約やアフィリエイター等が複数に上る等の理由により、当該表示に関する表示の根拠となる全ての情報を事前にアフィリエイター等に共有することが困難である場合には、例えば、アフィリエイター等から表示内容の方針について相談を受け付ける体制を構築することや、ASP等の事業者を通じて共有するなどの対応を行うこと

　第三者に表示作成を依頼する場合、原則としては1点目のように「事前に確認」すべきであるが、やむを得ない場合について、2点目のような記載があることは参考になり得る。

　ただし、「全ての当該表示内容を事前に確認することが困難である場合」とされており、アフィリエイト広告を利用する場面以外に第三者に表示作成を依頼する場合にはマンパワーが追いつかないことはあまり想定できないことから、妥当する場面は広いわけではないと考える。また、結果的に不当表示が生じた場合は景表法5条に違反してしまうことになるため、近時の消費者庁や都道府県の動き等を踏まえ、リスクの分析・評価を適宜見直すとともに、対応も更新していくことが重要である。

⑦不当な表示等が明らかになった場合における迅速かつ適切な対応

（管理措置指針「別添」7 に記載された事例）
・事業者は、自ら、ASP 又はアフィリエイター等を通じて、迅速に不当表示等を削除・修正できる体制を構築すること
・表示等の作成を委ねるアフィリエイター等が事業者との契約内容に違反して、不当表示等を生じさせた場合、事業者は、あらかじめ契約において取り決めた債務不履行の場合に採ることとされている措置（例えば、成果報酬の支払いの停止、支払った成果報酬を返還させる、提携契約の解除等）を迅速かつ確実に行うこと

　アフィリエイターやインフルエンサーを含め、表示作成の委託を受ける第三者は、慈善事業で表示作成等を行うわけではないので、違反行為をした場合には報酬を支払わないなど報酬支払いの条件等を明確にすることにより、違反行為を行う動機を奪うことは重要である。上記 2 点目の対応は、不当表示等を生じさせないようにする観点からも、特に重要であると考えられる。

第 5 部

公正競争規約

第　1　章　　公正競争規約の概要

Essence

公正競争規約の意義、自主ルールの重要性

1　公正競争規約とは

　「チョコレート類の表示に関する公正競争規約」では、基本的に、カカオ分が35％以上、またはカカオ分21％以上でカカオ分と乳固形分の合計が35％以上のチョコレート生地を全重量の60％以上使用したものを「チョコレート」というと定義されている（2条2項、同条12項1号）。また、原料の割合に応じ、「準チョコレート」や「チョコレート菓子」と分類される。

　事業者や事業者団体の中には、表示規制や景品規制に違反することを防止するため、自主ルールを設けているものがある。当該自主ルールのうち、事業者や事業者団体が、景表法36条に基づき、消費者庁および公正取引委員会の認定を受けて設定したものは、一般的に、「公正競争規約」と呼ばれる（消費者庁移管後の景表法には「公正競争規約」の文言はないが、その呼称が使われ続けている）。

　表示に関する公正競争規約に沿った表示には、**図表5-1-1** のような「公正マーク」が付されることがある。飲用牛乳やはちみつに関するものが有名である。

図表 5-1-1 公正マークの例

飲用乳　レギュラー・インスタントコーヒー　もろみ酢　生めん類　辛子めんたいこ食品　ハム・ソーセージ類

消費者庁ウェブサイト（https://www.caa.go.jp/policies/policy/representation/fair_labeling/assets/representation_cms217_230220_01.pdf）の 16 頁より一部抜粋

　不当表示行為や不当景品類提供行為をすると、品質・価格により競争する場合に比べ、小さなコストで売上の増加をもたらす可能性がある。

　そのため、一事業者が行うと、他の事業者が同様の行為をすることになりやすい。また、競争事業者が同じことをすれば、結果的に当該不当表示行為等による集客効果が薄れるため、競争事業者間でその内容が次第にエスカレートし、際限なく広がっていくおそれがある。そのような事態に至れば、一般消費者の保護を図るという景表法の目的を達成することが困難となる。他方で、行政庁による規制にはマンパワー等による限界があり、不当表示行為等を防止するために、事業者が自主ルールを設定することが望ましい。その自主ルールについて消費者庁・公正取引委員会が認定することで、ルールの内容の適正性を担保し、景表法の目的を達成できる。

　こういった思考の下、景表法は、事業者や事業者団体の自主ルールに関し、消費者庁および公正取引委員会が認定する旨を規定していた（緑本6版265・266頁）。

2　公正競争規約の認定要件

　消費者庁および公正取引委員会は、公正競争規約についての認定申請を受けた場合には、次の4つに適合すると認める場合でなければ、認定をしてはならない（景表法36条2項）。

①不当な顧客の誘引を防止し、一般消費者による自主的かつ合理的な選択および事業者間の公正な競争を確保するために適切なものであること

②一般消費者および関連事業者の利益を不当に害するおそれがないこと
③不当に差別的でないこと
④公正競争規約に参加し、または公正競争規約から脱退することを不当に制限しないこと

第2章 公正競争規約の効果

1 参加事業者に対する効果

(1) 景表法との関係

公正競争規約は、前記のとおり、消費者庁および公正取引委員会が4つの認定要件を満たすことを判断した際に認定される。そのため、公正競争規約がある場合、当該規約を守っていれば、通常は景表法に違反することはない（社会情勢の変化に伴い、公正競争規約に沿った表示であっても優良誤認表示や有利誤認表示に該当する可能性が生じることは否定できないが、通常そのような事態は考え難いだろう）。

公正競争規約に参加している事業者が同規約に違反した場合には、通常は、同規約に基づき定められた手続により、同規約の運用団体による措置を受け、その場合、行政処分や公表には至らない。

もっとも、事案の性質に応じ、消費者庁等が景表法に基づき行政処分を行うことはある（例えば、三菱自動車工業㈱および日産自動車㈱によるいわゆる燃費不正データ問題は、燃費の表示に使用できるデータは、公式テスト値または公的第三者によるテスト値に限り、必ずその旨を付記しなければならないとする自動車公正競争規約5条4号にも違反すると言い得るものであったが、消費者庁は、優良誤認表示を禁止する景表法5条1号違反行為を複数認定し、平成29年1月27日に措置命令が行われた）。

(2) 独禁法との関係

事業者または事業者団体が設定した自主ルールの内容が事業者の取引活動を制限するものであれば、独禁法8条4号に違反しないか等の問題が生じ得る。

もっとも、公正競争規約として認定された場合には、当該公正競争規約

の認定が取り消されない限り、当該規約に基づいて事業者および事業者団体が行う行為に対し、独禁法の排除措置（同法 7 条 1 項および 2 項、8 条の 2 第 1 項および第 3 項、20 条 1 項）、緊急停止命令（同法 70 条の 4 第 1 項）、告発（同法 74 条）に関する規定は適用されない（景表法 36 条 5 項）。

　独禁法の規定が適用されないのは、公正競争規約に基づく行為であり、公正競争規約を運用する団体が、公正競争規約とは関係のない価格カルテル等を行った場合には独禁法違反として措置をとられることとなる（緑本 6 版 269 頁）。

２　参加していない事業者に対する効果

　公正競争規約に参加しない事業者に対しては、公正競争規約は直接適用されず、景表法との関係が問題となる。ただし、まれではあるが、例えば、規約の内容が一般化し、一般消費者が「チョコレート」という表示を見た際に規約の定義と同じ意味だと認識するような場合には、規約に参加しない事業者がカカオ分の少ない製品を「チョコレート」と表示すると、優良誤認表示に該当する可能性がある（緑本 6 版 267 頁）。また、景品規制との関係では、「正常な商慣習に照らして」という要件の判断に際し、事業者が属する業界における公正競争規約の定めが勘案される。

　効果というものではないが、実務上、公正競争規約について、特定の表現を検討する際に参考にするという使い方もある。例えば、「新発売」を長期間継続して表示し続けると、不当表示となる可能性がある。この期間に関し、「家庭電気製品製造業における表示に関する公正競争規約」では、「新」「ニュー」などの用語を使用できる期間は発売後 1 年間か次の新型製品発売までの期間のいずれか短い期間とされ（施行規則 37 条 3 項）、「化粧品の表示に関する公正競争規約」でも、「新製品」や「新発売」を使用できる期間は発売後 12 か月間（1 年間）とされており（施行規則 15 条の 2 (6)）、参考になる。

事項索引

291

事例索引

◆命令等

実務担当者のための景表法ガイドマップ

2024年6月24日　初版第1刷発行

著　　者　古　川　昌　平

発 行 者　石　川　雅　規

発 行 所　鱶商事法務
　　　　　〒103-0027 東京都中央区日本橋3-6-2
　　　　　TEL 03-6262-6756・FAX 03-6262-6804〔営業〕
　　　　　TEL 03-6262-6769〔編集〕
　　　　　https://www.shojihomu.co.jp/